Unmasking Autism

自閉スペクトラム症の人たちが生きる新しい世界

著｜デヴォン・プライス Devon Price, Ph.D.
訳｜堀越英美

SE
SHOEISHA

はじめに

異質な存在として疎外されるということ

二〇〇九年の夏、私はクリーブランドからシカゴに引っ越した。二一歳だった当時、友だちを作る必要があるとは思いもしなかった。人付き合いが苦手な自分には、他人など必要ないと本気で信じていたのだ。大学院進学のためにこの街に引っ越してきたのだから、授業と研究に全力で打ち込んでいれば、他のことは何も考えなくていいと思っていた。

それまでの自分にとって、一人ぼっちであるほうが都合がよかった。学業も優秀だったし、浮世離れした生活を送っていれば、自身の抱える多くの問題に気を取られずに済んだ。摂食障害で消化器系がボロボロになっていること。自身の性別に違和感があるせいで、他人からの視線が不快であること。不快の理由は、当時はわかっていなかったが。

人に近づく方法も、会話を始める方法も知らず、それらを学ぼうとも思わなかった。人と付き合ってもイライラすることばかりで、話を聞いてもらえないと感じられたからだ。わずかな人間関係も、自他境界がぐちゃぐちゃな状態だった。人の問題の責任を背負い込み、相手の感情を自分がどうにかしようとしていた。そして私には、理不尽な要求を突っぱねる能力に欠けていた。教授になりたいとは思っていたが、自分がどう生きたいのかはわからなかった。家族はいらないし、趣味もない。自分が本当に愛されることなんかありえないと思い込んでいた。教授になりたいというのも、成績優秀で、頭のよさはたくさん褒めてもらえたから、その強みを伸ばそうとしただけのことだ。それ以外のことはすべて、取るに足らない気晴らしだと決め込んだ。

大学院進学後、新しい学友と出かけることはめったになかった。たまにあっても、したたかに酔っぱらう必要があった。心理的な抵抗を克服して「楽しんでいる」ように見せかけるためだ。それ以外の週末はずっとアパートに引きこもり、論文を読んだり、だらだらインターネットしたりして過ごした。趣味に打ち込むこともなく、運動や料理もほとんどしなかった。セックスしたいとき、ただかまわれたいときに人を口説くこともあったが、どれも機械的なやりとりに終わり、心を動かされることはなかった。自分が多面性のある人間であるという感覚を持てなかった。

冬が来る頃には、私はさみしく孤立した難破船のようになっていた。立ち上がる気力もなく、湯が降り注ぐシャワーの中で一時間も座っていることもあったくらいだ。人と話すことも難しかった。研究のアイデアが浮かばず、研究対象に一切の関心が持てなくなった。指導教官の一人は、ミーティングの最中に彼女をジロジロと見ていたという理由で私を叱り飛ばした。

夜になると、絶望と処理しきれない感情が押し寄せてくる。骨がきしむほどの嗚咽。すすり泣きながら部屋の中を歩き回り、掌の底でこめかみを叩いた。孤立は、いつの間にか自分を閉じ込めるものになっていたのだった。あまりに社交スキルが低く、自分の感情も認識できなかったから、そこから抜け出すこともかなわなかった。

どうして自分をこんな惨めな状況に追い込んでしまったのか理解できなかった。自分には本来友人が必要で、人生を求めていたのだとわかっていなかったせいだ。だが、どんなにがんばってもうまくいかないのに、どうして他人とつながろうと思えるだろう。自分が本当に楽しめることもわからないまま、人前ではあらゆる自然な反応を隠して、普通の関心、普通の感情を持っているふりをしなければならないと感じていた。加えて、他人の存在に圧倒されていた。他人は総じてうるさく不規則で、その視線はレーザー光線のように私に刺さった。私が求めていたのはただ、暗がりの中にうずくまり、他人に煩わされたり批判されたりしないことだけだった。

　自分にはどこか根本的におかしいところがあるとしか思えなかった。自分が壊れているように感じた。自分では説明できないのに、誰が見ても一目でわかる壊れ方で。それから数年間はボロボロだった。燃え尽きるほど勉強し、情緒不安定になり、人とのつながりを求めて恋愛相手に依存することで、自分には価値があると思い込もうとした。夜中に「友だちの作り方」で検索したこともある。その間、助けを求めたり、自分の気持ちを誰かに打ち明けたりすることは考えもしなかった。自分はひどく狭量なルールに縛られて生きてきたのだが、その最たるものが「自立していること」「弱みを見せないこと」だったのである。

　そんな状況がようやく変わり始めたのは、二〇一四年にオハイオ州サンダスキーにあるシダーポイントというアミューズメントパークで休暇を過ごしてからである。そこは我が家が毎年出かける旅行先だった。私たちは決めごと《ルーティン》を愛する家族だったのだ。旅行先で、いとこと一緒に温水プールで過ごす機会があった。いとこは大学進学で家を出たばかりで、環境変化になじめず苦しんでいた。そこで彼から、「最近、自閉スペクトラム症だと診断された」と打ち明けられたのだ。

私が社会心理学の博士号を取得したばかりだったこともあり、いとこは私が自閉スペクトラム症（以下、ＡＳＤ）について何らかの知識があるのではないかと知りたかったらしい。

「ごめん、そのへんのことは本当に疎いんだ」と私は告げた。「自分は精神障害を抱えた人を研究しているわけじゃない。自分の研究は正常《ノーマル》な人々の社会的行動に関するものなんだよ」

いとこは、自分の苦しみをすべて話してくれた。クラスメートとのかかわりの難しさ、行き場のなさ、刺激に敏感すぎること。セラピストからＡＳＤの可能性を告げられ、自分の特徴がＡＳＤの特性であると知ったいとこは、自分の特徴は私たち一族に共通していると指摘したのである。

私たち一族は変化を好まなかった。自分の感情を口にするのが下手で、決まりきった定型会話を用いてやりとりすることが多かった。食べ物の食感や味の濃さにこだわる家族もいた。興味のある話題について延々としゃべり続け、他の人を死ぬほど退屈させようがおかまいなしだった。環境が変わるのを恐れ、新しい経験や友人を求めて社会を広げることはめったになかった。

いとこからこの話を聞かされた私は、恐怖を感じた。私の中で、ＡＳＤとは恥ずべき、人生を台無しにする障害だったからである。ＡＳＤと聞いて思い浮かぶのは、子ども時代の同級生クリスだった。協調性に欠け、誰からも相手にされない、「気持ち悪い」ＡＳＤの子ども。ＡＳＤは、『シャーロック』でベネディクト・カンバーバッチ演じるシャーロックや『ビッグバン★セオリー』のシェルドンのような、自分の殻に閉じこもった気難しいドラマの登場人物を思い起こさせた。あるいは、言葉を話さず、食料品店に行くにも大きくて不格好なヘッドホンを付けなければならない、人間ではなくモノとして見られていた子どもたち。心理学者だったにもかかわらず、ＡＳＤ

について知っていたのは、あまりにざっくりした非人間的なステレオタイプだけだった。ASDであるとはつまり、自分が壊れているということなのだった。

確かに、私はもう何年にもわたって、自分が壊れていると感じていた。

休暇から帰宅するやいなや、私は荷物を投げ捨てて床に座り、膝にノートパソコンを乗せてASDについての情報を夢中になって読み始めた。むさぼるように雑誌の記事、ブログの投稿、YouTubeの動画、診断アセスメントの資料を吸収した。強迫的にASDの情報を集めていたことは、当時のパートナーにはなるべく知られないようにしていた。私は他人と生活していく上で、心の奥底にあるこだわりをひた隠しにしていたから、今回も同じようにしたのだ。

私はすぐに、こういうこだわり方自体がASD者によく見られる特徴であることを知った。ASD者は自分を魅了するテーマに執着し、はたからは奇妙に思われるような情熱でそのテーマに集中する傾向がある。熱中していることをバカにされたら、私たちは自分の特別な興味を隠すようになる。すでに私は、「私たち」という言葉でASDについて考えるようになっていた。ASDコミュニティの中に、自分自身がはっきりと映っているのが見えた。その事実が、私を恐れさせ、また奮い立たせた。

ASDについて読めば読むほど、自分が抱えるさまざまな問題がすんなり理解できるようになった。私はいつも大きな音や明るい光に圧倒されていた。人混みではどうしようもなく腹が立ち、笑いやおしゃべりの声で怒りが爆発することもあった。ストレスが溜まりすぎたり、悲しみに打ちひしがれたりすると、話すのも難しくなった。これらの問題を何年もひた隠しにしてきたのは、このせいで自分が面白味のない嫌な奴になっていると確信していたからだ。ASDだと気づいてからは、なんでそこまで自分をひどい人間だと信じ込んでいたのだろうと思うようになった。

ASDはもはや自分の最新の関心対象になっていて、ASDについて読んだり考えたりすることを止められなくなった。とはいえ過去には、ほかにもたくさんの趣味があった。子どもの頃は、コウモリ観察やホラー小説に夢中になっていた。周りの子どもたちばかりか、大人たちにも、「変なの」「テンション高すぎ」とたしなめられたものだ。私はいろいろな意味で「過剰」だった。

はたから見れば、私の涙は未熟さゆえにかんしゃくを起こした結果で、私の意見は上から目線の罵倒だった。成長するにつれて私は激しい感情を抑えることを学び、みっともない失態は少なくなった。それは「自分なくし」の過程だった。人の癖を研究し、脳内で会話を分析することに多くの時間を費やし、他人をより理解できるように心理学の本を読み込んだ。私が社会心理学の博士号を取得できたのは、このおかげである。他の人たちが当然のように受け入れる社会規範や思考パターンを、私はじっくりと研究する必要があったのだ。

ニューロダイバーシティ（神経多様性）

一年ほど一人でASDについて研究した後、ASDの当事者コミュニティに出会った。そこはすべてASD当事者によって運営されていて、人間の多様性の中の完全に正常な一形態として、ASDという障害をとらえるべきだと主張していた。こうした思想家や活動家たちは、ASD者のあり方が間違っているわけではまったくないと語る。私たちが自分は壊れていると思ってしまうのは、私たちのニーズに対応できない社会の問題なのだと。

ラビ・ルティ・リーガン（ブログ「Real Social Skills」運営者）やアメセスト・シャーバー（動画シリーズ「Neurowonderful」配信者）といった人々のおかげで、私はニューロダイバーシティ（神経多様性）〔訳注・神経や脳に由来するさまざまな特性の違いを優劣ではなく多様性ととらえて相互に尊重しようという考え〕について学んだ。多くの障害は社会的疎外によって生み出され、悪化させられているのだという認識を新たにした。こうした知識を得て自信を育んだ私は、ＡＳＤの人々と実際に会い、ＡＳＤについてネットに投稿し、ニューロダイバース（神経学的に多様）な人々が集まる地元の集まりに参加するようになった。

私はそこで、自分と同じように正体不明の自己嫌悪に何年も苦しみ、大人になってから障害が発覚したＡＳＤ者が何千人もいることに気づいた。こういうＡＳＤ者たちは、子どもの頃からあからさまに不器用だったのに、支援を受けられずにバカにされてきたのだ。彼らは私と同じく、周囲に溶け込むための対処法を身につけていた。例えば、人のおでこを見てアイコンタクトに見せかけたり、テレビで見たやりとりをお手本にした会話の台本を暗記したりしていた。

こういう隠れＡＳＤ者は、受け入れてもらうために知性や才能が頼りという人が多かった。信じられないほど消極的な人もいた。個性を抑えつけておけば、「熱中」しすぎるというリスクを冒さなくて済むからだ。あたりさわりのなさを装う完璧な仮面の下で、彼らの人生はめちゃくちゃになっていた。自傷行為、摂食障害、アルコール依存症に苦しんでいる人も多かった。虐待や空疎な人間関係から抜け出せず、どうすれば自分を見てもらえ、評価されるのかがわからなくなっていた。ほぼ全員が人生を悲観していて、深い空虚感にとらわれていた。彼らの人生はすべて、自分自身への不信、自分の身体への嫌悪感、自分の欲望への恐怖によって形作られていた。

ＡＳＤの診断から排除される人々

私は、どういう属性のＡＳＤ者がこの種の破滅に陥るのか、はっきりとしたパターンがあることに気づいた。ＡＳＤの女性、トランスジェンダー、有色人種の人々は少年少女期に特性を無視されたり、機能不全の症状を「他人を自分の道具だと思っている」「攻撃的」と解釈されたりすることが多かった。貧困の中で育ち、精神医療を受けられなかったＡＳＤ者も同様だった。ゲイや男らしさの規範に従わない男性は、ＡＳＤの男性的なイメージに当てはまらないために診断がつかないことも多々あった。高齢のＡＳＤ者は彼らが幼かった頃にＡＳＤがあまり知られていなかったことから、診断を受ける機会に恵まれなかった。

このような組織的な排除によって、膨大で多様なＡＳＤ者たちが、ひっそり生きることを余儀なくされた。私が現在「仮面ＡＳＤ」と呼ぶものは、こうして生まれたのである。これはＡＳＤのカモフラージュ版だ。仮面ＡＳＤの存在は、いまだに多くの研究者、精神医療従事者、悪名高き「オーティズム・スピークス」のような非当事者運営のＡＳＤ団体に無視されている。

私が「仮面ＡＳＤ」という言葉を使う場合、大半の診断ツールやメディアで描かれてきたＡＳＤの標準イメージからは逸脱した現れ方をするＡＳＤを指している。ＡＳＤはかなり複雑で多面的な障害であるため、多種多様な特性があり、その現れ方はさまざまな形をとりうる。また私は、階級、人種、性別、年齢、医療へのアクセスしにくさ、他の疾患の存在などの理由で、その苦しみを真剣に受け止めてもらえなかったASD者についても、この言葉で語ろうと思う。

通常、幼い頃にASDの可能性を指摘されるのは、伝統的に「男性的」とされる興味や趣味を持つ白人の少年たちである。比較的恵まれた階級においても、ASDと診断されるのは、そのほとんどが裕福な中流階級以上の子どもたちに限定される。[1] ASDの診断基準はおしなべて、この集団に見られる症状に基づいている。どのASD者も、ASDを狭くとらえるこうした理解に傷ついていて、それは白人で裕福な家庭に育ったシスジェンダー〔訳注・性自認と生まれ持った性別が一致している人のこと〕の少年も変わらない。ASDはあまりにも長い間、白人のASD少年が裕福な両親を煩わせる「厄介さ」によってのみ定義されてきたのだ。

こうしたレンズのせいで、ASD者の複雑な内面やニーズ、疎外感はすべて無視され、定型発達者がいかに私たちを混乱させ、戸惑わせ、痛めつけてきたかも見て見ぬふりをされた。ASDは、私たちに欠けていると思われている要素のみによって定義され、養育者、教師、医師など私たちの生活を支配する人たちに難題を突き付けたときだけ障害者扱いされた。

「女性型ASD」という概念の問題点

ここ数年間、心理学者や精神科医は「女性型ASD」の存在について議論してきた。「女性型ASD」は、「男性型」のASDよりもはるかに軽度で、社会に適応していると思われやすいサブタイプであると想定されている。[2] いわゆる「女性型ASD」は、アイコンタクトや会話のラリーが可能で、チックや感覚過敏を隠すことができるとされる。彼女たちは生まれて数十年もの間、自分がＡＳＤなどとまったく思うことなく、ただ内気なだけ、あるいは感受性が強いだけだと信じ続けていることがある。

　最近になって、女性には女性特有のＡＳＤの症状があるという考えが徐々に広まりつつある。ジェナラ・ネレンバーグの『Divergent Mind』（多様な精神、未邦訳）やルディ・シモンの『アスパーガール：アスペルガーの女性に力を』（スペクトラム出版社、牧野恵訳、２０１１）といった優れた書籍が、女性型ＡＳＤの認知度を高めるのに一役買ってきた。コメディアンのハンナ・ギャズビーや作家のニコル・クリフのような知名度の高い女性がＡＳＤであることを公にしたことも、認知度アップに貢献している。

　しかし、「女性型ＡＳＤ」という概念には大きな問題がある。このラベルは、なぜ一部のＡＳＤ者がその特性を隠してしまうのか、あるいは何年もそのニーズを無視されてしまうのかを正しく説明していない。まずもって、すべてのＡＳＤ女性が「女性型ＡＳＤ」の分類に当てはまるわけではない。自己刺激行動を見える形でとり、社会生活に順応できず、メルトダウン〔訳注・極度の過負荷やストレスに対する反応で起こる強いパニック症状〕やシャットダウン〔訳注・極度の過負荷やストレスに対する反応で、沈黙・静止してしまうこと〕を経験するＡＳＤの女性はたくさんいる。ＡＳＤの科学者であり活動家であるテンプル・グランディンは、そのいい例である。グランディンは抑揚のない発声で語り、アイコンタクトを避け、幼い頃から感覚刺激や圧力刺激を求めていた。今日の基準からすれば、明らかに典型的なＡＳＤであるが、グランディンは成人するまで診断がつかなかった。[3]

ＡＳＤ女性は、「症状」が軽いから見過ごされているわけではない。明らかに古典的なＡＳＤ的行動をとる女性でさえ、何年も診断がつかずに見逃されることがある。診断がつかないのは、彼女たちが女性であるゆえに、専門家がその訴えを男性よりも深刻に受け止めないからにすぎない。[4]

さらに言えば、ＡＳＤを無視、ないしは軽視されている人が、女性であるとは限らない。多くの男性、ノンバイナリー［訳注・性自認が男性でも女性でもないこと］の人々も、自分のＡＳＤをないものにされている。巧妙に隠され、社会に溶け込めるようカモフラージュされたＡＳＤの形態を「女性」型と呼ぶことは、マスキング（仮面着用）がジェンダーや出生時に割り当てられた性別に基づく現象であって、より広範に見られる社会的排除ではないと示すことになってしまう。女性が生物学的な理由で「より軽度な」ＡＳＤになるのではない。社会から疎外されている人々は、社会的地位の低さゆえにＡＳＤを無視されているのである。

定型発達の仮面を押し付けられる

ＡＳＤ者が自分を知るための情報や医療を与えられず、自分の特性を「問題児」「過剰に神経質」「迷惑な子ども」の特徴にすぎないと言われると、定型発達の仮面を作り上げる以外の選択肢がなくなる。定型発達の仮面をつけ続ければ、心の内で自分はニセモノであると感じ続けることになり、非常に消耗する。[5] また、それは必ずしも意識的な選択ではない。

仮面をつけることは、外部から排除を強制されている状態である。クローゼットな同性愛者は、ある日突然性的指向をクローゼットに隠そうと決めたわけではない。異性愛こそが標準であり、同性愛はまれな例外、あるいは異常として扱われるから、隠すのである。同様に、ＡＳＤ者は生まれながらにして、定型発達という仮面を顔に押し付けられているのだ。

この社会では、程度の差こそあれ、あらゆる人が同じように考え、社会に順応し、感じ、感情を表現し、感覚情報を処理し、やりとりするものと想定されている。私たちは皆、自国の文化のルールに合わせて行動し、その文化に円滑に溶け込むことを期待されているのだ。ＡＳＤ者が自己表現や自己理解に別の手段を必要とする場合があっても、それを否定されてしまう。そのため、私たちがこの世界で最初に経験するのは、異質な存在として扱われて混乱することである。私たちが仮面を外す機会を得るのは、そうしなくても生きられる方法に気づいたときだけだ。

私がこれまでの人生で経験してきた困難はほぼすべて、「仮面ＡＳＤ」というレンズを通せば理解可能になると気づいた。摂食障害はＡＳＤ的な行動をとる異常な体を罰する方法であり、自分の体を伝統的な美の基準に適合させ、白い目で見られないように自分を守る手段だった。社会的孤立は、先に自分が他人を拒むことで拒絶を避ける方法だった。仕事中毒は、ＡＳＤ的な「過度の執着」の表れであると同時に、感覚的に圧倒されてしまう公共の場から引きこもるための無難な言い訳でもあった。不健全な共依存関係に陥ったのは、承認を求めているのにそれを得る方法がわからず、そのときどきでパートナーが求める人間像に自分を合わせていたからだ。

数年間、ＡＳＤについて研究し、社会現象としてのマスキング（仮面着用）への理解を深めた私は、ネットでマスキングについて書き始めた。すると、何千人もの人々が私の主張に共感してくれた。ＡＳＤであることは、それほど珍しいことではないとわかった（現在のＡＳＤの発病率はおよそ二%であり、潜在的に特性を有している、もしくは診断が受けられない人はさらに多い)[6]。

ビジュアルデザイン、演技、ミュージカル劇、性教育といった、「ロボットのような」論理的頭脳とは関係のなさそうな分野でフルタイムの仕事をしているASD者にも出会った。さらに、長らく精神医学の世界で非人間的に扱われてきた黒人、褐色人種、先住民族のASD者と知り合うことができた。当初は境界性パーソナリティ障害、反抗挑発症、自己愛性パーソナリティ障害などと診断されていたASD者にも出会った。また、私のようなトランスジェンダーやジェンダー・ノンコンフォーミング〔訳注・伝統的な性別規範に合致しない、もしくは従わないこと〕のASD者もたくさんいた。彼らは自分の性別と脳タイプの両面から、常に人と異なっていると感じてきた。

個々の人生においては、ASDであることがその人を唯一無二の素晴らしい存在にする源となっていた。しかし彼らを取り巻く障害差別は、信じがたいほどの疎外感と痛みの源になっていた。彼らの多くは、本当の自分を発見するまで何十年もの間もがき苦しみ続けた。そしてほぼすべての人が、長年つけてきた仮面を外すのはとても難しいと感じていた。

こういった事実を踏まえてもなお、ありのままの姿であることが以前よりも心地よく感じられ、傷つきやすさや孤独が薄れていった。私たちの多くは自分を隠さなければならないと教えられてきたが、コミュニティに参加することで、仮面をつけるプレッシャーが弱まってきたからだ。

他のASDの人たちとともに過ごすうちに、苦しみを隠すばかりが人生ではないのだと思えるようになった。ASD者に囲まれているときは、遠慮なく率直な自分でいられた。電気を暗くしてほしいとか、誰かの香水の匂いを薄めるために窓を開けてほしいといった調整をお願いできるようになった。リラックスして好きなことについて熱く語り、勢いあまって体を揺らす人が周りにいればいるほど、自分自身や自分の脳と身体の働きについて恥じる気持ちが薄れていった。

仮面を取って自分自身を受け入れる

ここ数年、私はＡＳＤにまつわる科学的文献を理解するために、社会心理学者としてのスキルを駆使してきた。そしてＡＳＤの活動家、研究者、指導者、セラピストたちとつながり、私たちが共有する脳のタイプについて理解を深めてきた。本当の自分と向き合って、自身の仮面を取ることにも取り組んできた。傷つきやすくて、不安定で、奇妙な自分。人前ではずっと隠してきた裏の顔だ。ＡＳＤの当事者コミュニティのリーダー的な人々とたくさん知り合いになり、ＡＳＤのセラピスト、指導者、活動家らが作成した、抑制を解いて仮面を捨てるトレーニング用資料を大量に読みあさった。

今の私は、自分が大きな音や明るい光に苦痛を感じるという事実を隠さない。相手の言葉やしぐさの意味がわからないときは、説明してくれるよう率直にお願いする。車や子どもを持つといった伝統的な「大人」の基準には何ら魅力を感じないし、それでまったく問題ないとわかっている。私は毎晩ぬいぐるみを抱いて眠り、近所の騒音を遮断するために音の大きい扇風機を回している。興奮すると、その場で手をひらひらさせて身もだえする。

調子がいい日は、自分がこんな風だからといって子どもっぽいとか気持ち悪いとか未熟だとか思うことはない。私はありのままの自分が大好きで、他の人たちも本当の私を知った上で愛してくれる。自分を正直にさらけ出すことで、私は教師や書き手としていっそう力を増していく。普通の生活を維持することの難しさを知っているからこそ、学生たちが苦しんでいるときに寄り添うことができる。自分の視点から自分の言葉で書けば、もっともらしく立派なプロのように見せかけようとするよりも、はるかに深く読み手とつながることができる。

仮面を取る前は、自分は呪われていて、心の中はほとんど死んでいるように感じていた。人生は、見せかけの熱意で維持される長くつらい仕事のようだった。今の人生にも困難はあるけれど、信じられないほど生きていると感じている。

自分自身を理解し、仮面を取るようになったことで得られた大きな安堵感と連帯感を、すべてのＡＳＤ者と分かち合いたいと思う。また、私たち一人ひとりが自分らしく生きることに取り組み、必要な調整*を求めることが、ＡＳＤ当事者の肉体的な負荷の軽減やコミュニティの将来にとって不可欠であると考える。本書によって、ＡＳＤ者たちが自分自身を理解し、ニューロダイバースな仲間と力を合わせ、少しずつ自信をつけて仮面を外せるようになる手助けができればと思う。

仮面を取るという行為は、ＡＳＤ者の生活の質を根本的に改善する可能性を秘めている。本当の自分を封印し続けることが心身に与えるダメージの大きさは、研究によって繰り返し示されている。[7] 定型発達者の基準に合わせれば、一時的に受け入れてはもらえるが、自分の存在の根幹にかかわる大きな代償を伴う。マスキングは、肉体的な疲労、心理的なバーンアウト（燃え尽き）、うつ病、不安、[8] さらには自殺願望[9]を引き起こしかねない、非常に消耗する行為なのである。

もしＡＳＤではない人たちが私たちのニーズを聞いたことがなく、その苦しみを知らなければ、

ASD者を受け入れるために合わせてあげようなど思いもしないだろう。ASD者は、自分たちにふさわしい待遇を要求するべきだし、私たちを見過ごしてきた人たちのご機嫌をとるために生きることをやめなければならない。

定型発達者を装うことをやめるのは、障害差別にあらがう革命的行為である。それはまた、徹底的に自己肯定するための行為でもある。とはいえ、ASD者が仮面を外し、障害のある真の姿を世界に示すためには、まずありのままの自分でもわかってもらえるのだという十全な安心感を持つ必要がある。自分への信頼と慈しみを育むことは、それ自体が一つの大仕事なのだ。

＊［訳注・障害者権利条約の外務省公定訳において「Reasonable accommodation」が「合理的配慮」とされていることから accommodation は配慮と訳されることが多いが、この単語自体に配慮という意味はなく、当事者からも「恩恵として施すもの」というニュアンスが生まれる誤訳だという指摘があがっているため、本書では一貫して「調整」と訳出している］

神経学的に多様な人々の自己受容

本書は、神経学的に多様であり（もしくはその疑いがあり）、新たなレベルの自己受容を達成したいと考えているすべての人のための本だ。ニューロダイバーシティ（神経多様性）とは、ASDやADHD（注意欠如・多動症）から、統合失調症、脳損傷、自己愛性パーソナリティ障害など、あらゆる人を含む幅広い概念である。本書が主に扱うのは仮面をつけたASDだが、ASD

と他のニューロダイバース（神経学的に多様）な集団には、かなり重なるところがあることがわかっている。私たちの多くは精神的な症状や特性を共有しており、他の障害との重複診断や併存診断を受けることも多い。私たちは皆、精神障害のスティグマを内面化し、「普通」とされるものから逸脱している自分が恥ずかしいと感じたことがある。精神疾患・障害を抱える人の多くが、定型発達のように振る舞うべしという期待の重圧に押しつぶされ、自分を傷つけるように設計されたゲームのルールに従うことで受け入れられようと試みては失敗を繰り返してきた。そしてそれゆえに、定型ではない脳を持つほぼ誰もが、自己受容の過程で仮面を取ることを学ぶ。

次章からは、一般的なＡＳＤの概念に当てはまらない、さまざまなＡＳＤの人々を紹介したい。さらにＡＳＤの定義の変遷を振り返り、そうした定義によって今日に至るまでＡＳＤ者が覆い隠され、疎外されてきた歴史を明らかにする。多くの心理学的研究とＡＳＤ者の実際の体験談を用いて、仮面をつけたＡＳＤがさまざまな形で現れうることを解説し、なぜ私たちの多くが比較的大人になるまで自分が広範な障害を持っていることに気づかないのかを説明するつもりだ。生涯にわたって仮面をつけ続けることがどれほど苦痛を伴うかについて考察し、仮面が心身の健康と人間関係を実質的に損なうことをデータで示そう。

本書が最も重視しているのは、仮面をつけたＡＳＤ者が特性を隠さずに済む戦略を概説することだ。そして、ニューロダイバーシティを受け入れる世界とはどのようなものであるかを言語化することである。私の願いは、いつの日か私たち一人ひとりが、自分自身を素敵にユニークで型にはまらない存在として受け入れ、排除や暴力を恐れることなく、自分らしく生きることができるようになることである。

私はさまざまなＡＳＤの教育者、セラピスト、指導者、書き手と話して、仮面を外すためのエクササイズを作成した。自身の生活の中でそれらを試し、実際に使用して自身の生活を改善したＡＳＤ者にインタビューした。彼らの経験は、仮面を外した（あるいはあまり仮面をつけない）生活が実際にどのようなものになるのか、実例によって具体的に示してくれる。定型発達者目線で自分にダメ出しすることをやめれば、人間関係の基準や日々の習慣、服装や家の設計に至るまで、すべてを自由に変えられるようになるのだ。

仮面の下の自分に自信を持つためのエクササイズ

仮面にとらわれない人生は、ＡＳＤ者の誰もが可能である。しかしそのような人生を切り拓いていくのは、気が遠くなるほど大変かもしれない。そもそもなぜわれわれが仮面をつけ始めたのかを考えてみれば、往々にしてたくさんの古傷がうずいてしまう。本書への情報提供に協力してくれた指導者でＡＳＤ権利擁護者の一人であるヘザー・Ｒ・モーガンは、自分の仮面を分析して仮面を外せるようになる前に、まずは世間から隠してきた自分が信頼に足る人間であると認識しなければならないと強く主張した。

「仮面の下の人の安全を確認しないうちから、仮面の由来を考えたり、仮面を外そうと考えたりするのは危険なことだと思います」とヘザーは言う。「安全な着地点がなければ、仮面を取ると口にすることすら恐ろしくなります」

私自身の経験からも、また本書のためにインタビューしたＡＳＤの人たちの人生を見ても、仮面を取るプロセスにはそれだけの価値があるという確信が私にはある。しかし仮面を取ろうと思い立ったばかりで、本当の自分が何なのか混乱している状況なら、乗り越えた先に価値ある自分が待っているとは、まだ信じられないかもしれない。メディアが広めたＡＳＤのネガティブなイメージにいまだとらわれていたり、仮面を取ったら自分の機能が低下する、ヤバい人になってしまう、愛されなくなってしまうといった心配があるかもしれない。特に社会から疎外された立場にある人の場合は、障害が表ざたになれば現実的に重大なリスクがあることも認識しているだろう。きわめて合理的な理由から本当の自分をさらすには安全ではないと考え、いつ、どのように仮面を取ればいいのかわからない人もいるだろう。そこでまず、仮面を取ることの肯定的な側面と、自分をあまり抑えつけなくて済む人生とはどのようなものかを考えてみよう。

二二ページに示すのは、ヘザー・Ｒ・モーガンが開発したエクササイズである。初めてのクライアントには、まずこれを実施するそうだ。このエクササイズは、仮面をつけた人が自信を深め、仮面の向こう側にある素晴らしいものの存在を考えられるようになることを目的として作られたものだ。

このエクササイズを完了するには時間がかかるかもしれない。何日、あるいは何週間かかってもいいので、さまざまな状況や時期から特別な瞬間を思い出してほしい。これらの瞬間についてはのちのち振り返ることになるが、今はただ、どんな出来事であれ思い出すことの心地よさに浸ろう。

本書は多くのＡＳＤ者に仮面をつけさせる構造的抑圧について論じ、仮面がＡＳＤ者の生活に及ぼす悪影響を探っていく。その過程で、折に触れてここで書き出した幸せな瞬間に立ち返り、そこから力を引き出すことが役に立つこともあるだろう。あなたの記憶は、あなたが壊れていないということを思い出させてくれる。そして生きるに値する本物の人生を築くための設計図が、すでにあなたの中に存在していることに気づかせてくれるだろう。

自分の価値観に基づく人格統合
第一段階：人生の重要な瞬間を探す

これまでの人生で、「今この瞬間を精いっぱい生きている」と感じられた瞬間を5つ思い浮かべてほしい。人生全体（子ども時代、思春期、成人期、学校、仕事、休暇、趣味）から、そういう瞬間を探してみよう。

それは、「ずっとこうだったら、人生は素晴らしいものになるのに！」と思えるような畏敬や驚きを感じた瞬間かもしれない。

あるいは、すっかり元気を取り戻し、次のチャレンジに立ち向かう準備ができたと感じる瞬間、満足して満たされた瞬間かもしれない。

そういう瞬間を書き出そう。そう感じた時の出来事を、できるだけ詳しく書いてほしい。なぜその瞬間が劇的に印象付けられたのか、具体的に考えてみよう。

瞬間①
瞬間②
瞬間③
瞬間④
瞬間⑤

目次

第一章 ＡＳＤ（自閉スペクトラム症）とは何か

第五章 ASDをとらえ直す

第七章　ＡＳＤらしい人間関係を育む

本文中の右肩に付している原注（引用文献）一覧は、次の翔泳社のホームページからダウンロードが可能です。
https://www.shoeisha.co.jp/book/download/9784798184586
※付属データに関する権利は著者および株式会社翔泳社が所有しています。許可なく配布したり、Ｗｅｂサイトに転載したりすることはできません。付属データの提供は予告なく終了することがあります。あらかじめご了承ください。

第一章

ASD（自閉スペクトラム症）とは何か

レッテルを回避するために未診断

クリスタルは幼い頃、現代の心理学者なら伝統的なＡＳＤ（自閉スペクトラム症）だと診断するような行動が多かった。ままごとをする代わりに玩具を一列に並べ、壁を見つめながら毛布をかみしめ、冗談やからかいを理解するのが苦手だった。しかしクリスタルが育った一九九〇年代においては、診断がすぐにおりるような「ＡＳＤには見えなかった」と言う。「実のところ、母は私が診断を受けるべきだと思っていたようです」と彼女は語る。「でも、祖父に止められてしまったんです。『とんでもない。クリスタルはこんなにいい子じゃないか！　悪いところなんかどこにもない。そんなことは考えるな』って」

クリスタルの祖父はおそらく、一生いじめられ続けるようなレッテルを貼られることから孫娘を守ろうと判断したのだろう。確かにそう考えるのは彼一人だけではない。障害や精神医療には、常に悪いイメージがつきまとう。[1]その結果、レッテル回避（診断から逃れるための対策）はひどくありふれた現象となる。障害者であると公言すれば、多くの人々から能力が低く、人間らしさに欠けると見なされてしまうからだ。障害を隠すことはこのうえなく自分を傷つける有害な行為ではあるが、決して被害妄想ゆえにそうしているわけではない。障害者が直面する偏見に、合理的に対応した結果である。これはＡＳＤに限ったことではない。精神疾患[2]や目に見えない身体障害[3]を有する人の多くが、診断がもたらしかねない不名誉な烙印を避ける選択をする。

私の父は生涯、脳性麻痺と発作性疾患を隠していた。祖母、母、そして私以外の誰も、彼の症状を知らなかった。父が大学に進学しなかったのも、学内の障害者サービスにアクセスする必要があると明かさなければならなかったからだ。微細運動が苦手であることが露呈しないよう、父は筆記やタイピングが必要ない仕事にしか応募しなかった。パソコン操作もできなかったから、子どもだった私が父の芝刈り事業のチラシをタイプしてあげた。

　私が父の疾患を知ったのは、十代の頃である。母との結婚生活がすでに破綻した後、父はあたかも恐ろしい秘密を打ち明けるかのように、泣きながら私に告白した。父の母に、疾患を隠すことを強要されたのだと言う。父が育ったアパラチアの小さな町では、障害者が公然と受け入れられることはなかったのだ。恥と自己嫌悪は、父が糖尿病（成人になってから発症し、治療を拒否した）で亡くなるその日まで、父につきまとった。自分がＡＳＤであるとわかったのは、父の死後何年も経ってからだったが、父は、障害を隠すことがどれほど苦しく自己破壊的なことかを私に教えてくれた最初の人物だった。父の全人生は、本当の自分を隠すことを中心に築き上げられたものだった。そしてその防衛機制が、じわじわと父を死に追いやったのだ。

　レッテルを回避するのは、一九九〇年代にＡＳＤの可能性のある子どもを持つ親によく見られる行動だった。ＡＳＤに対する理解が乏しく、悪魔扱いされていたからである。[4]ＡＳＤ者には知的障害があると決めつけられ、知的障害者は評価も尊重もされなかったので、多くの家族は子どもにレッテルが貼られないように必死だった。クリスタルの祖父だって、孫を偏見や子ども扱いから守るつもりだったのだろう。しかしそれが、重要な自己認識や療育、ＡＳＤコミュニティからクリスタルを遠ざけた。家族はクリスタルの意見を聞くことなく、世間から疎外されるくらいなら、ＡＳＤを隠してクリスタルを苦しませたほうがよいと判断したのだ。この判断がもたらした重荷は、二十代後半になって診断がついた成人として、クリスタルが今も抱えているものだ。「今は自分がASDだとわかっているけど、知るのが遅すぎたみたい」とクリスタルは語る。「人に話してもみんな信じたがらないんです。みんなと一緒に過ごしすぎたせいで、それがどんなに大変なことなのかを理解してもらえない。ずっと大変だったし、正直に言っていまだに大変なんだけど、今さら誰も話を聞こうとしてくれなくて」

私は何百人ものASD者から、クリスタルと同様の話を聞いてきた。細部にはいくらか違いがあるが、話の筋はいつも同じである。子どもは早期に障害の兆候を示すが、障害の可能性が持ち上がると、親や教師は尻込みする。自閉スペクトラム症の特性を有している両親や祖父母の場合、自分も同じ経験をしていることから、誰だって人付き合いのストレスや感覚過敏、胃の病気、認知の不明瞭さで苦しむことくらいあると主張し、子どもの訴えを退ける。その子の人生にかかわる誰もが、障害を壊れていることの現れとしてとらえてしまい、その子の機能のあり方（機能するためにはどのような支援が必要か）を説明するものとして受け止めない。そのため、彼らはASDというレッテルをはがそうと躍起になり、子どもにつまらないことで騒ぎ立てるなと釘を刺す。子どもが限界を「超えて」たくましくなる助けをしているのだと思い込み、子どもが見るからに変な振る舞いをしたり、支援を求めたりしないように励ます。

仮面をつけたASD児は、生きづらさを感じる理由を説明する術を持たないが、苦しんでいることには変わりない。周囲の子どもたちは、ASD児に微妙な「違和感」があることを察知し、ASD児が仲良くなろうと近づいてきても排除してしまう。ASD児がいくらか好意を向けられるのは、縮こまって出しゃばらないようにしているときだ。そのため、愛情を渇望するＡＳＤ児はますます縮こまり、不公平だという自分の中の声を黙らせる。

ＡＳＤ児は一生懸命がんばり、あまり要求せず、社会のルールにできるだけ忠実に従う。成長に伴ってさらに控え目になり、自分の気持ちを声に出すことができない大人になる。何十年も定型発達の型に自分を無理やり押し込め続けた結果破綻が訪れ、ついに心のうちに湧き上がるすべての混乱を無視できなくなる。そのとき初めて、彼らは自分がＡＳＤであることに気づくのだ。

クリスタルの場合、その限界点は数カ月にわたるＡＳＤのバーンアウト（燃え尽き）という形で現れた。ＡＳＤのバーンアウトとは、ＡＳＤ者の能力が燃え尽きたように衰え、ストレス耐性が著しく低下する慢性的な疲労状態のことである。[5] 大学で卒業論文を書き上げた後、クリスタルは大型トラックに衝突されたようにこの状態に見舞われた。理由をはっきり説明することができないまま、大学卒業は友人たちに数年遅れをとることになった。クリスタルは生活を維持するために、ずっと授業を休まなければならなくなった。授業を目いっぱいとることが不可能だったのだ。この件について尋ねられると、クリスタルはフルタイムの仕事もしているとうそをついた。

大学の最終学年時、クリスタルは演劇科でその年一番大きな舞台のセットデザインを監督することになった。何十もの小道具をデザインし、資材を調達し、製作を管理し、グーグルのスプレッドシートにすべての項目を記録することは、クリスタルにはまったくもってストレスが大きすぎた。まだ単位を取れていない授業を受けながらとあっては、なおさらだ。髪は抜け、体重も落ち、それでもなんとかやりおおせたものの、プロジェクトが終わったとたん、彼女は倒れてしまった。

「卒業後は、三カ月間母の家で寝ていました」とクリスタルは語る。「就職活動もしませんでした。めったにシャワーも浴びず、寝室の床にはマクドナルドの包み紙が散らばっている状態でした。そんな状況でも、家族は私が怠けているだけだって言い張りました」

やがてクリスタルはひどく無気力になり、テレビを見ることも、実家の犬と遊ぶことも面倒になった。さすがに母も心配になり、セラピストに診てもらうよう勧めてきた。それからまもなくして、ＡＳＤの診断がおりたのである。

「最初は信じられませんでした。私の家族はまだ信じていません。私の人生にはあらゆる兆候があったのに、家族は見ようとしないのです」

ようやくクリスタルは、自分の抱える問題についての説明を得られた。なぜ自分は他の人たちほど多くのことをなしとげられないのか。なぜ自分は銀行まで走ったり二時間の講義をおとなしく聞いたりするような簡単なタスクですら疲れてしまい、考えることも話すこともできなくなってしまうのか。それどころか普段の生活を送ることすら、強い意志の力が必要だった。

ＡＳＤ者は、作業を始める際に気力を振り起こすのに苦労することが多い。[6] また、複雑な活動を論理的な順序に従った小さなステップに分解することが難しいと感じることもままある。[7] そのため、基本的な家事から仕事への応募、税金の申告に至るまで、あらゆることが想像を絶するほど困難になり、支援なしでは不可能になることとさえある。

クリスタルはＡＳＤに伴う基本的な認知や感覚の問題に加え、常に「普通」であるように見せることに多くのエネルギーを注がなければならなかった。指をしゃぶりたい衝動と絶えず戦い、話しかけてきた相手の言葉や顔に注意を向けるのにも努力を必要とした。本を読むのにも、人の倍の時間がかかる。一日の終わりに彼女ができることは、ベッドに座ってフライドポテトを食べることだけだった。しかしクリスタルの母と祖父は、新たにつけられたこの説明に満足しなかった。本当にずっと苦しんでいたのなら、自分たちが気づいていたはずだというのだ。

「家族に理解してもらえたらいいのに。ＡＳＤはあなたが思っているようなものじゃないって」

ＡＳＤの定義

クリスタルのような女性のＡＳＤが見過ごされがちな理由の一つに、ＡＳＤとは何かということについて、専門家や一般の人々が抱いている根本的な誤解がある。つい最近まで、ＡＳＤとはまれな障害で、若い男の子だけに発症し、見た目にわかりやすいものだと多くの人に信じられていた。映画『レインマン』でのダスティン・ホフマンの演技を思い浮かべてほしい。主人公は重度の障害があり、家庭で過ごすことがあまりにも「難しい」ため、幼い頃は施設に入れられていた。主人公は決してアイコンタクトをせず、注意深く見守っていないと危険なほどふらふらと歩き回り、異常なまでに数学の才能があり、その才能を障害のない弟に私腹を肥やすために利用されていた。私たちは皆、ＡＳＤをこのような障害だと見ることに慣らされてきたのである。ＡＳＤとは、人間を異常で無力な存在に仕立てる恐ろしい障害であり、ＡＳＤ者の人生とは、サヴァン症候群〔訳注・重度の精神障害・知的障害がありながら、ある特定の領域において並外れた能力を示す状態〕のような特殊な才能がある限りにおいて、他人にとって価値があるにすぎないものなのだと。

クリスタルが子どもだった一九九〇年代半ばには、当時アスペルガー障害と呼ばれていたものが一部には知られていた。アスペルガー障害は、技術系などの分野で働く、非常に頭がよくて無礼なオタク男性によく見られる「高機能」風のＡＳＤとして、ステレオタイプ化されていた。いずれの場合も、ＡＳＤは不器用で他人を気にかけず（かつ男性で）、数字を好むイメージを連想させた。ＡＳＤの原因も、ＡＳＤ者の気持ちも、世間ではほとんど理解されていなかった。ＡＳＤには、てんかん、社交不安症（社交不安障害）、ＡＤＨＤ、心的外傷後ストレス障害（ＰＴＳＤ）といったほかの障害と共通する特徴があることも、知られていなかった。

世間の思い込みとは裏腹に、ＡＳＤは無礼さや男性性、数学スキルの有無で定義されるものではない。科学的な文献においては、ＡＳＤは空気を読むのが苦手であるとか、他人との接触に抵抗を感じるといった明確な行動的兆候によって定義すべきかどうかにすら、議論が起きている。[8] 他者が感知しうるＡＳＤの外面的な特徴に目を向けるよりも、ＡＳＤであることを示す神経生物学的マーカー〔訳注・脳機能画像などに表れる、ある疾患や障害があるかどうかを示す標識〕や、ＡＳＤ者自身が報告する内的経験や困難さに注目することが重要である。

ＡＳＤの神経学的側面

ＡＳＤは家系で受け継がれやすい発達障害で、[9] 遺伝的な要因が大きいと考えられている。[10] しかしＡＳＤは多因子疾患でもあり、単一の原因によって引き起こされるものではない。[11] ＡＳＤの発症には、さまざまな遺伝子が関与していると見られる。また、ＡＳＤ者の脳はそれぞれ個性があり、独自の接続パターンを示す。[12] ＡＳＤが「発達」障害であるのは、定型発達者の発達段階と比較して、遅れを伴うためである。多くのＡＳＤ者は、社会的・感情的スキルが成長し続ける時期が、非ＡＳＤ者の傾向よりもはるかに遅い[13]（しかしこのことは、定型発達的な教え方がＡＳＤ者の情報処理に適していないせいかもしれない。ＡＳＤ者は社会スキル・感情処理スキルを、すべて自分で作り上げていく必要がある。このことについては後述する）。ＡＳＤの脳は定型発達の脳に比べ特異的かつ広範に異なっており、その結果として、ＡＳＤ者の脳が情報をフィルタリングして理解するやり方が、定型発達者の基準からズレてしまうのである。

ＡＳＤ者は、注意、意思決定、衝動制御、感情処理の調節にかかわる脳の部位である前帯状皮質[14]の発達に違いがある。ＡＳＤ者の脳は全体的に、フォン・エコノモ・ニューロン（ＶＥＮｓ）と呼ばれるニューロンの発達に遅れがある。この脳細胞は、複雑な状況を素早く直感的に処理することに関与している。[15] 同じようにＡＳＤ者の脳は、ニューロンの興奮しやすさという点で、非ＡＳＤ者の脳とは異なっている。[16] 非常に単純な言い方をすれば、ＡＳＤ者のニューロンは活性化しやすく、無視したほうが望ましい「邪魔な情報」（例：別室の蛇口から漏れる水滴音）と、全神経を集中するに値する重要なデータ（例：別室で愛する人がしくしくと泣き始めた音）の区別が付きにくい。このため、ＡＳＤ者はささいな刺激に気を取られやすいのと同時に、大きな意味のある刺激を見逃しやすくなる。

ＡＳＤ者の脳には、定型発達者に通常観察されるものとは異なる、独特の接続パターンが見られる。生まれたての赤ちゃんの脳は通常、過剰に接続されている。人間の発達とは大まかに言えば、人生経験や学習に基づいて役に立たない接続を少しずつ刈り込み、効率的に環境に対応できるようになる過程である。しかしＡＳＤ者の脳では、ある領域は生涯を通じて過剰接続のままである一方で、他の領域は（相対的に）接続が不十分である可能性があることが、研究によって明らかになっている。こうした結合パターンを一言でまとめるのは難しい。ワイツマン科学研究所の神経生物学者が発見したように、ＡＳＤの脳はそれぞれ異なる結合パターンを示すためだ。

実のところＡＳＤ者の脳の配線は、研究者たちが刈り込みパターンが一貫していると考える定型発達者の脳の配線よりも多様であるようだ[17]。ワイツマン科学研究所の研究者たちは、ＡＳＤ者の脳が環境に対して異なる反応を示すのはこのためであると理論づけている。定型発達者の脳は外界から受ける感覚や他者からの情報にすぐに順応できると考えられるのに対し、ＡＳＤ者の脳の発達と刈り込みは「妨げられている[18]」ようなのだ。

ＡＳＤ者はまた、神経科学者が大域情報（グローバル）から局所情報（ローカル）への干渉と呼ぶものをあまり示さない[19]。ＡＳＤ者はささいな細部に注目する傾向がある。たとえその細部が、ＡＳＤでない人が見るような「全体像」と一致しない場合でも、である。例えばある研究によると、ＡＳＤ者は現実には存在し得ないゆがめられた三次元物体の絵を描き写すことが、非ＡＳＤ者よりもはるかに得意であることがわかっている[20]。非ＡＳＤ者は、画像全体を見てそれがいかに不可能で非論理的であるかに気を取られるが、ＡＳＤ者は画像を構成する個々の線や形だけに集中し、その絵を完全に再現することができる。

このような細部への注意力の高さは、人とのやりとりにおける行動にも当てはまる。例えば私たちは、人の顔の全体像や感情の表出を見るのではなく、顔の小さな特徴に注目する。[21] このことは、多くのＡＳＤ者に相貌失認（人の顔が覚えられない症状）が見られること、[22] 定型発達者の顔から感情を読み取ることが困難であることの説明になるだろう。これらの研究をまとめると、ＡＳＤ者には次のような傾向があることがわかる。

・周囲の小さな刺激にも過敏に反応する
・無視すべき情報や感覚データと、慎重に検討すべきデータの区別が付かない
・「全体像」よりも、細部への集中力が高い
・深く熟考して分析する
・意思決定プロセスは効率的というより秩序だっている。心理的近道や「直感」に頼らない
・状況を処理するのに、定型発達者よりも多くの時間とエネルギーを要する

ＡＳＤの生物学的な原因を論じるリスク

ＡＳＤと相関性がある神経学的マーカーをいくつか説明したが、さらに細部を明確にすることが重要だろう。ある障害に生物学的マーカーがあるという事実は、行動の観察からしかわからない障害よりも、その障害がより「本物」であったり、正当であったりすることを意味しない。Ａ

SDは、脳スキャンではなく、ASD者の行動や当事者が直面している課題に基づいて診断される。ASDが神経学的特徴を持っているからといって、摂食障害や薬物依存症などよりも同情に値する障害だということにはならない。また、ASD者が常に特有の行動をする運命にあるわけでも、常に苦労する運命にあるわけでもない。

人との相違を生物学的に理解することは多くの点で役に立つが、障害を身体的な「原因」に還元することには、現実的なリスクがある。ASDは生物学に基づいた運命であり、ASD者は定型発達者よりも変えがたく劣った存在なのだと人々が考えるようになるかもしれない。実際、うつ病やADHDなどを純粋に生物学的なものだと理解している人々は、そのような症状のある人に対する悪印象が減るどころか、むしろ増えるという調査結果もある。[23] 障害のある人々は「障害者らしさを避けられない」という考えは、障害者から人間性を奪い取って制限をかけるものだ。たとえそれによって解放感を覚え、正当化されたと感じる人がいたとしても。

疎外された集団を受け入れようと社会が手を伸ばすとき、その受け入れはしばしば「生まれつきこうなのだ」という語りにくるまれる。例えば二〇〇〇年代初頭、同性愛者を支援する異性愛者の多くは、同性愛者であることは自ら選んだことではなく、そうならざるを得なかったのだから支援するのだと主張した。当時は「同性愛遺伝子[24]」の探索を巡る大衆向け科学読み物が盛んに書かれ、それらは子宮内で特定のホルモンにさらされたことが胎児を同性愛者にする素因である可能性を示唆していた。

今日ではもう、同性愛者の生物学的な原因について議論することはほとんどない。少なくともアメリカでは、同性愛者であることが受け入れられつつあり、性的少数者の人々が「こうならざるを得なかったのだ」と自分たちの存在を正当化する必要はなくなっている。もし同性愛者であることを自ら選ぶ人がいるとしても、それは問題にはならないだろう。同性愛者であることは悪いことではないのだから。

同じように、ASD者も受け入れられていいはずだ。しかたなくこのような脳を持って生まれたからではなく、ASDであることは悪いことではないのだから。

ASDの熟慮的処理スタイル

ASD者が世界を理解するとき、通常は感情や直感よりも論理や理性に従う。重要な要素とそうでない要素の間のどこに境界線を引けばいいのかわからず、時に過剰なほど、あらゆるプラス面とマイナス面を深く掘り下げて調べる。ASD者は何度も経験したはずの状況や刺激に慣れにくい傾向があるため、初めてでなくても、まったく初めての状況であるかのようにじっくり考えることが多いのだ。[25] こういうことすべてに、多くのエネルギー、集中力、時間が費やされる。そのため私たちはきわめて疲れやすく、過負荷になりやすい。しかし、そのおかげでミスを犯しにくくなるのも事実だ。実験的調査によれば、ASD者は、非ASD者がとらわれがちな偏見《バイアス》の影響をはるかに受けにくいことがわかっている。[26]

例えば、次のような単純な問題を考えてみよう。

バット一本とボール一個で合わせて一・一〇ドルになる。
バットはボールより一ドル高い。ボールの値段はいくらか？

実験によると、ＡＳＤでない人の八〇％以上がこの問題を間違えている。彼らは問題を素早く分析し、直感に従ってボールの値段は一〇セントに違いないと答えてしまう。[27] 正解は、ボールの値段が五セント、バットの値段が一ドル高い一・〇五ドルで、合わせて一・一〇ドルだ。「自明」に見える（そして間違った）答えを飛ばして正しい答えを出すには、少々の時間を割いて慎重な処理をする必要がある。たいていの非ＡＳＤ者にとってデフォルトの思考方法は、自明だと思えるものに従うことである。一方でＡＳＤ者は情報を直感的に処理しないため、物事に対する「自明な」答えがわからず、問題をじっくり分析せざるを得ない。その結果、答えを正しく導く可能性がはるかに高くなる。

こうした時間をかけて熟考する処理スタイルには、当然欠点もある。ＡＳＤ者は皮肉や、「自明」であるとしてはっきり言葉にされない暗黙の了解を、すぐに理解できるとは限らない。非ＡＳＤ者からはよく、ＡＳＤ者は物事を深く考えすぎだとか、応答が遅すぎて優柔不断だとか非難されてしまう。ＡＳＤ者はまた、大量のデータを見せられたときに定型発達者のようにあっさり無視するということができず、圧倒されやすい。

ボトムアップ的な処理

ＡＳＤ者はボトムアップで世界を処理する。障害としてのＡＳＤを、そしてＡＳＤ者が他の人と違っている原因を一言で言い表すなら、これが最もわかりやすい要約だ。ＡＳＤ者は注意深く、体系的に、ボトムアップ的に処理を行う。

非ＡＳＤ者は対照的に、きわめてトップダウン的なやり方で世界を理解する。彼らはなじみのないレストランなど新しい環境に入ると、ざっと周囲を見回して、注文の仕方、座る場所、期待できるサービスの種類、さらには話す声の大きさまで、妥当な判断をすぐに導ける。非ＡＳＤ者の脳はただちに音や光などの刺激をフィルターにかけ、環境に応じて調整し始める。例えば、隅にあるピンボールマシンの音に一瞬気づくかもしれないが、すぐにそれに慣れ、無視できるようになる。ウェイターが近づいてきて、予想外のことを言われたり、注文しようと思っていたメニューが品切れだったりしても、さほど苦もなくおしゃべりできるだろう。暗記した会話台本に頼ることもなく、遭遇したデータの意味を理解するために一つひとつ注意深く分析する必要もない。彼らはその場でなんとかできるのだ。

一方、ＡＳＤ者は判断する際に条件反射的な思い込みや直感的な即断に頼ることはない。私たちは周囲の各要素を別々に、そして意識的に処理し、何事においても自明だと思い込むことはほとんどない。入ったことのないレストランであれば、そのレイアウトや注文の仕方を理解したりするのに時間がかかることもある。座ってテーブルサービスを受ける店なのか、カウンターで好きなものを注文する店なのか、はっきりとした説明が必要になる（レストランに足を踏み入れる前に徹底的にリサーチすることで、この事実を隠そうとする人は多い)。その場のあらゆる光、笑い声、匂いが一まとまりに溶け合うのではなく、私たちの感覚システムに個別に取り込まれる。

ＡＳＤ者は予測不可能なことに対処するために、自身の経験を分析してパターンを探し、「ウェイターがＸと言ったら、Ｙと答える」というように、ルールとして記憶している。そのため、予想外のことが起きると、私たちは対応の仕方を慎重に選び出さなければならなくなる。あまりに変化が大きすぎる場合は、心底疲れてしまったり、パニックになったりするかもしれない。

ＡＳＤは生活のあらゆる部分に影響する

もちろん非ＡＳＤ者の中にも、私が今述べたような感情や感覚に共鳴する人はたくさんいるだろう。非ＡＳＤ者であることと、完全に定型発達であること(精神疾患・障害がないこと)との間には違いがある。ＡＳＤではなくても社交不安症(社交不安障害)があれば、ＡＳＤ者と同じように、混みあったバーやレストランで圧倒されることがある。ＰＴＳＤ(心的外傷後ストレス障害)を抱える人も、同じようにうるさいピンボールマシンに気が動転してしまうかもしれない。しかし、ＡＳＤとこうしたほかの障害との違いは、ＡＳＤは認知と感覚そのものが異なっており、それが生活のあらゆる領域に影響を及ぼすということである。例えば、社交不安を抱える人は、家で一人でいるときにラジエーターのガタガタ音に圧倒されることはないだろう(その人もＡＳＤであるか、感覚処理障害がない限り)。

ＡＳＤの神経と認知の特徴は非常に広範囲に及ぶため、身体と脳のほぼ全域に影響をもたらす。

ASDは協調運動や筋緊張、人の顔から感情を読み取る能力、コミュニケーション能力、反応時間、さらには痛みや空腹の認識の仕方にも関与する。[28] 例えば私は人の顔を見るとき、単に顔から発せられる「幸せ」や「悲しみ」を見るのではなく、その人の目、額、口、呼吸、姿勢のわずかな変化を見る。データの不一致が多すぎて意味をつかめないことも多い。他人の感情表現をじっくり処理するエネルギーがないと、他人は自分にとって何を考えているのかわからない存在になってしまい、多大な不安に見舞われる。

ASDは、活動への集中度や、触感、味覚、音の感じ方に影響を与えることがある。[29] ASD者には、関心対象に熱狂的に没頭し（特別な興味（special interest）と呼ばれることが多い）[30]、ルールにきわめて厳格に従う傾向が見られる。ASD者の多くは、皮肉や非言語的なシグナルを読み取ることが苦手である。日々のルーティンを乱されたり、期待に反することがあると、パニックになることがある。新しい技能の習得には、人よりはるかに時間がかかる。

ASD者の行動

ASDは、反復的な自己刺激行動（スティミング）を伴う。[31] それは手をひらひらさせるような無害なものから、血が出るまで指を噛むような深刻なものまで、さまざまだ。自己刺激行動は自己調節の重要な手段である。不安なときやストレスで押しつぶされそうなときに自分を落ち着かせることができるだけでなく、喜びや熱狂を表現するのに役立つ。

自己を刺激する方法はさまざまで、五感のいずれかを利用することもある。エコラリア（喉を気持ちよく振動させられる言葉や音、フレーズを繰り返すこと）で自己刺激する人もいる。その場で飛び跳ねたり揺れたりして、身体の固有受容系（身体の動きを追跡する神経系）に働きかけて自己刺激する人もいる。キャンディーをなめる、アロマキャンドルの香りを嗅ぐ、ラバランプを見つめる……こういった行為すべてが自己刺激になりうる。どんな人にも自己刺激行動は見られるが（そうでなければ、数年前にハンドスピナーがあれほど流行することはなかっただろう）、ＡＳＤ者は定型発達者よりも頻繁かつ反復的に強い自己刺激を行う。

『精神障害の診断・統計マニュアル』（ＤＳＭ）によれば、反復性はＡＳＤ的行動の重要な特徴である。そして確かにＡＳＤ者の多くは、繰り返しがもたらす安定性を必要としている。外部の社会が予測不可能であるため、多くのＡＳＤ者は一貫したルーティンを好む。ＡＳＤ者は同じ料理を何度となく食べたり、限られた種類の食べ物（ＡＳＤの世界ではセイムフードと呼ばれることもある）しか口にしなかったりする。ＡＳＤ者は自分が楽しいと感じる活動に固執し、没頭するあまり、食事や足をストレッチするための休憩を忘れてしまうことがある。ＡＳＤ者が映画やテレビのフレーズをまねるのは、それが「普通の」社会的行動を模倣するのに役立つからということもあるが、自分の気持ちを表す言葉が不足していたり、単にその音で声帯を振動させるのが心地よく感じるからということもある。特別な興味を持つことも、反復的行動とみなされることがある。ＡＳＤ者の多くは、同じ映画を何度も繰り返し見たり、自分の好きなテーマについて読んだりまとめたりする。それは非ＡＳＤ者が面白いと感じるレベルをはるかに超えている。

しかし、多くの仮面ＡＳＤ者にとって、反復的行動は隠さなければならないものである。指しゃぶりをしたり、同じ三音のメロディーを独り言のようにハミングし続けたりすれば、周囲の人に気づかれてバカにされるだろう。（死体防腐処理のような）奇妙なテーマに夢中になりすぎているという印象をもたれたら、人々はあなたの熱意に引いてしまい、距離を置こうとするだろう。

多くのＡＳＤ者は、自己刺激行動や特別な興味を隠す方法を考えなければならない。例えば、自分の趣味に関する秘密のブログを書くとか、長距離走や携帯電話いじりなどの社会的に受け入れられるエネルギー発散方法を見つける、といった具合である。

ＡＳＤ者は危険にさらされている

ティモテウス・ゴードン・ジュニアは、ＡＳＤの研究者であり、当事者であり、「自閉症治療に反対するシカゴ自閉症者の会」の創設者である。ティモテウスいわく、自己刺激行動をするかどうか（あるいはどのように自己刺激行動をするか）は、住んでいる地域や、地域の人々の反応に大きく左右されると言う。

「シカゴやシカゴ郊外のある特定の地域を歩いているときは、ヘッドホンで音楽を楽しむことができないんだ」とティモテウスは語る。「強盗に奪われてしまうかもしれないからね。あるいは、玩具をいじりながら歩いているとする。すると警察や一部の近所の人たちに変な人だとか、何か違法なことをしていると思われて、逮捕されたり、殺されたり、殴られたりするかもしれない」

ティモテウスは状況に応じて、バスケットボールを弾ませるなどの社会的に受け入れられやすい手段を選ぶことで、自己刺激行動を求める気持ちを隠していると言う。黒人のＡＳＤ者である彼は、頻繁に周囲を確認し、自分の行動に対して他人がどう反応するかを見極め、それに応じて自分を調整しなければならない。彼が自分自身であることのリスクは、当然のことと受け止めるにはあまりにも大きすぎる。

ＡＳＤ者は、暴力を受けるリスクだけでなく、精神の健康を害するリスクが高い。大っぴらに自己刺激行動や反復的行動をとれないことから、仮面ＡＳＤ者の中にはストレスをやり過ごすために欠陥のある対処法に手を出す人もいる。ＡＳＤがあると、摂食障害[32]、アルコール依存症・薬物依存症[33]、他者への不安定型愛着[34]を生じるリスクが高まるのだ。

ＡＳＤ者は「本当の自分」を知られて嫌われることを恐れるあまり、人間関係が希薄になりがちである。他人にかかわるまいとすることは、感情的・心理的によくない結果をもたらしかねない。そして孤立すればするほど、人付き合いの場数を踏めなくなってしまう。人付き合いが不得手になり、それを恥じることでますます不得手になるという悪循環に陥る。

ＡＳＤはまた、胃腸障害[35]、結合組織疾患[36]、てんかん[37]などの身体症状とも高い相関があり、その主な要因は遺伝による。ＡＤＨＤ[38]やディスレクシア（失読症[39]）といった障害の併発率も高い。多くのＡＳＤ者は、トラウマ歴やＰＴＳＤを抱えているほか、すでに述べたように生涯仮面をかぶり続けることで、うつ病や不安障害といった疾患を引き起こすリスクが高い[40]。これらはＡＳＤとの併発がよく見られる疾患の一部であるが、ＡＳＤと重複する（もしくはＡＳＤと誤診される）疾患については後ほど詳しく説明する。

ASDはニューロダイバージェンス

ASDとは、心理学が標準的または定型発達（NT）と定義するものとは異なって機能する脳タイプ（ニューロタイプ）である。ASDはとりわけ多様で変化に富んでいるニューロダイバージェンス［訳注・神経発達的な違い。脳の処理などが定型と考えられているものとは異なること］の一形態で、発達基準と異なることで受ける苦労は人それぞれだ。

ASDの症例はそれぞれ少しずつ異なり、一見矛盾するような特性を示すこともある。言葉を話せないASD者もいれば、幼い頃から信じられないほどおしゃべりで、膨大な語彙《ごい》を持つASD者もいる。人の感情をいともたやすく読めてしまうため、他人の感情に圧倒されてしまう人もいれば、動物やモノに共感しても、人には共感できない人もいる。共感力がまったくない人もいる。[41] しかし私たちは他者を思いやり、倫理的に行動する能力に欠けているわけではない。

特別な興味を持たないASD者もいれば、何十ものテーマに熱中している人もいる。熟達した技能を持つ人もいれば、生きる上で全面的に支援を必要とする人もいる。私たちに共通しているのは、一般的には生活のあらゆる側面に影響を与えるボトムアップ型の処理スタイルであり、世の中をどう生きていくかであり、人と違うことで生じる無数の現実的、社会的な課題である。

主流とされる行動基準は非常に狭いため、行動基準からの異なり方も、それによって受ける苦労もさまざまだ。パニック発作を頻繁に起こすことは、摂食障害の兆候を示すのと同様、ニューロダイバージェンスである。愛着トラウマや拒絶への抜き差しならない恐怖のために親密な人間関係で苦労しているなら、あなたもニューロダイバージェンスである（境界性パーソナリティ障害といった、偏見の根強い具体的な障害名をつけられることもある）。

現行の医療重視の精神疾患モデルのもとでは、ほぼ誰もが欠陥や異常とみなされる可能性がある――少なくとも、精神的に落ち込んだり、ストレスへの対処がうまくいかなくなったりして、生きるのが困難な時期には特にそうなりやすい。このようにとらえた場合、定型発達性とは、一般の人が持つ特権的なアイデンティティというよりも、抑圧的な文化的基準といったほうが近い。

基本的に、いついかなるときも定型発達の基準に沿った生き方をしている人などいないし、定型発達の基準の厳格さはあらゆる人に害をもたらす。[42] 異性愛規範が、クィア［訳注・もともと性的マイノリティに対する差別語だったが、現在は肯定的にとらえる表現として使われる］のみならず異性愛者も追い詰めるのと同じように、定型発達主義は、精神面の健康状態にかかわりなく人を傷つける。

ASDは、私たちの世界におけるニューロダイバーシティ（神経多様性）の一部にすぎない。ニューロダイバーシティは、思考や感情、行動が、不健康、もしくは異常、危険だと言われてさげすまれてきた人々を幅広い範囲で指す言葉である。この言葉は、1999年に社会学者のジュディ・シンガーが提唱したものだ。

シンガーは卒業論文の中で、自身の娘の障害を理解することの難しさについて書いている。娘の特性は、シンガーの子ども時代にシンガーの母親が示した特性と酷似していた。シンガーが論文を執筆した時点では、ASDはあまり理解されておらず、シンガーの母親（やシンガー自身）のようなASDの特性を持つ成人が診断を受けることはほとんどなかった。シンガーの娘は、ASDとADHD、その他さまざまな障害の中間にいるように見えた。三人の女性はいずれも、既存の障害の分類にきれいに収まらず、そのことが彼女たちが疎外され、社会からはぐれていたことをわかりにくくしていた。彼女たちが抱える問題に簡単に名前が付けられないからといって、障害が存在しないわけではない。

「子育ての現場は、さまざまな信念体系がひしめきあう戦場だった」[43]とシンガーは書いている。「そうした信念のすべてに共通していたのは、人間の多様性を受け入れないことだったのである」

シンガーとその家族の障害は、誰もがどう名付けていいのかわからない障害だった。それでシンガーは、自分たちのために名前を作った。私たちは神経学的に多様《ニューロダイバース》なのだと。シンガーたちが苦しんでいたのは、世間が神経学的に定型《ニューロティピカル》であることを求めるせいなのだ。

これらの言葉は、ジャーナリストのハーヴェイ・ブルームによって世に広められ、数年後には多くの障害当事者団体が採用することになった。「神経学的に多様《ニューロダイバース》」というラベルには、ＡＤＨＤ、ダウン症、強迫症、境界性パーソナリティ障害など、あらゆる人が含まれる。さらに脳障害や脳卒中を抱える人、「低知能」というレッテルを貼られてきた人、正式な診断を受けていないが生涯を通じて「頭がおかしい」「無能」と病気のような扱いを受けてきた人も含まれる。シンガーが適切に述べているように、ニューロダイバーシティとは、精神医学によって説明がつくカタログ化された特定の「欠陥」があるということではない。それは、他人が理解するのに苦労したり、受け入れることを拒否したくなるような、他とは異なる存在であるということを意味している。

ASDは多様である

ASDの神経・精神学的特徴は幅広い人々に見られるが、その現れ方は常に少し異なっている。実際、ASDの特性は、まさに矛盾した形で現れることがある。私はときどき、一つの作業（読書や執筆など）に猛烈に集中し、周囲がまったく見えなくなってしまうことがある。過集中していると、誰かが話しかけてきても、オーブンを消し忘れて部屋じゅうに煙が充満していても気づかない。ところが別のときには、不安ですぐに気が散ってしまう。ペットのチンチラがケージの中で飛び跳ねて鉄格子をガタガタさせていたら、本を一行だって読み進めることができない。

この二つのまったく異なる反応の根本には、同じ原因がある。ASD者のニューロンが過剰に興奮しやすいこと。そして、ASD者が刺激をフィルタリングする方法が（少なくとも非ASD者と比べて）一貫していないことである。ASD者は周囲の音に気が散りやすいのと同時に、ある音が実際に注目に値するのかどうかの判断がつきにくい。[44] 私は集中したいとき、しばしば他の世界をシャットアウトして集中せざるを得ない状況に自分を追い込んでいる。ずっと仮面をつけてきたことで、過度に用心深くなっているということもありそうだ。ほとんどトラウマ反応といっていい。私の感覚系は、自分が一人かどうか、つまり自分らしくいられるほど「安全」かどうかを判断するために周囲を精査することに慣れっこなのだ。トラウマを経験した人は、しばしば過度に用心深くなり、きわめて強い感覚過敏を抱える傾向がある。[45] ASD者が抱える感覚過敏は、少なくとも部分的には、世界への不安や過剰な警戒が原因であるとする説を唱える研究者もいる。[46] 世界はASD者を受け入れず、敵意をむき出しにして扱うことも多々あるからだ。

ＡＳＤはスペクトラムであると聞いたことがある人は多いだろう。それは確かに事実だ。それぞれが抱える特性や特徴の組み合わせは星座のようにバラバラで、その強さもさまざまだ。潜在的にＡＳＤである人もいる。つまり精神科医の目から見れば正式な診断を下すまでもないとしても、私たちと同じような葛藤や経験を抱えている人のことだ。例えば、ＡＳＤと診断された人の親族は、しばしば潜在的な特性を示すことがわかっている。[47] もちろん、「潜在的」とされるには、その人が仕事を続けることができ、社会のルールに従う能力があることが重要となる。その人がどれだけ苦しんでいるかということは、あまり考慮されない。

「誰だって多少はＡＳＤ的なところがあるよ」というのは、仮面ＡＳＤ者が障害を明かした際によく聞かされるフレーズである。この種の言葉を聞いて、少しだけイラっとすることがある。私たちの経験が大したことではないと言われているように感じられるためだ。バイセクシュアルの人が、「誰だってバイセクシュアルの要素が少しあるよ」と言われるのに似ているかもしれない。こう口にする人の多くが言いたいことは、ＡＳＤやバイセクシュアルは普遍的なものだから、実際にそのことで抑圧されることはない、黙っていればいいということだ。

一方で、私は思うのだ。非ＡＳＤ者が「誰だって多少はＡＳＤ的なところがあるよ」と力説するとき、それは彼らが精神障害の定義について重要な突破口を開いているのではないかと。なぜ私たちは、同じ特性を示しているにもかかわらず、ある人は壊れている、ある人は完全に正常であると断定するのだろうか。線引きはどこでするのか。なぜわざわざ線引きなどするのか。

ＡＳＤ者が職場で柔軟な対応を受け、人付き合いの下手さを大目に見てもらうといった恩恵を受けるのであれば、なぜ同じ恩恵をあらゆる人に拡大しないのか。ＡＳＤ者は人類の正常な一部であり、ＡＳＤでない人間にも見られる資質を持っている。そう、誰だって多少はＡＳＤ的なところがあるのだ。だからこそ、尊厳と受容を与えられる対象の定義を広げる必要がある。

ＡＳＤは、年齢、階級、性別、人種、その他の障害の有無にかかわらず、どんな人にも現れる可能性がある。ＡＳＤの症状やＡＳＤ者は驚くほど多様であるにもかかわらず、平均的な人々が心の中に抱くＡＳＤのイメージは一つきりだ（多くの精神医療の専門家でさえもそうなのだ）。これを「典型的なＡＳＤ像」と呼ぶのを耳にすることがあるが、それはまったく間違った呼びかたである。むしろ、ステレオタイプなＡＳＤ像と言ったほうが近い。

「典型的《ティピカル》な」ＡＳＤ

「典型的《ティピカル》な」ＡＳＤは幼少期から認められ、通常は小学校低学年までに診断がつく。典型的なＡＳＤ者は、定型発達社会が求める形では意思疎通をしない。言語を発せなかったり、言葉の発達が遅かったり、相手の顔を見られなかったり、他人に近づくことを避けたりする。その場で揺れる、自分の頭を叩く、叫ぶ、金切り声を上げるといった目に見える形の反復行動をとる。ほぼ絶え間なく感覚的な苦痛を感じ、社会に圧倒されている彼らは、激しい苦しみを隠せない。

両親は、わが子のメルトダウンや感覚過負荷にうまく対処できず、このような反応を「問題行動」や「反抗」と見なす。両親は、ASDが静かでお行儀のいい赤ちゃんを自分たちから「奪った」とこぼすかもしれない。典型的なASD児はおおむね男児で、白人で、診断や療育支援を受けられる裕福な家庭か中流以上の家庭の出身である可能性が高い（さらにこういう家庭は、公共の場での「適切な」行動について、かなり厳しい規範を持っている傾向がある）。

現実には、このようなASD者はそれほど典型的というわけではない。診断がついたASD者の圧倒的多数は、このひどく厳格な基準から何らかの形で逸脱している。[48] 既存のASD診断ツールはすべて、裕福で、白人で、男児らしい男児を念頭に開発されたにもかかわらず、である。ASDが女児、黒人、先住民族、アジア系、ラテン系の人々[49]、貧困層[50]などにおいては他の集団よりも過小診断されているというエビデンスを考慮すると、「典型的な」ASDは、公式発表の数字かららわれわれが思い込んできたほどには、多数派というわけではないのだろう。

「典型的な」ASDと「非典型的な」ASDとの境界線は、非常にあいまいだ。その線引きは、ASDの特性の重症度よりも、その人の社会的立場次第で決まることが多い。クリスタルは、典型的なASDの指標をすべて示していた。反復的な遊び、対人交流の欠如、自己刺激行動、学校で課題を続ける難しさ。しかし彼女は「典型的な」ASD者のようには見えなかったため、周囲の大半に障害者とは認識されなかった。苦しんでいたにもかかわらず、教師やスクールカウンセラーがASDの可能性を指摘することはなかったのである。

「通知表には、私がクラスにいることを楽しんでいて、繊細だって書かれてた」と彼女は語る。「繊細なんてもっともらしく書いてあったけど、要は意地悪されたくらいで傷ついて泣くなんて大げさだと先生は思ってたみたい。数学の授業中に上の空になっていても、シャットダウンの兆候だと心配されることもありませんでした。私はときどき泣くぼんやりした女の子で、多くの男性教師には、いかにも女の子らしい女の子と映っていたのでしょうね。今考えると」

ＡＳＤのシャットダウンは、ＡＳＤ者が過度の刺激やストレスを受け、周囲の環境を処理できなくなったときに起こる。[51] 泣きわめき、自傷行為、外部への攻撃などが含まれがちなＡＳＤのメルトダウンとは対照的に、静かで内面的なものである。シャットダウンとは本質的に、周囲の環境から自分を切り離す手段なのだ。シャットダウンすると、突然眠り込んだり、無反応になったり、（クリスタルのように）ボーっとしたりしているように見える。

クリスタルは、もし自分がＡＳＤの男の子だったら、シャットダウンは違った見方をされただろうと思っている。男の子は主体性と自信をもって、世界と積極的にかかわるものとされている。反応が鈍く元気がなければ、言うのもはばかられる家族の秘密扱いされることなく、早めの治療介入がなされたかもしれない。両親は治療介入の代わりに、クリスタルに「おかしな」態度をやめ、姿勢を正しくして「しっかり」しなさいと言い聞かせた。混乱やいら立ちで泣き崩れそうになったときも、同じように衝動を抑えるように言われた。

「縮こまって何も求めないことで、人から繊細すぎると言われないようにしたの」とクリスタルは語る。「それに、私に何か苦手なことがあっても、自分が得意になろうとしなかったせいだと決めつけられた。だったら何も求めないほうがマシ」

自分がＡＳＤであることを知った今、クリスタルは自分自身に対するこうした根深い思い込みを捨て去ろうとしている。泣いても謝らない人間になりたい。ストレスに対処するために、世界から引きこもってばかりいたくない。どうにかこなせるのは最大で週二〇～三〇時間労働という現実を踏まえた上で、人生を構築したい。そして、わかりにくい表現や巧妙な性差別をせず、忍耐強く率直に説明してくれる偏見のない教師のもとで、数学を勉強し直したい。

「いつか振り返ったときに、自分の嫌いなところのすべてが実は最大の強みだと言えるかなあ」とクリスタルは思いを巡らせる。「わからない。誰かがいつも私にそう言ってくれていたらよかったのに。だけどあなたは起こったことを受け入れようとしているのね。私はまだできない。あまりにうんざりしてるから」

最近になって自分がASDであることを知った多くの人たちがそうであるように、クリスタルも発見されたばかりの自分のアイデンティティにまだ混乱していて、過去に自分がどれほど不当な扱いを受けたかを考えるのをやめられないようだ。このような形で排除され、疎外されているASD者の一群が存在する。次章以降、そのような人々を紹介していこう。しかしその前に、典型的なASDのイメージがなぜこうなっているのかを正確に掘り下げていく必要がある。

なぜＡＳＤといえば「鉄道好きの白人少年」なのか

最も仮面を必要とするＡＳＤ者は、性別・人種・社会経済的地位などの理由で診断を受けられなかった人々である。このような人々は、同世代の白人男性よりも愛想よく感じよく振る舞うよう育てられる傾向がある。例えば発達心理学の研究では、女児は遊びの中のちょっとした攻撃性でさえ、教師や親から「不適切」として厳しく戒められ、罰せられることが繰り返し指摘されている。女の子が二つの玩具をぶつけて遊んでいたら、叱られてしまうかもしれない。一方、ほとんどの男児は、遊びの中で粗野に振る舞ったり、時には暴力的であったりすることも許されている。[52] 女児は男児よりもはるかに厳格な社会的基準に縛られるため、手のかかる「暴力的な」、あるいは規律を乱すＡＳＤの特徴を、より早い段階で隠すことを学ぶ。同じような力学が、さまざまなアイデンティティを持つ有色人種やトランスなどの仮面ＡＳＤ者にも働いている。[53]

長らくＡＳＤの研究者たちは、有色人種や女児ではＡＳＤはそれほど重度ではなく、まれにしか見られないと信じていた。現代でも「女性のＡＳＤ」はさほど重度ではないと本気で信じている人はいるものの、ほとんどの専門家は、これらの疎外された集団は社会的に、奇妙であったり規律を乱したりする自由があまり与えられていないだけであり、同じ資質でも男の子と女の子では受け止められ方が違うと認識している。[54] しかし、ＡＳＤの女児、トランスジェンダーやジェンダー規範に当てはまらない者、その他周縁化された人々を排除してきた負の影響はいまだ大きい。

ＡＳＤは「男児の」障害であるという考えは、ＡＳＤが「自閉症」として初めて記述された二〇世紀初頭までさかのぼる。ハンス・アスペルガーをはじめとする初期のＡＳＤ研究者たちは、ＡＳＤの女児を研究していたが、研究報告書からはほぼ除外していた。[55]特にアスペルガーは、オーストリアを占領して障害者の大量虐殺を始めたナチスに対して、知的能力が高く「高機能」な特定のＡＳＤ者を「有益な」存在として紹介したかったため、ＡＳＤの女児について書くことを避けていた。スティーブ・シルバーマンがその優れた著書『自閉症の世界　多様性に満ちた内面の真実』（講談社、正高信男・入口真夕子訳、２０１７）で述べているように、ハンス・アスペルガーは、彼が出会った「高機能の」ＡＳＤの男児たちがナチスの死の収容所に送られないように救いたいと考えていたのだ。

シルバーマンは、この事実をいくらか同情を込めて記述している。科学者のアスペルガーにできることは、ファシスト政権と結託して、ごく少数の子どもたちを救うぐらいのものだったのだと。しかし最近になって発見された文書から、アスペルガーはナチスの障害者殺害計画に、それまで信じられていたよりもはるかに深く加担していたことが明らかになっている。[56]アスペルガーは、知的で「小さな教授」タイプのＡＳＤ者に強い関心を寄せる一方で、見るからに症状の重いＡＳＤ者を、絶滅収容所にそれと知りながら送り込んだのである。

アスペルガーは、社会にとって「有益な」者にのみ権利を与えるという優生思想に基づいて、ＡＳＤを知的だが問題行動を伴う、おおむね裕福な家庭の男児たちの障害として類型化することに力を入れた。ＡＳＤの女児は処分してもいいとみなされていたから、議論から取り残された。[57]黒人や褐色人種のＡＳＤ者については、アスペルガーを含め同時代の研究者の大半がまったく言及していない。アメリカのように、人種的に多様な国の研究者でさえ。

ＬＧＢＴＱや既存のジェンダー規範に当てはまらないＡＳＤ者の存在も、同様に無視された。事実、ＡＳＤに対する最初の「治療法」である応用行動分析（ＡＢＡ）療法を開発したオレ・イヴァ・ロヴァスは、同性愛を矯正する転向療法も考案した人物であった。[58] この負の伝統は、多くのＬＧＢＴＱのＡＳＤ者の人生にいまだにつきまとう。彼らは主流派のクィアたちが集う場でも、ＡＳＤ集団でも、居場所がないと感じることが多い。[59]

英語でもドイツ語でも、初期に発表された研究は、ＡＳＤの男児についての記述に限られていた。そのため、当時の精神科医の中には、ＡＳＤは「極端な男性脳」に起因すると結論付ける者もいた。[60] ＡＳＤ者は、あまりにも分析的で、合理的で、個人主義的であるために、自力では社会で活動できないと考えられた。この見解は、すべての診断ガイドラインの記述に影響を与え、何十年も続くフィードバックのループを作り出した。診断のついたＡＳＤ患者は主に裕福な白人の男児であり、彼らがその後の研究においてもＡＳＤの定義や理解の基準になり続けたのである。[61] 診断のついた数少ない白人女児は、ＡＳＤの現れ方が明らかに「男性的」である必要があった。非白人のＡＳＤ者は、反抗的、反社会的、あるいは統合失調症だとされた――それらはすべて、彼らを幽閉、もしくは強制的に施設に収容しやすくするためのレッテルとなった。[62]

ＡＳＤの研究が始まって一世紀が経った今でも、ＡＳＤの診断には性別や人種に基づく大きな格差が存在している。何十年もの間、ＡＳＤの男児の数は女児を四対一の割合で上回っている。[63] クリスタルのような少女たちは、「本物の」ＡＳＤというにはあまりにお行儀がよく感じがいいという理由で、いまだに日常的に見過ごされ、診察を拒否されている。ＡＳＤのトランスジェンダーや有色人種も、同じように診断から除外されている。[64] 私のような属性の人間は、ＡＳＤだと公言するとき、「ＡＳＤには見えない」と言われるリスクがある。

メディアにおけるＡＳＤの登場人物は、ほぼすべて、抑揚のない声で不作法な態度をとり、科学を好む白人男性である。アニメ『リック・アンド・モーティ』[65]の怒りっぽい天才リックや、ドラマ『グッド・ドクター 名医の条件』の超有能だが冷淡なショーン・マーフィー、『ビッグバン★セオリー』の偉そうなオタク、シェルドン・クーパーを思い浮かべてみよう。メディアには、繊細で感情表現が豊かで芸術を愛し、学業での成功に無関心なＡＳＤ者の居場所はほとんどない。

ＡＳＤは、あまりに大々的に「嫌な奴」と結びつけられてきた。だから私たちの多くは初め、この言葉から連想されるような存在になるまいと、過度におおらかで対立を避ける態度をとろうとがんばりすぎてしまう。多くのＡＳＤ者が、ＡＳＤはこれまで言われてきたような冷たくロボット的な障害ではないと認識するには、長年の研究と実在の反例と出会うことが必要なのだ。

このような誤解や浅はかなステレオタイプにさらされれば、ＡＳＤ者の自己認識に深刻な影響を与えかねない。どのような特性を隠そうとするかにも影響するだろう。

次ページのエクササイズで、子どもの頃にＡＳＤについてどのようなメッセージを受け取ったか、それが自己認識や仮面にいかなる影響を与えたのかをじっくり考えてみてほしい。ＡＳＤ者の仮面は、最も嫌う、あるいは恐れるように教え込まれたＡＳＤの性質から作られる傾向がある。

ＡＳＤのステレオタイプ影響度チェック

1．テレビや映画で見たＡＳＤ者のイメージを思い浮かべてください。可能であればそのときに見たＡＳＤのキャラクターや人物の名前をいくつか挙げてください。

2．ＡＳＤのキャラクター（あるいはＡＳＤであることが示唆されるキャラクター）を数人選び、３～５つの言葉で形容してください。

例：ダスティン・ホフマン演じるレインマン……「よそよそしい」「天才的なサヴァン症候群」「自分では何もできない」

キャラクター________________________特徴________________________
キャラクター________________________特徴________________________
キャラクター________________________特徴________________________

３．次の文章を完成させてください。

ＡＳＤについてよく知らなかった頃は、ＡＳＤの人はみんな__________________で、______________で、________________だと思い込んでいた。

4．今のあなたが考えるＡＳＤは、３で書いたＡＳＤのイメージとはどのように異なっていますか？

5．誰かに「ＡＳＤには見えない」とか「ＡＳＤのはずがない」と言われたことがありますか？　どういう意味で言っていると思いますか？あなたはそれを聞いてどう感じましたか？

最近の作品には、多岐にわたるＡＳＤのキャラクターが登場する。ＮＢＣのコメディドラマ『コミ・カレ!!』に登場するアベッド・ナディアはパレスチナ系のイスラム教徒で、態度が冷たいとか笑顔が苦手といったありがちな描写はあるものの、鋭いウィットに富む映画好きの男性として描かれる。人気マルチプレイヤーゲーム『オーバーウォッチ』に登場するシンメトラは、自信に満ちたＡＳＤのインド人女性で、自ら考案したタレット（射撃用の塔）で敵を攻撃する。ネットフリックス配信のドラマシリーズ『クイーンズ・ギャンビット』のベス・ハーモンは、薬物依存の美しきチェスプレイヤーで、ＡＳＤであることが強くほのめかされている。

私がこのようなキャラクターを目にするようになったのは、二十代後半になってからだ。当時はすでに自分がＡＳＤであることはわかっていて、実生活でさまざまなＡＳＤの人々に出会い、「苦悩に満ちた白人の天才」にとどまらないＡＳＤ者像を探し始めていた頃だった。ＡＳＤのあり方が多様であることを知り、知識を広げることが、自己理解にどうしても必要だったのだ。そうして私は、少しずつ自分を愛し、受容できるようになっていった。

本書のためにインタビューした多くの仮面ＡＳＤ者も同じように、さまざまな背景を持つ、型にはまらない「非典型的」なＡＳＤ者に出会うことが重要だったのである。

あなたはＡＳＤ？

仮面ＡＳＤ者は基本的にはどこにでもいるが、まさに仮面をつけているがために、社会的に見えない存在となっている。販売業、サービス業、芸術など、ステレオタイプなＡＳＤ的行動とは無縁の業界にも、ＡＳＤ者を見つけることができる。私たちの多くは、自らの行動を抑制し、控え目にすることによって特性を隠しているため、少なくとも誰もが指摘できるような形で人付き合いの苦手さが目立つことはないかもしれない。

大半の仮面ＡＳＤ者は、感覚面の困難、不安、メルトダウン、精神の消耗を経験するにもかかわらず、その苦悩をできる限りプライベートな領域に押し込める。苦心して作り上げた対処メカニズムやカモフラージュといったベールをかぶることで、助けを必要としていないかのように見せかけることができるのだ。多くの場合、これは支援が必要と思われる分野を断念するという犠牲の上に成り立っている。人間関係を避け、過酷な学業課程から脱落し、人脈作りや人付き合いを求められる分野で働くことを回避し、身体を使う活動から完全に撤退してしまう。あまりにも距離を感じるし、私たちがそういう活動をするとぎこちなくなってしまうと思っているからだ。

私たちのほとんどが、自分の人生にはどこか「間違っているところ」「欠けているもの」があるという感覚にとらわれている。生きていく上で他の人よりはるかに多くの犠牲を払っているのに、その見返りははるかに少ないという感覚だ。

ＡＳＤはかなり大幅に過小診断されているため、ＡＳＤ者の正確な実数を推定することは難しい。しかし、ＡＳＤに対する社会の認識が高まり、診断方法の偏りがやや少なくなったことから、診断率は上昇の一途をたどっている。二〇二〇年の時点で子どもの五四人に一人がＡＳＤと診断されており、たった四年前の六八人に一人からかなり増加している。一九九〇年代においては、診断がついたのは二千五〇〇人のうち一人にとどまっている。[66]

診断率の増加傾向はとどまる気配を見せないが、いまだに女性、トランスの人々、黒人や褐色人種、貧困層、診断や療育を受けられない人々のＡＳＤがあまり認識されていないことは、あらゆるエビデンスが示すところだ。アメリカでは、精神医療の支援が必要な人のうち、五〇％もの人が支援を受けられずにいる。[67] このことは、過小診断率が実は膨大であることを物語ってい

アメリカの児童のＡＳＤ有病率

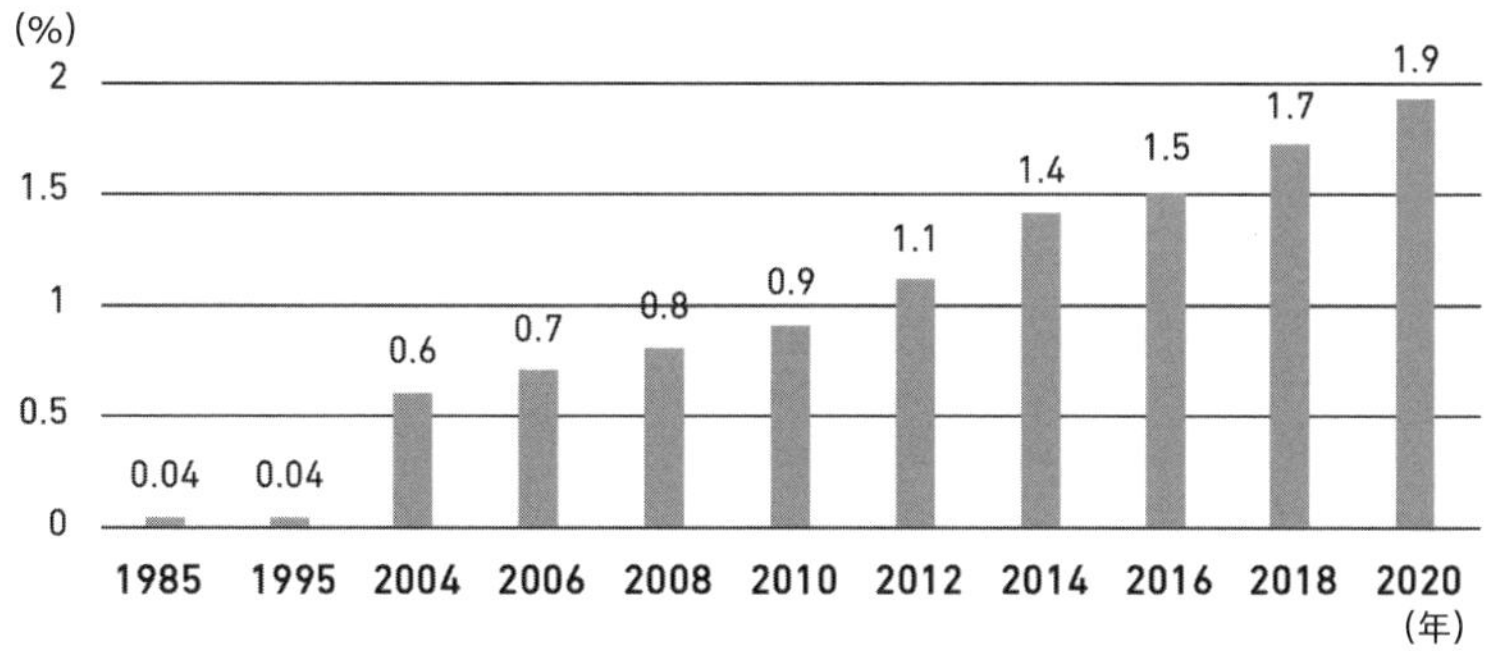

出典：アメリカ疾病対策センター（CDC）

る。

これらのデータから、アメリカでは現状、ＡＳＤ者の少なくとも半数が診断を受けていないと推測できる。これは控え目な推定であり、療育を受けたすべてのＡＳＤ者が正確な診断を受けているという仮定に基づいている。そして私たちは、それが正しくないことを知っている。

また、ＡＳＤは遺伝することも考慮に入れたほうがいいだろう。前ページのグラフ上のＡＳＤと診断された児童一人につき、ＡＳＤの特性を示す親族がおそらく何人かいるはずだ。私の家族の場合、ほぼ全員に何らかのＡＳＤ的な特性がある。正式なＡＳＤ検査でひっかからない人や、自分を障害者だと思いたくない人がいたとしても、彼らはＡＳＤに属していると考えられる。[68]

本書を読んでいる人は、おそらく自分か知り合いが仮面ＡＳＤ、もしくはそれ以外の障害・疾患ではないかという疑いがあるのだろう。私はもう何年も自分がＡＳＤだとわかった過程について書いてきたが、投稿するたびに自分がＡＳＤかどうかを調べる方法についてアドバイスを求める人たちからのメッセージが殺到する。たいていはじめの質問は、ＡＳＤの検査を受ける方法だ。

正式な診断から得たいものは何だろう。正式な診断が下りれば、障害を持つアメリカ人法（およびそれに準ずる他国の法律）、その他国内外の差別禁止法に基づいて、本格的な社会的恩恵と法定給付を得ることができる。あなたが望むのは、精神科医がその正当性を立証することで、周囲の人々が訴えをより真剣に受け止めてくれることかもしれない。正式な診断が下るということは、学校や職場で障害に合わせた調整が受けられるということだ。不機嫌そうだの怠け者だのと言ってきた家族も、障害だとわかればうるさく口出しするのをやめるかもしれない。セラピストや医療従事者が、障害を考慮した治療をしてくれるかもしれない。障害の認定を求めるときに望まれることは、おおむねこのような効果だろう。残念ながら、診断を受けたからといって、このような恩恵を受けられる保証はない。建前上は、障害の診断が下りれば調整を受ける権利があることになっているが、調整を拒否したり、調整を求める従業員や生徒を不当に扱ったりする雇用主・教育者も多い。ASDであることが正式に認められれば、批判的な友人や家族が口出しをやめてくれると言いたいところだが、そう言い切ることはできそうもない。障害が医師に認定されたことで、家族が障害をさらに脅威に感じることもある。あなたの判断が信用ならないものだとしたり、子ども扱いしたりするために、診断を利用することもある。

診断を受けることを思いとどまらせようとして、こんなことを言うのではない。ただ、精神科医が署名した紙切れが、数々の援助や周囲からの尊重をもたらしてくれる魔法の鍵になるという印象を持ってもらいたくないだけだ。

さらに言えば、ASDの診断を受けたからといって、特別な治療や薬が得られるわけではない。成人のASDには、エビデンスに基づいた治療法は存在しないからだ。ほとんどのセラピストは、ASDの成人を扱う訓練を受けていない。その多くはASDについての理解が非常に浅く、時代遅れの偏見を抱いている。ASDを専門にしているセラピストでさえ、たいていは主にASDの子どもを扱う訓練を受けており、その内容も、感じよく従順に振る舞えるようにASD児を「支援」するというものだ。

ここシカゴでは、仮面ASDの成人に対応できるセラピストは、私の知る限り一人しかいない。

私がそのことを知っている唯一の理由は、ＡＳＤの知人がそのセラピストが優秀だと太鼓判を押してくれたからだ。他の都市にいる精神医療従事者を何人か知っているが、その人たちは自分がＡＳＤで、ＡＳＤ者を診るのが好きなのだと個人的に打ち明けてくれた。しかし、どの精神医療従事者も職業上、ＡＳＤであることは公言できないと言う。自分の障害をオープンにすると、同僚から無能、もしくはプロ意識に欠けるとみなされてしまうリスクが大きすぎるのだ。

　当然ながら、ＡＳＤ「を」治療するという考え自体、私たちは壊れている、あるいは病気であるという考えが前提となっている。これは、ニューロダイバーシティ運動が完全に否定している考え方である。ＡＳＤには薬も治療法もなく、脳を変える方法もない。ＡＳＤコミュニティにかかわるほとんどのＡＳＤ者が、私たちを「治そう」とする試みに反対している。既存の治療手段をＡＳＤの成人に適したものに手を加えたものならあるが、時間を割いて自ら学ばない限り、医療従事者は修正された治療法の存在を知らないかもしれない。自分がＡＳＤだと知ってからたどる道はおおむね、自分を受け入れ、仲間を作り、理解を求めて自己主張することを学ぶということに尽きる。その過程で必ずしも診断が必要となるわけではない。

　であるからこそ、ＡＳＤかどうかは自分で決定すべきだという価値観を私は支持する。私は自己診断よりも、自己決定や自己認識という言葉のほうが好きだ。ＡＳＤ者のアイデンティティは、厳密な医学的レンズより、社会的なレンズを通して見るほうが理にかなっていると思うからである[69]。診断は門番のようなものだ。貧しい人、多忙な人、肌の色が濃い人、女性的な人、クィアな人、ジェンダー規範に当てはまらない人などの目の前で、重い柵をピシャリと閉じる。公平な診断を受けられないＡＳＤ者は、私たちの中の誰よりも切実に連帯と公正を必要としている。彼らを締め出すことがあってはならない。

クリスタルのような人はたいてい、幼少期にＡＳＤの診断が受けられなかったことを後悔する。その一方で、早めに診断がついたＡＳＤ児は、より多くの支援と、より強烈で制度化されたスティグマの両方を経験する。正式に障害者と認定されることは、まさにもろ刃の剣である。ＡＳＤの診断は、離婚手続きや子どもの親権争いで不利に働く可能性がある。資産管理を後見人に任せる成年後見制度を法律上の成人に強いるために使われることさえある。

もちろんこのようなことがあるからといって、すべてのケースで診断を受けることを推奨しないというわけではない。私の知る仮面ＡＳＤ者は、自分の子どもが小さい時にＡＳＤの検査を受けて診断がついて本当によかったと思っている。自身もＡＳＤである親の多くは、子どもの診断が、自らもＡＳＤではないかと考え始めるきっかけとなる。また、家族の中にＡＳＤの診断がついた者がいることで、自分もＡＳＤではないかという疑いを専門家たちがより真剣に受け止めてくれるようになる（私の場合は確かにそうだった）。

私の知る限り、検査を受けてよかったという経験をした親たちは、子どもの主体性や人間性を尊重してもらうためには多くの戦いが必要であることを認識した上で、診断プロセスに入った。これは、首尾よく正式な診断を受けられた大人たちにも言えることである。残念なことに、ＡＳＤ者は医療従事者に教えなければならない立場に置かれることがよくある。特にＡＳＤ児は、限界を尊重してもらい、真に子どもたちのためになるような療育が受けられるよう戦ってくれる強力な代弁者がそばにいる必要がある。

　診断を受けたい、あるいは子どもに診断を受けさせたいのであれば、何を求めているかを明確にしてから診断プロセスに臨むべきだ。できる限り多くの情報を得て理論武装し、必要とあらば争ったり、何度でも医療者を変えたりする心構えをしておこう。

　長くつらい、そして高額になることも多い検査をわざわざ受けたくないのであれば、その必要はない。診断書は、あなたの経験をより本物にしてくれるものではない。未診断だからといって、ASDコミュニティで下に見られることもない。私はASD者が自らについて語り合う場によく参加するのだが、誰が診断を受けていて、誰が受けていないのか、まったく知らない。

　ASD者には、自分が何者であるかを自ら定義する権利があると私は思う。自己定義とは、私たちを囲い込み、管理してきた医学界から、自らの力を取り戻す手段だ。自分を理解するときに、標準から逸脱しているということを核にする必要はない。ASDが、眼鏡が必要であることやそばかすがあることと同等の、その人の本質についての中立的な事実と見なされるように、私たちは社会規範を広げるよう働きかけることができる。

　ASD者が大々的に社会に認知され、主張が認められるようになるにつれ、障害者としての立ち位置を占めることも少なくなるだろう。それでも私たちがASDであることには変わりない。それゆえ、ASDは障害であるという見方が、ASD者の自己像を決定づけるものであってはならない。また、誰をASDとするかを決めるものであってはならない。

本書中の用語について

本書中、私がＡＳＤ者（Austic）の先頭文字を大文字で表記しているのは、ろう者コミュニティの人々が「ろう者（Deaf）」の先頭文字を大文字で表記するのと同じ理由である。私のアイデンティティの一部であることに誇りを持っているとともに、ＡＳＤ者には独自の文化、歴史、コミュニティがあると伝えるためだ。スイスの精神医学者オイゲン・ブロイラーが自閉症（autism）という言葉を作った一九〇〇年代初頭以来、この言葉はネガティブで人間性を奪うような使われ方をしてきた。そして今日に至るまで、多くの親や教育者がこの言葉に根深いおびえを抱いている。Autismの先頭文字を大文字で表記することで、それは私たち自身の重要で意義のある一面であり、避ける必要はないということを伝えたいのだ。

［訳注］原文中のAutismとAusticは、基本的に訳文ではそれぞれＡＳＤとＡＳＤ者として訳出している。ＡＳＤはAutism Spectrum Disorder（自閉スペクトラム症）の略である。二〇一三年のアメリカ精神医学会（ＡＰＡ）の『精神障害の診断・統計マニュアル第5版』（ＤＳＭ-５）発表以降、自閉症、広汎性発達障害、アスペルガー症候群などの名称で呼ばれていたものが、Autism Spectrum Disorder（自閉スペクトラム症）としてまとめて表現されるようになったことをふまえるとともに、原文のAを大文字とするニュアンスを尊重するためである。また「自閉」という訳語のニュアンスが、本書で扱う仮面ＡＳＤ者の実態にそぐわないためでもある。Autismはギリシャ語の「自己（autós）」

を語源としており、「閉」という意味を直接的には含まない。

本書では、ＡＳＤを障害として扱う。障害は忌むべき言葉ではない。障害者であることは恥ずべきことではないからだ。私たちは「異なる能力を持つ人（differently abled）」ではなく、私たちのために作られていない世界でエンパワーメントと主体性を奪われた「障害者（disabled）」なのである。

「異なる能力を持つ人」「ハンディ克服者（handicapable）」といった婉曲表現は、一九八〇年代に障害児を持つ健常者の親たちによって作られた。親たちは、わが子が社会の周縁に追いやられている状況を小さく見せようとしたのだ。こういった言葉は、同じく障害者が実際に体験している抑圧を認めたくないと感じている政治家たち[70]によって、さらに広められた[71]。

これらの言葉は実態をあいまいにし、多くの人が身体障害や精神障害に対して抱いている不快感を反映している。全盲の人は「異なる見え方をする人」ではなく、目が見える人のためにデザインされた世界で、他の人が持っている能力を欠いている人である。世界は障害者（disabled）が必要とする調整を提供しないことで、人々から能動的に「能力を失わせている（dis-ables）」のだ。

障害の現実に名前をつけることは、障害者に対して敬意を示し、私たちがいかに抑圧されているかという認識を表す。「異なる能力を持つ人」という言葉は、抑圧をふわふわした婉曲的な表現で消し去ろうとするもので、私たちの多くはこの言葉を不快に感じている。

似たような意味で、私はたいてい「ＡＳＤを持つ人（person with Autism）」ではなく、「ＡＳ

Ｄ者」を使う。障害者でないＡＳＤ児の親の多くは、障害やアイデンティティを先にする表現ではなく、「パーソン・ファースト・ランゲージ」［訳注・「disabled people（障害者）」を「people with disabilities（障害を持つ人）」と言い換えるように、障害ではなく人（Person や People）を先にする言い回し］を好む。[72] 障害者によって運営されていない障害者福祉団体も、パーソン・ファースト・ランゲージを使う傾向がある。私が知る臨床医やソーシャルワーカーの多くも、このような言葉で障害とアイデンティティを切り離すよう学生時代に教えられたと言う。

　パーソン・ファースト・ランゲージを使う人々は、障害者は、その障害によって定義されることを望まないからだとよく口にする。しかし、「ＡＳＤを持つ人」のような表現は、障害があるという状態をその人の人間性から遠ざける、非常に有害なものとなりかねない。ＡＳＤは、その人に付け足されたものではない。ＡＳＤは当事者の人生と一体となっており、その人という人間から切り離すことはできない。私たちはアジア人を「アジア性を持つ人々」とは呼ばないし、同性愛者を「同性への性的指向を持つ人々」とも呼ばない。これらのアイデンティティをその人らしさの一部としてとらえることが、相手に対して敬意を払うということだと認識しているからだ。「自閉症と自認している（identifies as Autistic）」という言葉も、あやふやな印象を与える。例えば、私がトランス女性のジェンダーを本当に尊重しているのであれば、「この人は女性を自認している」とは言わないだろう。シンプルに「彼女は女性だ」と言う。それだけだ。

　ＡＳＤの権利を擁護する人々の大多数は、ここで述べたような理由から、アイデンティティを先にする表現を好み、「特殊（special）」「異なる能力を持つ人」といった婉曲表現を嫌う。「高機能」や「低機能」といった表現も使いたがらない。代わりに「高度な支援を必要とする」などと表現することを好む。

とはいえ、ASDは多様な人々の集まりだから、表現の好き嫌いについて意見を統一する必要はない。あなたがASDなら、どの言い方が自分にぴったりかは自分で決めていい。例えば、完全な自閉症ではないというニュアンスで「(自閉)スペクトラム上にある」という言い回しを好む人もいる。また、ハンス・アスペルガーの優生学的研究に端を発する名称で、すでに診断名からは消えているにもかかわらず、アスペルガーだと自認している人もいる。[73] 過去にアスペルガーという言葉を押し付けられた人が、その言葉に愛着を感じていたり、その言葉を自分の言葉として取り戻したいと思っているのかもしれない。

バイセクシュアルという言葉はかつて精神障害のレッテルだった[74]が、私たちはバイセクシュアルの人々に対して、侮辱的な歴史を理由にその言葉を使うなとは言えない。『The Secret Life of a Black Aspie』(黒人アスペルガーの秘密の生活、未邦訳)を執筆した民俗学者のアナンド・プララドのような人が「アスペルガー」という言葉を使ったとしても、ASDに関する古臭い白人至上主義的なイメージを強化する意図はないことは明らかだ。

私は、すべての人の言葉から時代遅れで問題のある用語を取り除くことより、「高機能」とされるASD者の命はそうでない人の命よりも価値があるという考えに疑問を投げかけることのほうがはるかに重要だと思う。さらに言えば、障害者の当事者コミュニティが、能力の水準を問わず誰でも参加できるような場所であり続けることがきわめて重要だ。そのためには、必ずしも私たちが望むような形でコミュニケーションしない人々にも、優しさと理解を広げる必要がある。

ほとんどのコミュニティは使用を推奨していない言葉ではあるが、自分のことを「低機能」またはは「重度のASD」であると認識しているASD者もいる。機能に基づいたレッテルはASDの経験を単純化しすぎており、私たちがどれだけ生産的で自立しているかによって定義されるべきだと暗に伝えるものだ。これは大きな問題である。

同時に、機能に基づいたレッテルは、会話ができて身なりを整えられ、メルトダウンを隠すことができる私たちのようなASD者が、他のASD者にはない社会的特権を持っているという事実を強調するために使われることもある。私は生活のあらゆる領域で「高度に」機能しているわけではないが、他の多くのASD者に比べればなんとかなっているほうだ。私が社会で受け入れられるには、まともに振る舞い、生産的であることが条件となる。それは能力に基づく障害差別が実に深刻である現実を示しているが、私はその現実にふたをしたくはない。「好ましくてちゃんとした人間」という仮面をかぶらなければならないのは、心へのダメージが大きい行為だが、肉体的暴力、施設への収容、貧困、孤独から私を守ってくれる。

発語のない知的障害者である私の友人エンジェルは、彼の人生が私の人生とはまったく異なっていることは指摘に値すると考えている。私にはその理由がよくわかる。エンジェルは自分のことを低機能で、重度のASDだと言う。ASDコミュニティにはそういう発言を嫌がる人もいるが、自分の経験をどのように名指すかを決めるのは、エンジェルの権利であると私は思う。

私はあらゆるASD者がそれぞれの考えのもと、こうしたレッテルに対する各自のスタンスを

持っていることをうれしく思う。私たちの意見がバラバラなのは、ASDコミュニティが多様で

あり、自らの意見を練り上げ、本音で語る人々がたくさんいることの表れだ。私たちは一枚岩で

ではない。自分のアイデンティティをどのように世界に発信するかは、それぞれがたどってきた人

生によって作られるものだ。

本書の執筆においては、それぞれのASD者が自分自身を表す用語を尊重するよう最善を尽くした。したがって本書の中には、「低機能」といった表現も登場する。当事者団体が、非ASD者に向けて軽率にこのような用語を使うべきではないと呼びかけているのは、もちろんもっともなことではあるが。当事者が「アスピー」あるいは「アスペルガー症候群」と自称した場合も、私はそのまま表記する。言葉の好き嫌いについて明確なスタンスを持っている読者もいるだろうが、私が心がけてきたように、自らを名付ける語り手の主体性を尊重していただければ幸いだ。

第二章

どういう人が仮面ＡＳＤ者になるのか

三十代半ばのボビイは、ASDであり、ノンバイナリーでもある。「私はASDの女の子として育てられたわけでも、「社会化」されたわけでもありません。私は奇妙な子どもとして、そしてジェンダーができそこないの人間として育てられました」

ボビイによれば、子どもの頃はスポーツ、地元の植物やキノコ、プロレスに関心があった。不器用で不作法で、「おしとやか」に振る舞うことを拒んだため、「おてんば」とみなされ、同級生から仲間外れにされた。ジェンダー規範に合わせようとする試みは、盛大に失敗した。微細運動能力が低いせいで化粧ができず、きれいな筆記体で文字を書くこともままならなかったのだ。

自分で短く切った髪型をランチルームで女の子たちにさりげなくからかわれたときも、ボビイには何が起きているのか理解できなかった。彼女たちが放った「ボビイ、素敵な髪型ね」という言葉を、本心から言っているのだと思い込んだ。

誰もボビイにASDの可能性があるとは指摘しなかった。周囲がボビイをトランスジェンダーの可能性があると認識することも、もちろんなかった。

「私は『うっとうしい変な子ども』というカテゴリーに入れられただけでした」

大人たちにしてみれば、ボビイの困難をジェンダーと障害の両面で疎外されていることの現れと見るよりは、単なる問題児として片付けるほうが簡単だった。仮面ASDと隠れジェンダー・マイノリティであることはしばしば密接に関連し、その体験にはたくさんの共通点がある。

トランスジェンダーや成人のASD者に戸惑う家族は、本人が幼い頃にはそのような「兆候はなかった」と主張しがちだ。[1] 実際には兆候はたくさんあったにしても、家族は気づかないか、目を背けていたかのどちらかであることが大半である。[2] 環境に適応できていない兆候が見られた場合、おそらく叱られたり、「ふてくされた顔をするんじゃないの。ほら、笑って！」といった「有益な」おためごかしのアドバイスを受けたりするのだろう。あるいは、適応できるまでその場から締め出されるか。ボビイは髪型以外にも、あてこすりのように褒められることがよくあった。身のこなし、話し方、考え方、快適で実用的な服装。ボビイは成長するにつれて自分に何が期待されているのかを理解するようになり、より女性らしく、ちゃんとした人間に見られるようなジェンダー表現にシフトしていった。

少女時代のボビイの周りにいた人々は、誰も彼女の本当の姿を見ることができなかった。障害があったり、性別役割から外れた行動をとることは恥ずべき忌まわしいことであるとする信念にとらわれていると、自分の子どものそうした特性を認識するのは難しい。八〇〜九〇年代の映画やテレビが刷り込んだ偏見が、そうした事態に追い打ちをかけたのは確かだ。当時のメディアでは、ＡＳＤ者は皆おとなしく受動的な想像上の存在で、トランスジェンダーといえば倒錯したシリアルキラーか、くだらないバラエティ番組に登場する奇人として扱われていたのだ。

最近のボビイは、ＡＳＤやトランスジェンダーの仲間に囲まれて過ごしている。ボビイは小学生になった長男がＡＳＤの診断を受けたことで、ようやく自らの障害を知った。それから数年間、ボビイは自分を普通だと感じられ、初めて自分を見てもらえたと思えるような人間関係を築くことに励んだ。ボビイは自分の友人グループは、「はみ出し者の集まり」だと述べる。彼らは皆、社会の主流から閉め出された人たちで、多くは二重の意味で疎外されている。ＡＳＤに関する世間の話題でさえ、トランスジェンダーの存在は無視されることが多い。「私たちは社会を一から作り直さなきゃならないんです」とボビイは語る。「ＡＳＤでクィアな私たち自身のための小さな社会を。だって誰も私たちを仲間に入れようとは思わないんだから」

この章では、最も仮面ＡＳＤとなりやすい人々を紹介したい。何十年もの間、組織的に診断を拒まれ、神経多様性に関する世間や精神医学界の議論でも、しばしば無視されてきた人々である。クリスタルのようなＡＳＤ女性、ボビイのようなトランスジェンダーのＡＳＤ者、そしてアナンド・プラドのような黒人のジェンダークィアらがそれにあたる。また、貧困家庭育ちであるとかＡＳＤの特性が目立たなくなるような身体の病気を患っているために、ＡＳＤを見つけてもらえない人もいる。あるいは、「高機能」であるから調整は必要ないと思われつつも、実際にはアクセシビリティや支援の欠如に深く悩まされている人もいる。障害によって明らかに衰弱しているにもかかわらず、ＡＳＤではなく境界性パーソナリティ障害や自己愛性パーソナリティ障害と誤診された人もいる。

彼らの体験談を読めば、ＡＳＤの人々はいかに多種多様であるか、またＡＳＤにまつわる狭苦しい固定観念がわれわれをどれほど苦しめているかがわかる。読者の中には、本書掲載の体験談に自らや知人を見いだす人もいるかもしれない。ＡＳＤが理解され、その豊かな多様性がまるごと受け入れられるようになれば、何重にも疎外され続けているＡＳＤ者たちが静かな順応という仮面の後ろに自らを隠す必要もなくなっていくだろう。

ASDの女性とジェンダー・マイノリティ

ASDの性別格差に関する多くの文献や研究は、女児がきわめて過小に診断されているという事実に焦点を当てている。研究者、セラピスト、そしてASD当事者の語り手でさえも、「女性的なASD」について語り[3]、女児は平均的に見てASDの特性はさほど重度ではない、あるいは目立たないことを指摘している。

ASDの女児が自己刺激行動をする場合、身体的ダメージが比較的少ない行動をとる傾向がある。腕を噛むことはあまりなく、髪を指でくるくる巻いたり、本を静かに何度も開いたり閉じたりする。[4] ASDの女児が引っ込み思案であっても、男児が同じように無口である場合に比べ、周囲はあまり関心を払わない。反面、ASDの女児がメルトダウンを起こしても、感情の爆発として片付けられてしまう傾向がある。攻撃的な態度をとると女の子らしくないと厳しく罰せられる可能性が高く、結果としておおかたの男児よりも早い段階で攻撃性を抑えることを学ぶ。[5]

大人は幼い女の子に対して、男の子に話しかけるときよりも感情に関する言葉を多く使う。[6] このため、ASDの女児は社会性や対人能力において有利なスタートを切れることが多いのである。女児がする典型的な（そして女児に推奨される）遊びの多くは、おままごとやお店屋さんごっこなど、大人の社会的やりとりをまねる行為が含まれる。[7] その結果、ASDの女児の多くは男児よりも幼い年齢で、日常的な会話をこなしているふりができるようになる。

こういったさまざまな理由から、ＡＳＤの女児がテストを受けて診断がつくのは、比較的年齢が高くなってからになる。[8] 多くは成人になってから診断がつくか、まったく診断されない。クリスタルがそうであったように、多くのＡＳＤ女性は人付き合いで不利な状況に陥らないために、無難でおとなしい人格を身につける。悲しいかな、聞き分けのよいペルソナを採用することで、彼女たちの苦しみが現実の問題と見なされることがさらに難しくなる。

次ページにあるのは、よく知られた「女性的なＡＳＤ」の特徴をまとめた表である。『アスパーガール』の著者ルディ・シモンが運営していた旧サイト掲載のリストから引用したものだ。[9] 決して網羅的なリストとは言えないし、診断ツールと考えるべきものではない。すでに述べたように、すべての女性が「女性的なＡＳＤ」になるというのはあまりに単純化した考えだ。しかし成人女性が未診断のＡＳＤである可能性があるかどうかを判断するために、臨床医がこのような表を参考にすることがよくあるため、知っておいて損はない。「女性的なＡＳＤ」があると認識している人は、それは次のようなものだと学んでいることが多い。

「女性的なＡＳＤ」によく見られる特徴*10

◆感情面

・感情的に未熟で、繊細だという印象を周囲に与える
・ときにささいに見えることで怒りを爆発させたり、めそめそ泣いたりする傾向がある
・自分の感情を認識したり、説明したりすることが苦手である
・限界まで感情を無視・抑圧した結果、爆発してしまう
・他人が取り乱しているときに、動揺したり圧倒されたりすることがあるが、どのように対応したり支えたりしてよいのかわからない
・人と長時間交流したり、過度の刺激を受けたりすると、「頭が真っ白」になってしまい、シャットダウンしているように見えることもある

◆精神面

・極度の不安、特に社交に対する不安を訴える
・他人からは、気分屋で抑うつ状態に陥りやすいと思われている
・ＡＳＤが発見される前に、双極症などの気分障害、または境界性パーソナリティ障害や自己愛性パーソナリティ障害などのパーソナリティ障害と診断されていた可能性がある
・拒絶への強い恐れから他人にどう思われるかを管理しようとする
・自我が不安定で、他人の意見に振り回されやすい

◆行動面

・自制によってストレスに対処しようとする。一般的とはいえない性格の持ち主であるにもかかわらず、非常に厳しいルールを自らに課している
・家庭や慣れ親しんだ予測可能な環境にいるときに、一番の幸せを感じる

・見た目、服装、行動、興味の対象などが年齢の割に若く見える
・過度の運動やカロリー制限などの摂食障害的行動をとりがちである
・無視できなくなるまで身体の健康を軽視する
・常にモゾモゾする、繰り返し同じ曲を聴く、髪をくるくる指に巻きつける、皮膚や爪の甘皮をむくといった方法で自分を落ち着かせている

◆社交面

・所属集団のくせや関心事を真似て、カメレオンのようにその場に合わせる
・高度な独習ができても、大学や職場においては社会的な面で苦労する可能性がある
・きわめて内気、もしくは無口だが、熱中しているテーマについての議論では、非常に積極的に発言する
・人数の多い集団やパーティーでは、話すタイミングをつかむのに苦労する
・自分から会話を始めることはないが、話しかけられたときは他人を気持ちよく受け入れているように見える
・社交ができても、うわべだけの浅いものであることが多く、パフォーマンスと思われることもある。深い友情を築くのに苦労する
・会話中、その場で相手の期待を裏切ったり、反対意見を述べたりするのが苦手

右記の特性リストには、私自身や、性別問わず私の知る多くの成人診断を受けたＡＳＤ者にも当てはまるものがある。こういう特性は、成人になってから自分の障害を知った人たち特有のＡＳＤの現れ方だ。私たちは心の内では引っ込み思案でありながら、友好的に振る舞って社会に適応する傾向がある。私たちは社会的カメレオンであり、好ましい振る舞いにはたけているが、本当の自分をまるまる見せることはない。

私たちは、ストレスに対処し、予測不可能な人付き合いの世界におびえずに済むように、自分の生活に厳格なルールを設ける。〇秒間アイコンタクトをする、一日の決まった時間にこの簡単料理を食べる、自分のことを長々と話さないといったルールだ。私たちが感じよく振る舞おうとしても、「過敏」「未熟」と言われてしまう。あるいは、何を考えているのかよくわからないとほのめかされる。私たちが困っていると、見下した態度を取られたり、あたかも「お母さん」のように規範的な行動の指導を受けたりする。

こういうリストは、セラピスト[11]や、ＡＳＤ者と家族向けのオンライン・コミュニティ[12]で、いまだに広まっている。時には「女性的なＡＳＤ」についての知識を深めようとするセラピストがオンラインでこのリストに出会い、その意見を参考にしたり、患者に伝えたりすることもある。このリストは非常に広く、かつきわめてジェンダー化された特性のリストで、多くの文化的偏見や思い込みを反映したものだ。

例えば、「若く見える」とはどういうことだろう。ファンコポップの二頭身フィギュアを集めるのが好きで、総合格闘技のニュースサイトを楽しむ大柄で毛深い男性は若々しいと思われるだろうか。それとも、馬が大好きだと甲高い声で話すワンピースを着た小柄な女性にそのレッテルが貼られるのだろうか。

無害で内気なＡＳＤだと受け取られるか、おぞましく不器用で明らかに障害があると見られるかは、生まれつきの性格や行動の違いより、人種、性別、体格などの違いに起因していることがあまりにも多い。何をもって「気分屋」とするのか。何をもって「社会的カメレオン」とするか。そこには客観的な定義など何もない。そもそも、世間が疑いの目をもって見ないたぐいの人であれば、社会的にカモフラージュするのは簡単だ。

こうした特性群は、一般的に「女性的なＡＳＤ」と言われるが、このネーミングは、ＡＳＤ者にトランスジェンダーやジェンダー・ノンコンフォーミングが少なくないという事実を無視している。[13] 私はトランスジェンダーでありＡＳＤであるが、「女性的」もしくは「男性的」なＡＳＤの特性のいずれにも完全に当てはまるということはない。教師然として、自信たっぷりに抑揚のない口調で話す傾向があるという意味では、私はずっと「男性的な」ＡＳＤの特性を持っていた。しかし一方で、十代になっても玩具で空想のごっこ遊びをしていたという点では、私は「繊細」で「未熟な」子どもでもあった。これらの性質を「男性的なＡＳＤ」「女性的なＡＳＤ」の兆候と対立させて呼ぶことは、生まれつき「男性的」や「女性的」な性格タイプがあると言うのと同じくらい、性別還元主義的である。

ボビイと同じく、私は「男の子」でも「女の子」でもなく、若干変わっている子として育てられ、そういう人間として人とかかわった。女の子も男の子も、私を自分たちの仲間とは認めなかったし、私も彼らと自分を同一視することはなかった。私は「女性」でもなく、人間ですらなく、間違った現実の中に産み落とされた不可思議な妖精じみた生き物だと感じていた。

『ゼルダの伝説 時のオカリナ』をプレイして、言葉を持たない両性具有的な主人公リンクに、初めて自分を見いだした。リンクはしゃべらないし、彼の周りにいた子どもみたいな見た目の種族にも属していない。その違いこそが、彼を特別な存在として際立たせ、世界を救う運命にあることを示すものだった。リンクは強く勇敢であると同時に、穏やかでかわいらしかった。リンクは人付き合いの面ではほぼ無知で無力だったが、それでも大事な使命をやり遂げ、行く先々で感謝と愛情に包まれた。私はリンクのすべてを愛し、長年リンクをお手本にして自らのスタイルを作り上げてきたのだった。チュニック風のワンピースを着て、金髪のロングヘアにした。人からは、十分に「女らしく」、魅力的な女の子を正しく演じていると褒められた。だけど実際には、女らしさとは関係なしにお気に入りの男性ゲームキャラのコスプレを毎日こっそりやっていたのである。

家族キャンプは暑い上に不快な虫がいっぱいいて、人付き合いがつらかったけれど、そういうときはハイラルを冒険するリンクになりきって森をさまよった。ありのままの姿で心地よくいられるロールモデルを切実に求めていたとき、現れたのがリンクだった。ほかには何もなかった。

このような体験は、実はASD者によく見られるものだ。おそらく私たちの多くが、定型発達者中心の社会から疎外されているため、周りの人々ではなく、空想上の生き物[14]や、異星人、ロボット[15]、動物と自分を同一視するようになる。[16] ありのままを分析的に考える私たちの脳は、人間を男女の二つに分け、それぞれ異なる役割があるとする性別二元論が恣意的で、完全に作られたものであることを知っている。[17] だから、自身の性自認とその見せ方のルールを自分で作り上げるほうが、公正であるように思える。

性別二元論からはみ出した（そして人間らしさからもはみ出した）アイデンティティを持つことは、私たちの多くが社会や自分の身体から切り離されていると感じていることに名前を付ける助けにもなる。「女らしく」振る舞えないのは当然だ。だって私は人間のスーツを着たロボットなのだから、という風に。自分の脳タイプと性自認は切り離せないものであると考えるＡＳＤのトランスジェンダー者には、「オーティジェンダー」[18]【訳注・オーティズム（自閉症）とジェンダーの合成語】という言葉がある。

ボビイに、ＡＳＤとトランス性は関連していると思うかと尋ねると、「もちろんそうです。どちらか一方だけということはありえません」という答えが返ってきた。「私のＡＳＤはトランスであり、私のトランス性はＡＳＤなんです。ブラジャーが不快だったのは、ジェンダーが理由だけれど、身体を締め付けられる感覚に耐えられなかったから。サッカーやフラッグフットボール【訳注・タックルの代わりに腰に付けた旗を取るフットボール】をやっていたのは、男の一員になりたかったからというのもあるけど、走り回っていれば誰にも話しかけられずに済むからでもあります。話しかけられなければ、トラップになるような質問もされないでしょう。全部がつながっているんです」

私もボビイとまったく同じように感じている。私は自分のＡＳＤとトランス性がリンクしているところが好きだ。調子がいい日には、自分がＡＳＤであることが好きだし、自分のアイデンティティの自然でニュートラルな部分だと思える。だからＡＳＤが自分のジェンダーを形作っていることが問題だと思ったことは一度もない。私は「普通の」人間ではないし、これまでも「普通」であったことはないのだから、性別二元論にも、一般的な人間らしさにもとらわれないほうが、居心地がいいのだ。

残念ながら、多くの「ジェンダー・クリティカル」〔訳注・性自認によって生物学的な性別は変えられないと考える人々〕な親や精神医療の専門家はそう考えていない。トランスジェンダーに嫌悪的な人々は、ジェンダーの多様性とＡＳＤとの間に強い関連性があることを、私たちが「本当に」トランスジェンダーなのではなく、「単に」ＡＳＤによる混乱のあらわれとして受け取ることが多い。[19]ＡＳＤ者のことを自己認識のできない、操作されやすい存在と見なしている彼らは、ＡＳＤ者が自分のアイデンティティや自分の身体をどう扱うかについて自己決定することを許すべきではないと決めつける。[20]

ハリー・ポッターの作者Ｊ・Ｋ・ローリングは、二〇二〇年夏に自身のブログで「ＴＥＲＦ（トランス排除的ラディカルフェミニストの略）戦争」という声明文を発表した。そこで彼女は、トランスジェンダー男性の多くは実は従来の女性らしさから外れたＡＳＤの少女であり、インターネット上のトランス活動家に影響されて女性だと自認できなくなったのではないかという危惧をはっきりと述べている。[21]障害者である「少女」を擁護しているように見せかけながら、ローリングは若いＡＳＤのトランスジェンダー者の自認能力を制限し、必要なサービスや医療へのアクセスを規制しようと主張したのだ。

ローリングの（そして多くのジェンダー・クリティカルな人々に共通する）意見は、トランスジェンダーやＡＳＤ者を一個の人格を持った存在として扱っていない。私たちは複雑な内面をもつ一人前の人間であり、他の人と同じように身体の自律性を行使し、自己決定をする権利がある。そして、ＡＳＤのトランスジェンダー者が発達障害者でなかったとしても、「それでも」トランスであったかを問うことは無意味である。障害がなければ（あるいは性自認がなければ）、私たちはまったく別の人間になっていただろう。私たちの人格や個性から、これらの側面を切り離すことはできない。どちらも核となる部分である。

トランス女性であり、ゲーム評論家兼作家であるローラ・ケイト・デールは、自分の脳タイプとジェンダーが生涯を通じてどのように並立していたかについて、幅広く執筆している。回顧録『Uncomfortable Labels : My Life as a Gay Autistic Trans Woman』（不快なレッテル――同性愛者でＡＳＤのトランス女性としての私の人生、未邦訳）において、ローラは成長期には男児としてみられていたものの、いわゆる「ＡＳＤのあるシス男児」のような経験はしていないと書いている。[22]

ローラには明らかにＡＳＤの特性がたくさんあった。明るい色や濃い味付けを嫌い、身体の感覚に無関心であったために、その日の天気に合わせた服の選び方がわからなかった。だが、ローラが子どもの頃にさまざまな障害の検査を受けた際、カウンセラーはＡＳＤを検討することはなかった。社会は彼女を「男児」とみなしており、ＡＳＤの「男児」がこんなに従順で感じがいいはずがないと考えたからだ。周囲はまだ彼女を女性だと認識していなかったが、彼女には「女性型ＡＳＤ」の特徴が数多く見られた。

ローラは次のように書く。「ご存じの通り、出生時に男性に割り当てられた子どものステレオタイプがあるけど、成長期の自分にほとんど当てはまらないものばかりだった。男児は不作法で、すぐ興奮して、うるさくて、感情をあらわにしないと思われている。私は物静かで控え目な子どもで、感じよく振る舞い、言われたことをきちんとこなし、いつも正しい場所で正しい時間に、期待されたことをしていた」[23]

ローラの興味の対象は、男の子らしいものよりきわめて女性的なものが多かった。クリスタルと同じく、ローラはメルトダウンして授業を妨害したり、無遠慮さや無礼さで人の感情を傷つけたりすることはなかった。ローラの苦しみは内に秘められていて、クラスメートや教師にとっては問題にならなかったため、気づかれて注目を集めることはなかった。多くのシスジェンダーのASD少女がそうであるように。ASD的な特性でさえ、障害に基づくものではなく、変な子、意気地のない子の特性として扱われたのだ。

「女性型ASD」という言葉がなぜミスリーディングなのかは、ローラとボビイの体験談を読めばよくわかる。この言葉は、仮面をつける理由が出生時に割り当てられた性別や性自認にあるように思わせるが、実際には障害を無視する周囲の期待にあるのだ。仮面をつけるのは社会的な行為であり、生物学的な行為ではない。「女性型ASD」は、実際にはASDのサブタイプではなく、ASDを受け止めてくれない社会に対処する方法である。

多くの場合、そのような立場にあるのは女性ではあるが、他の疎外された集団の多くも同じ経験をしており、そうした傾向はさほど広く認識されていない。特に黒人や褐色人種のASD者は女性同様、高い確率で過小診断されている。人種差別によって、ＡＳＤの判断や評価がゆがめられているせいだ。彼らはまた、社会に適合して順応しないと大きな代償を払うことになるため、生き延びる手段として仮面をつけざるを得ない。

黒人と褐色人種のＡＳＤ者

人種差別は、心理学と精神医学の創成期から浸透していた。初期の臨床家はヨーロッパ系の白人で、健全さの基準として白人文化の社会規範を採用した。[24] その定義はきわめて狭く抑圧的だった。上品で、身なりがよく、博識で、白人であることが人間らしさの証しとなった。その基準から逸脱した者は人間ではなく、飼いならす必要のある動物だとされた。[25]

精神疾患を医学的な病態とみなす近代的な概念が初めて形成されたのは、抑制と品位が正気と同一視された時代と場所であるイギリスのヴィクトリア期である。[26] イギリス人であっても、貧しさゆえに裕福な人々のような洗練された身なりやよそよそしい礼儀作法を保てなくなれば、野蛮で病んでいるとみなされた。感情表現が豊かであったり、あまり洗練されていなかったりする文化は、非合理的で、過剰に性的で、攻撃的であるとして病理化された。

裕福な白人にとっての精神医療の必要性（そして裕福な精神障害患者が社会的地位の高い家族に与える面倒）が、初期の精神科医の主な関心事だった。それ以外の人々は、よく言えば後回しにされ、悪く言えば追放するべき望ましくない存在とされたのである。

ＡＳＤは当初から、このような見解のもとに専門家に理解・定義されてきた。その影響は現代まで続いている。有色人種のＡＳＤ者は、人種差別や偏見のために、自分のＡＳＤを無視されやすくなる。[27] ＡＳＤの専門家を紹介してもらう機会も少ない。[28] 黒人文化に理解のある医療に出会うのはきわめて困難だ。[29] アメリカでは全人口の一三・四％を黒人が占めているにもかかわらず、精神医療従事者のうち、黒人はわずか四％にすぎない。[30] 黒人や褐色人種のＡＳＤ者が白人のセラピストにかかると、怒りなどの正常な感情表現が過剰、あるいは「脅迫的」と誤解されやすく、誤診が少なからず発生する。[31] 精神疾患があると認識されるならまだいいほうで、黒人のＡＳＤ者は（少女やジェンダー・マイノリティと同様に）白人の少年たちよりも従順で感じよくあることを社会から求められるため、その特性や症状を覆い隠さなければならないことが珍しくない。

コメディアンのクリス・ロックは最近、ＡＳＤであることを公表した。具体的な診断名は、非言語性学習障害（ＮＶＬＤ）である。ロックはハリウッド・レポーター紙のインタビューで、あからさまな障害のサイン（空気が読めない、すべての発言を文字通りに受け止めすぎる傾向があるなど）が五十代半ばまで無視されたと語っている。ロックは外向的な黒人のコメディアンであるために、彼の抱える人間関係や感情の問題の背景にＡＳＤがあるとは誰も思わなかったのだろう。[32] ロックは「セラピーを受けるのは白人だけ」という価値観を内面化していたため、自分は精神医療を受けるほどではないと思っていたと言う。

これは広範囲に及ぶ構造的な問題である。白人のＡＳＤ者は黒人のＡＳＤ者よりも診断率が十九％高く、ラテンアメリカ系のＡＳＤ者よりも診断率が六五％高い。[33] また、黒人やラテンアメリカ系のＡＳＤ者は、医療につながるのが遅れるため、診断を受ける年齢が白人よりも高い。[34] 先住民族の場合は、過小診断され、診断が遅れる確率がさらに高くなる。[35]

こうした長年にわたる人種・文化間の格差は、さまざまな理由から根強く残り続けている。社会経済的地位が低い家庭は、あらゆる医療にかかりづらい傾向にあるが、特にＡＳＤ検査は受けづらくなる。保険がめったに適用されず、数千ドルもかかることもあるためだ。加えて、黒人や褐色人種の子どものＡＳＤ的特性を教師や専門家がどのように認識し、検査するかにも、人種差別が影響を与えている。白人の子どもが指示を聞かず、部屋の向こう側に積み木を投げつけた場合は、優しく叱られるか、なだめられたりするだろう。一方で、黒人や褐色の子どもがまったく同じことをした場合、かなり強引に「矯正」されることになる。犯罪者予備軍として扱われることすらあるのだ。[36]

ＡＳＤの黒人女性である作家のカティナ・バーケットは、彼女の障害に対する人々の認識が、黒人女性に対する制度的抑圧であるミソジノワール［訳注・英語で「女性蔑視」を意味する「ミソジニー」とフランス語で「黒人」を意味する「ノワール」を組み合わせた言葉で、黒人女性に対する蔑視・憎悪を指す］によって左右されることを痛感している。[37]

「ＡＳＤ者は頑固に見えたり、新しい状況での反応が鈍かったりすることが多い」とカティナは記す。「『私がかたくなな態度をとると、愛想がない、反抗的、怠惰、攻撃的、扱いづらいと言われることがある』

カティナが書く通り、私は職場で頑固なＡＳＤの白人男性を何人か知っている。その白人男性が高い学位を持っていたり、コーディング能力など価値のあるスキルを持っていたりすれば、多少の扱いづらさは必ずしも問題とはならない。実際、技術系のＡＳＤ男性にとっては、少々傲慢であったり冷淡であったりすることが有利に働くこともある。超然とした態度は、彼らが悩める天才であり、ワトソンに囲まれた職場のシャーロックであることを示す。しかし、ＡＳＤの黒人女性の感情表現が少しでも淡々としていると、「怒っている」「プロ意識がない」などと言われるのではないかという恐れから逃れられない。

「ある白人女性の上司から、『人によって態度を変えることを学びなさい』と苦言を呈された」とカティナは書く。「上司は私につらく当たるようになり、周囲はとげとげしくなった。結局、私は仕事を辞めざるを得なかった」

カティナの上司は要するに、状況に応じて言葉遣いや振る舞いを切り替える「コード・スイッチ」を求めていたのだ。多くのアフリカ系アメリカ黒人はコード・スイッチに慣れ親しんでいる。コミュニティ間を移動するたびにアフリカ系アメリカ人英語（ＡＡＥ）[38]と標準英語の間を行き来し、偏見の目で見られないように外見、物腰、声の大きさを調節している。[39]

コード・スイッチは、自分がその空間の「一員である」ことを伝え、マジョリティから抑圧されるような自分の一面を隠すタイミングを知る作業であるという意味で、ＡＳＤのマスキングに似ている。コード・スイッチは知的リソースを食う行為であり、困難なタスクや手のかかるタスクの遂行に支障をきたしかねない。[40]また、心理ストレスや自己不一致感、社会的孤立感にもかかわってくる。[41]『ハーバード・ビジネス・レビュー』誌のレポートによると、黒人のコード・スイッチャーの多くは、コード・スイッチをしているときは過覚醒状態にあると語っている。白人の不快感や敵意を最小限に抑えるために、自分の行動や発言を絶えず監視する必要があるのだと言う。[42]

黒人のASD者は、マスキングやコード・スイッチを複雑に絡み合わせてさまざまな振る舞いをする。ある文化のルールに従って定型発達者のふりをするだけでも、十分に疲れることだ。それを、場面に応じてアクセントや物腰を使い分けながらさまざまな方法で行わなければならないとなると、社交は段違いに大変なことになる。

ASDの研究者でありまとめ役でもあるティモテウス・ゴードン・ジュニアは、話し方のコード・スイッチを学んだことで、ASD児として社会から仲間外れにされることが減るどころか、むしろ増えたと私に語ってくれた。

「僕はアフリカ系アメリカ人だから、英語としては標準的ではない、アフリカ系アメリカ人英語を話す。それで言語療法を受けさせられた。標準的なアメリカ英語を話す人のように思われるように、ってことだろうね」

言語療法では、ティモテウスは白人の中流階級のようなコミュニケーションをとるよう訓練された。これは、自分の文化を隠せと言われるに等しい。しかし、黒人が大多数を占める学校に通っていたティモテウスにとって、この療法は周囲に溶け込む助けにはならず、異質な存在として際立たせることになってしまった。

「僕が通っていた学校はアフリカ系の生徒が大半だった。療法を受けたことが裏目に出て、口調が変だとか、イギリスから来たような話し方をするとからかわれたよ」

ティモテウスは仲間に溶け込むため、長い時間をかけて自分の話し方を隠す術を身につけねばならなかったものの、白人や組織とやりとりするときには、いわゆる標準的なアメリカ英語に切り替える必要もあった。心理学の研究によれば、コード・スイッチは定型発達の人にとっても膨大な認知的リソースを必要とすることが明らかになっている。[43]

私が話をした仮面ＡＳＤ女性のマライアは長年、自分はコード・スイッチのせいで疲弊しているのだと思っていたと語る。しかし、やがてマライアは、定型発達者の仮面をつけることが消耗の原因になっていたと気づく。カティナのような黒人ＡＳＤ者にとって、両方の作業をこなすのはとんでもなく難しいことなのだ。彼女は意のままに陽気で熱意にあふれた人格に切り替えることができなかったために、上司から一緒に働きにくいと思われたのである。

有色人種のＡＳＤ者にとって、敵意があると見られたり、気難しいと思われることは、まぎれもなく危険なことである。黒人や褐色人種のＡＳＤ者が医師の指示やセラピストの指図に従わない場合、施設に収容され、法的自律性を剥奪されることが多い。[44] 彼らには警察による投獄や死の心配もある。二〇一七年、シカゴ警察のカリル・ムハンマド巡査部長は、リカルド・ヘイズという当時十代だった非武装の黒人ＡＳＤ少年を射殺した。ムハンマドはヘイズに脅威を感じたと主張したが、調査の結果、ヘイズは道路沿いを平和にジョギングしていただけで、ムハンマドに攻撃性を示していなかったことが判明した。[45]

ジョージ・フロイド殺害事件の５日後、イスラエルのエルサレム市で、同国の警察官がパレスチナ人のＡＳＤ男性、エヤド・ハラクを射殺した。[46] 彼には重度の知的障害があり、話すことも指示を理解することもできなかった。二〇二一年四月には、シカゴの警察官が両手を上げていた十三歳のアダム・トレドを射殺した。アダムは特別支援教育を受けている障害者であった。[47]

警察に殺された人のうち、約五割に障害がある。[48] 黒人や褐色人種のＡＳＤ者となると、そのリスクはとりわけ高まる。[49] 女性や性的マイノリティがＡＳＤであると認識されることは、人付き合いの面でも精神面でも非常に危険なことではあり、それは人種を問わないが、黒人や褐色人種のＡＳＤにとっては、目に見える障害を持つことは命取りになりかねない。

『The Secret Life of Black Aspie』の中で、民俗学者のアナンド・プララドは、ＡＳＤであることを隠し、世間に対してごく普通の定型発達者という仮面をつけることがどのような気分であったかを丹念に描いてみせる。

「学校で学んだのは、仮面を仕上げることだった。学校では用心する必要があったから。擬態するのは本能のようなものだった。茶色のステッキが葉っぱの上では緑色になるみたいにね。気をつけろ。手の動きに気をつけろ。唇の動かし方に気をつけろ。眉の動きに気をつけろ[50]」

アナンドは、奴隷制度の終焉からわずか二世代しか経ていない一九五〇年代のプランテーションで育った。家族にもＡＳＤの特性を持つ人が多く、彼らとともに田舎で暮らしていた頃は、自然の中に安らぎを見いだしていた。しかし学校に行くようになると、アナンドは仮面をつける必要に迫られた。黒人でＡＳＤであることに加え、ジェンダークィアでもあったのだ。公立学校に入学するやいなや、彼は自分の障害と、ソフトでフェミニンな一面を隠さざるを得なくなった。

アナンドは自著を通して、さまざまな社会的環境で異なる姿を求められてきたことを語っている。黒人しか行かない小学校では、彼は男らしさに欠けた変わり者とみなされたが、おおむね放っておいてもらえた。人種差別を排した統合校に進むと、人種間の平等を体現する偉大なる先駆者であれ、と白人たちに強いプレッシャーをかけられた。大人になって教授職に就いたアナンドは、アカデミックな場では感情的な弱さを隠し、くだけた言葉遣いやスラングを控えるなど、白人の同僚が「専門家らしくない」と判断しそうなことはすべて隠すよう求められた。

ＡＳＤ者は通常、かなり率直な話し方をする。アメリカの黒人文化も、人間関係の問題について遠慮なく「本音」を話すことを重視する傾向がある。[51] しかし白人が多数を占める健常者中心の機関では、言いたいことを率直に口にしたり不平を言ったりすると、人々を怖がらせることになる。アナンドは、率直で傷つきやすい本当の自分を隠すように適応しなければならなかった。[52]

アナンドは回顧録の中で、偽りの自分を作り上げなければならなかったこと、そのため他者と純粋につながることが不可能であったことを述べる。これは仮面ＡＳＤ者の多くが共感できる経験だろう。過度の執着、メルトダウン、強迫観念、感情の爆発を見られると、まともな人だとは思われなくなってしまう。それゆえ、他人と距離を置かざるを得ないのだ。しかし自分自身を閉ざしてしまえば、自分をまるごと愛してもらうことができない。

「定型発達者のルールに従いながら生き延びることは不可能だったと思う」とアナンドは書いている。「しかし、私のルールは人間関係を保つにあたって適切なものとはいえなかった。例えば、私のルールのもとでは、パニックになったときはかかわりを断たなくてはいけない。人の話を聞くな、秘密を守れ、と」

アナンドはいくたびもの別れと離婚を経験した後、ようやくASDと診断された。彼はずっと、自分の感情をパートナーに伝えるのではなく、逃げることを選んできた。物理的に逃げる場合もあれば、心を閉ざす場合もあった。三番目の妻が、それは障害が原因かもしれないと示唆したとき、アナンドはようやく自己受容への道を歩み始めた。

仮面をつけるのは、自由に使える手段がほかにない場合は賢明な生存戦略である。しかし、社会の価値観から逸脱すればするほど、仮面はより入り組んだものにならざるを得ない。ASDであること、黒人文化を身につけていること、そしてクィアネスや女性性を隠すのは、非常に骨が折れる。実行可能な唯一の選択肢が、心を閉ざして深く引きこもるしかないということもあるだろう。壁紙に溶け込んでしまえば、誰も怒らせることはないのだから。

カティナ・バーケットとアナンド・プララドは共に、自分はこの処世術を使っていたと述べる。おとなしくして自らを抑制し、身を潜めて生きることで、黒人が自信を持った一人の人間として振る舞うことに対する白人の恐怖を呼び起こさないようにしてきたのだ。あるいはクリス・ロックのように、陽気で笑える愛すべき人物となるよう努めることで、どうにか生きてこられた黒人ASD者もいる。多くのASDの女性やトランスジェンダーが、脅威を感じさせないように縮こまって適応しているように、黒人ASD者が作り笑いを浮かべて自己防衛をしなければならないのはよくあることだ。

言語能力が高く、外向的なＡＳＤ

１９１１年、ドイツの精神科医オイゲン・ブロイラーが「孤立した自己」を意味する「Autismus」（英語：autism、日本語：自閉症）という言葉を作った。[53] 対義語は、自閉症的ではないことを表す「allistic」で、これは「他者―自己」あるいは「接続された自己」を意味する。[54]

テレビや映画で幾度となく描かれてきたＡＳＤ像は、ＡＳＤがいかに疎外され、自分の世界に入り込んでいるかに焦点が当てられている。テレビドラマ『セント・エルスウェア』の最終回に登場するＡＳＤの少年がいい例だ。すべての登場人物およびドラマが、彼がスノードームを見つめながら一人で座っている間に想像で作り上げたものだという夢オチはあまりにも有名だ。[55]

最近の例でいえば、シンガーソングライターのシーアの映画初監督作品で、広く非難を浴びた[56]『ライフ・ウィズ・ミュージック』の名ばかりの主人公が挙げられる。主人公ミュージックは言葉を発しないＡＳＤの少女で、目の前で自分の祖母が死んでも気づく様子を見せない。劇中のミュージックは話すことができず、与えられたコミュニケーション補助機器をほとんど使えない。入念に振り付けられた夢のシークエンスを通してのみ、他の登場人物とつながる。[57] 彼女は人付き合いができず孤立しており、自分で作った世界に閉じこもっている。

ＡＳＤと診断された人の大半は内向的な性格であると報告されているものの、[58] 実際には外向的で積極的な人もいる。[59] 実験的研究によると、顔認識が難しいなどＡＳＤに関連する社会的スキルの障害のいくつかは、外向的なＡＳＤ者では軽減されることが示唆されている。[60] 社会とたくさんかかわろうとすると、人と接する練習を積むことになるため、外向的なＡＳＤ者が次第に溶け込みやすくなっていくのは理にかなっている。また、外向的なＡＳＤ者は内向的なＡＳＤ者よりも感情表現が豊かな傾向があり、定型発達者にとって親しみやすいということもあるだろう。

ＡＳＤ者は、氷のように冷たく引っ込み思案に見えるのと同じくらい、情熱的で明るい性格にもなりうる。アイコンタクトをしっかりとり、積極的に話を聞き、自分が好きな話題を誰かが持ち出すと興奮して飛びつくＡＳＤ者も多い。外向的なＡＳＤ者は、社交辞令をうまく言えなかったり、しょっちゅう人の話の腰を折ったり、「熱狂的すぎる」ように見えたり、大げさすぎると非難されたりするかもしれない。とはいえ他者とのつながりに高い関心を持つことは通常、心理的にも社会的にも有益である。[61]

残念なことに、ＡＳＤには冷たくロボットのような障害であるという特異なイメージがあるため、外向的なＡＳＤが子ども時代に正しく認識され、診断されることはめったにない。教師や親からは、おしゃべり好きな社交家、あるいは学級を混乱させるお調子者だと思われる。大きな感情表現やエネルギーの爆発が、「人を操ろうとしている」「目立ちたがり」とみなされることさえある。時が経つにつれて、こうしたレッテルが生きていくために身につける仮面の一部となっていく。このため、ＡＳＤ者に必要な一人の時間をもてなくなったり、自他の境界を尊重してもらうのが難しくなる場合もある。例えばティモテウスは、愛想のいい「パーティー好き」タイプに見えることがあるため、時には一人で充電する必要があるということを友人や家族に理解してもらえないこともあると話してくれた。

「僕の祖父母はもともと南部の出身だから、文化的な意味でも、誰も仲間外れにしないことが重要だった」と彼は説明する。「悲しいと感じるなら、集団の中にいるのが一番だ、ってね。でも僕の場合は、一人にしてほしいんだ。それで仲間や家族に『一人の時間がほしい』と言うと、『ダメダメ、一人にはさせられないよ』と言われる。それは僕にはきついことなんだけど、彼らの言う通りにしないのもきつくてさ」

いろいろな意味で、外向的で社交的であるという仮面をつけることは、ＡＳＤの困難を過小評価されたり、消し去られたりすることにつながりかねない。私の友人ベシーはエネルギッシュで、人目を引く明るい色合いの服に身を包み、見たこともないようなクールなタトゥーで肌を覆っている。シカゴの演劇や曲芸芸術のコミュニティで何年も活動しており、興奮すると飛び跳ねたり、歓声を上げたりする。ベシーはモデル業も大好きで、自分の身体や官能性としっかり調和している。自分のスタイルと身体性を、自分らしさの完全な延長として扱っているのだ。

こういう資質がＡＳＤ者に見られるのは、多くの人にとってちょっとした驚きだろう。ＡＳＤ者は協調性に欠け、自分の身体との齟齬《そご》を感じており[62]、ファッションセンスのないカッコ悪いオタクとしてステレオタイプ化されている。ベシーは目に見えてわかりやすいＡＳＤだが、きわめて魅力的でもある。彼女のことをよく知らなければ、ベシーは快活で素直な性格のおかげで、引っ込み思案で内気なＡＳＤ者よりも難なく人付き合いをこなせていると思い込んだことだろう。

もちろんベシーのことをよく知っている自分は、そんなことはないとわかっている。ベシーは以前働いていたバーで表面的な友だちを作るのは簡単だったが、誰かと深く付き合うのはとても難しかったという。ベシーは自分自身を二の次に考え、自分の行動や言葉が他人にどう受け取られるかという計算を常に頭の片隅でしている。どう思われるかということで頭がいっぱいだから、どんなコミュニティでもくつろげることはほとんどない。完璧なスタイルは、他人から人格や個性を認めてもらうための努力でもある。ずっと誤解されてきたベシーにとって、毎日が本当の自分を伝える戦いなのだ。ベシーは仮面をつけ、そのことに多大なエネルギーを注いでいる。それは自分を抑え、静かにしている私と変わらない。

人との交流を求めるASDがいるように、高度な刺激や感覚入力を求めるASDもいる。一般に信じられているのとは反対に、ASDだからといって聴覚過敏になったり、光に過剰反応したりするわけではない。ASDの脳内で実際に行われているのは、感覚が取り込んだ情報をどのようにフィルターにかけるか、すべてのデータをどのように統合するかということである。その結果、感覚刺激を求めるようになるASD者（感覚不注意型と呼ばれることもある）[63]もいれば、感覚刺激を避けるASD者もいる。ASD者の多くはその両方を兼ね備えており、どちらになるかは感覚次第だ。

第一章で概説したさまざまな理由により、定型発達者の脳は、自分の脳が見ていると思われる「全体像」を損なう可能性のある細部を排除する傾向がある。[64]例えば定型発達者が「森」を見た場合、視界を複雑にする死骸、枯れ木、植栽の集まりを見ないようにする。[65]ASD者は対照的に、個々の木々や切り株、朽ちた動物の死骸をすべて知覚する。多くのASD者の脳において、何千もの小さなモノはより大きなものへと自然に統合されることはない[66]。私たちはそのすべてを個別に処理しなければならず、非常に消耗してしまう。

私は夜、自宅マンションに足を踏み入れると、不協和音のような感覚情報の波に襲われる。ストレスや精神的負担の多い一日を過ごし、エネルギーが枯渇しているときは特に厄介だ。隣人たちの騒がしいおしゃべり。廊下のあちこちから聞こえるドアをバタンと閉める音。地上に向かうエレベーターの機械音。下から鳴り響く隣人の音楽。遠くから聞こえるけたたましい救急車のサイレン。それぞれの感覚情報が注意を引こうと競い合い、雑音として一つに溶け込むことはない。それどころか、音に耐えれば耐えるほどイライラしてくる。対処する方法の一つは、世界を遮断し、気を散らせるすべての刺激を鈍らせることである。同じくらい効果的なもう一つの対処法は、すべてのノイズを打ち消すほどきわめて強烈ではっきりした感覚を求めることだ。

感覚を求めるＡＳＤ者の場合、大音量の音楽、スパイシーな食べ物、燃えるような明るい色、あるいは大量の活動や動きを強く欲することがある。彼らが人前でヘッドホンをつけるのは、パニックを引き起こす周囲の雑音をかき消すためではなく、強烈なシンセポップ曲に惹きつけられることで落ち着いていられるからだ。いずれのケースにおいても、目的は同じである。処理が難しい大量の情報を意味のあるものにすることだ。

感覚刺激を求め、楽しいことを好む人格は、ＡＳＤを隠すのに非常に効果的な仮面となる。いつも世界を旅し、地元のバーのメタルナイトで音楽に合わせて激しく体を動かしている人を、誰も「感覚過敏な」障害者だとは思わない。常に刺激を求めなければならないことが制限になりうるとしても、身に着けるのが楽しい仮面といってもいいかもしれない。

作家のジェシー・メドウズは、ネットに発表したエッセイ「ASDだってパーティーが好き」の中で、酒を飲み、ドラッグに溺れるパーティーガールというペルソナが、他の人々に溶け込んで感覚面でのささやかな癒やしを得るのに役立ったと述べている。[67] とはいえ結局、こうしたライフスタイルは持続不可能だ。メドウズはもっと健康的に目新しさや刺激を求める方法を学ばねばならなかった。

ローガン・ジョイナーは、八歳のときからジェットコースターへの愛を世界に発信してきた十代だ。YouTubeで彼が運営する二つのチャンネル（KoasterKidsとThrills United）には、合わせて三万五千人近くのチャンネル登録者がいる。投稿している動画は、自身が橋からバンジージャンプをしたり、崖から水域に飛び込んだり、アミューズメントパークに何度も足を運んでポイントを貯めたりするようなものだ。ASDのローガンがジェットコースターにハマったのは、脳が感覚情報を処理するのを調整するのに役立つからだと言う。

「いきなり驚かされるのはあまり好きじゃない」とローガンは説明する。[68]「でもさ、考えてみて。ジェットコースターって全然そういうんじゃないでしょ。……予測可能だから怖くないんだ」

アミューズメントパークは混沌《こんとん》としていて騒々しいにもかかわらず、実はASD者にとってとても快適な場所になりうる。パーク内では、予測可能なやりとりや、ほとんど変わることのないパッケージ化された体験ができる。パーク内の配置は明瞭にマークで示され、フードはあたりさわりのない味だが食べ応えがある。どのアトラクションも数分で終わるし、看板は大きくてわかりやすい。一度ジェットコースターに慣れてしまえば、予想通りのタイミングで一定の刺激が得られる。感覚を求めるASD児にとって、風を切る感覚や振動は、リラックスをもたらす身体的な刺激になりうる。ウェイトブランケット［訳注・ハグされているような感覚を与える適度な重さのある毛布］やフィジェットキューブ［訳注・キューブの各面にスイッチやボタン、ダイヤルなどのしかけがあり、指先で遊ぶことで精神を落ち着かせる効果のある玩具］の、より強力版といっていい。統計データを暗記するのも、開発・開園の歴史を調べるのも、ASDには楽しい行為だ。ジェットコースターやアトラクションの知識を共有するオタクたちのネットコミュニティもある。さらにジェットコースターに乗っていれば、叫んだり腕を振り回したりしても誰にも変な顔をされずに済む。私たちの多くは声の大きさを調節するのが苦手で、腕をバタバタさせるのが大好きだ。ジェットコースター、コンサートといった騒々しい空間は意外にも、周囲の厳しい視線から逃れるための隠れ家になりうる。

私の知っているASD者には、DJ、営業マン、チームマネージャー、非営利団体の資金調達担当者、スキーのエアリアル選手がいる。外向的で感覚刺激を求める人たちは、アニメファンの集い、ホームパーティー、政治運動、競技スポーツが大好きだ。このタイプのASD者は、積極的に発言して魅力的であるため、自分の障害をなかなか真剣に受け止めてもらえないことが多い。人付き合いがうまくいかなかったり仕事が遅れたりすると、苦しんでいる「ふり」をしていると親しい人たちにとがめられてしまう。前の晩に苦もなくバーレスク・ショーに出かけてパーティーをしていたのだから、それくらい簡単だろう、というわけだ。特定分野で能力があることが、他の分野での「努力が足りない」証拠とされてしまうのは、障害者にとってはありふれた体験だ。

こういうおしゃべりでエネルギッシュな人々は、特にやんちゃな子ども時代においては、めったにＡＳＤだと思ってもらえない。彼らに変わったところがあるとしても、周囲の人々が想像するのはＡＤＨＤだろう。なお、ＡＳＤとＡＤＨＤは非常に高い確率で併発し、診断でどちらかが原因であるかを見極めるのはかなり難しい。[69] 心理学者はしばしばこの二つを「姉妹障害」と呼ぶが、それはどちらにも注意散漫、感覚刺激の探求、周囲からの排除に深く心を痛めるといった症状が見られるからである。このことから、見過ごされがちなＡＳＤの集団として、併存疾患や症状が重なる疾患を持つＡＳＤについて考えてみたい。

ＡＳＤと他の障害

精神疾患や障害の診断カテゴリーには、実のところ欠陥がつきものだ。障害とは症状や特性の集合体であり、それらは一緒に起こる傾向にあるが、常にそうであるとは限らない。それらの症状・特性がどのように現れるかは時間とともに変化する傾向がある。例えば、不安障害とうつ病を同じ障害の要素とみなすべきか、それとも相関関係にある別の疾患と見るべきか、心理学者たちは何十年も議論してきた。[70] 一九四〇年代の精神科医は自閉症は小児期の精神分裂病の一種であると考えていたが、[71] 現代の精神科医はそうは見ていない。障害・疾患名に関する見解は絶えず揺れ動いており、誰にどのようなレッテルが貼られるかは時代や文化的背景によって異なる。

多くの場合、一人の人間は複数の障害のスペクトラム上のどこかに存在したり、複数の疾患の症状が独自の組み合わせで併存していたりする。人生で一度でも躁病を患った時期があれば、仮にうつ症状の発現が躁症状の発現より圧倒的に多かったとしても、うつ病ではなく双極症と診断されるかもしれない。反対に、拒食症の低体重の要件を満たしていなければ、その疾患によってどれほど苦しい人生を歩んでいても、拒食症と認知されることはないかもしれない。このあいまいさは、ＡＳＤの特性を持った人にとって特に厄介なものとなる。ＡＳＤの脳は非常に多種多様で、他の疾患と間違われやすいからである。

心的外傷後ストレス障害（ＰＴＳＤ）の症状との類似性

例えば、心的外傷後ストレス障害（ＰＴＳＤ）を抱える人は、ＡＳＤ者に似通って見えることがある。ＰＴＳＤ患者は人混みを怖がり、大きな音に動揺しやすく、状況を読みにくい場に置かれると無口になる傾向がある。ＰＴＳＤに起因する過度な警戒心は、マスキングによく似ている。脅威がないか常に環境を精査し、安全でいられるように自分の見せ方を調節しているのだ。問題を複雑にしているのは、ＡＳＤ者の多くが幼い頃にトラウマを経験し、そこからＰＴＳＤの症状が出ていることだ。親や養育者から虐待を受けたり、同級生からいじめられたり、ハラスメント加害者から「格好の獲物」とみなされたりすることは珍しくない。子どものＡＳＤの代表的な治療法である応用行動分析療法（ＡＢＡ）も、トラウマになるとしてＡＳＤの人々から広く批判されている。

このような理由から、ある人の特性がＡＳＤに由来するものなのか、定型発達の世界で人と違う脳を抱えて生きることのトラウマによるものなのかを解明できないことがある（仮にできたとして、役に立つとは限らない）。オランダに住む四〇歳の男性ダーンは、ＡＳＤであることに加え、両親から虐待を受けていた。彼は複雑性ＰＴＳＤと診断されたことで事実上、長きにわたって障害が隠されてしまったと言う。

「みんなが僕のことを話していて、何かあればすぐに怒りを爆発させて僕のことをひどい人間だと罵倒するんじゃないかと思い込んでいた」とダーンは語る。「これって僕がＡＳＤで、他人の考えをうまく推察できないせいなんだろうか？　それとも、スポンジをシンクの定位置に置かなかっただけで母に罵詈雑言《ばりぞうごん》を浴びせられてきたせいなんだろうか？　わからないよ」

ダーンが初めてかかったトラウマ・セラピストは、彼の恐怖は非合理的なものだと教え込もうとした。母はとっくに死んでいて、二度と彼を傷つけることはできないのだと。セラピストは自分の導きで、「他人は安全ではない」というダーンの「非論理的な思い込み」を変えられると信じていたのだ。だがダーンはＡＳＤであるがゆえに、現在進行形でほぼ毎日傷つけられ、拒絶されていた。彼が人とのかかわりを恐れていたのは実体験に基づくもので、非合理的な思い込みなどではなかったのだ。

「僕はただ、文字通りの事実、例えば『君は髪を切ったんだね』みたいに気づいたことを口にしただけなんだけど、みんなをからかっていると思われてしまうみたいなんだ」と彼は語る。「それで上司に怒鳴られた。女の子たちと出かけたときは、大人の男として期待されるような振る舞いをしないと責められた。まるで母からの攻撃をもう一度受けているみたいだった。それでセラピストのところに行くと、こう言われるんだ。僕は母とのトラウマを追体験していて、他人の中に母を見ているんだって。本当に恐ろしくて、気が狂いそうだったよ」

臨床研究によれば、ダーンの体験は決して珍しいものではない。認知行動療法（ＣＢＴ）のような「不合理な思い込み」と闘うことに重点を置いたセラピーは、ＡＳＤ者には定型発達者ほどの効果はないのだ。[72] ＡＳＤ者の恐怖や抑制の多くはまったく妥当で、これまでのつらい経験に根ざしたものであるというのが、その理由の一つだ。私たちはきわめて理性的で、自分の考えや感情を非常に細かく（時にやりすぎなほど）分析する傾向がある。ＡＳＤは、感情に支配されないための認知行動トレーニングを必要としない。それどころか私たちの多くは、自分の感情を無視するように仕向けられすぎているのである。

最近、ダーンはセラピストを変えた。新しいセラピストは、成人ＡＳＤ者用継続教育コースを一度受講した経験があるのみだったが、それでも他のセラピストよりは知識があった。新セラピストはダーンにＡＳＤの検査を受けさせ、よりふさわしい治療法に変更するにはどうすればいいかを研究し始めた。

「新しいセラピストは、ＡＳＤ者がトラウマを克服するのに役立つ研究はあまりないと認めている」とダーンは説明する。「でも、少なくとも僕を正しく診断してくれた。おかげで、他のＡＳＤの人とオンラインで話すことができて、僕をわかってくれる世界が広がったんだ」

不安症、強迫症、うつ病

ＡＳＤは不安症に似ていることもある。どのみち私たちのほとんどは、他人と一緒にいる間、絶えず不安を抱えている。過剰な刺激や予測不可能な環境は、闘争・逃走反応を活性化させやすい。ストレスに対処するための儀式や反復的行動は、強迫症の症状とよく似ている。ＡＳＤのバーンアウトは、一般的なうつ病の症状に非常に近い。往々にしてセラピストが認識するのは、マスキングが精神にもたらした負の結果であり、その原因となっている未診断の障害ではない。

未診断のＡＳＤ者（特に女性）の中には、自分を「ＨＳＰ（Highly Sensitive Person＝とても敏感な人）[73]」であると思っている人もいる。ＨＳＰは一般的に、直感力があり、感情に敏感で、混乱しやすいと言われている。この言葉の生みの親であるエレイン・Ｎ・アーロンでさえ、彼女が著書に記したＨＳＰの家族の何人かは、後にＡＳＤであることがわかったと明かしている。[74]ＡＳＤにつきまとう負のイメージ（加えて男性的で冷淡であるという連想）は、自閉スペクトラム上にある非常に多くの女性たちにとって、「不安性」や「とても敏感」といったラベルのほうがしっくりくると感じる理由の一つかもしれない。

パーソナリティ障害

いくつかの症例では、社会に適応できないＡＳＤ者が、ＡＳＤ以上に悪名が高く、誤解されている精神障害の診断が下ることがある。例えば、成人のＡＳＤ女性が境界性パーソナリティ障害と誤診されるのはよくあることだ。[75]こうした診断は実に悲惨な影響を及ぼす。境界性パーソナリティ障害（ＢＰＤ）は、多くのセラピストが最も対応を苦手とする疾患なのだ。[76] 一般的に、境界性パーソナリティ障害の人々は、過度に芝居がかっていて愛情に飢えており、注目を集めたがり、信頼性に欠け、虐待的でさえあると見られている。[77] かつて研修中の心理療法士を指導したとき、彼らの多くは上司からＢＰＤ患者を疫病のように避け、ＢＰＤの特徴を持つ人とは決して親しくしないように教えられたと語ってくれた。

「パーソナリティ（人格）」の障害と呼ばれているが、ＢＰＤは愛着と感情処理の障害と言ったほうがより正確かもしれない。[78] ＢＰＤの人は拒絶を非常に強く恐れており、他者からの承認に強く依存する不安定な自意識を持っている。ＢＰＤの人たちは、親密な人やセラピストから、不適切であったり人を操ろうとしたりするような極端な感情を持っていると言われることが多い。[79] もしこれらが、本章で提示した「女性のＡＳＤによく見られる特徴」と不気味なほど似ていると思われるなら、それは偶然ではない。ＡＳＤであることを理由に繰り返し拒絶され、トラウマを負わされた多くの女性（および性的マイノリティ）は、自己に対する不安感、拒絶への（合理的な）恐怖に苦しみ、常時感じている苦痛を反映した激しく「過敏」な感情を持つようになる。

ナイラもそのような女性の一人である。最終的にＡＳＤの診断にたどり着くまで、ＢＰＤと誤診されていた。彼女は不安定な自尊心、感情のメルトダウンを引き起こす見捨てられ不安、自己像の不安定さなど、ＢＰＤと重なりがちな特性をすべて持っていた。

「ボーイフレンドに捨てられないように、彼が望む私になりきっていました。そしてそれが、人を操ろうとしている邪悪な行為だと思われてしまったのです」とナイラは語る。

実際、ナイラは一人にならないように必死だった。恋人がホッケーに夢中なら、ワードローブをホッケーのジャージで埋め尽くした。着飾った女性を好む男性なら、毎週マニキュアを塗るようになった。うまくはいかなかったが、ナイラはそういうやり方しか知らなかった。「偽りの姿で生きていると、自殺したくなります。そしてご存じの通り、境界性パーソナリティ障害の人間が自殺を試みるのは、注意を引くために人を操る行為だとされています」とナイラは語る。「私は常に、利用してもらえるような自分でいようとしていました。でも、境界性パーソナリティ障害という標的を背中に背負わされたことで、ヒステリックな悪役だと見られてしまいました」

ナイラは親族がASDと診断されたとき、自身の診断に疑問を抱くようになった。ナイラの母親は何十年もの間、同じように否定的なイメージの強い自己愛性パーソナリティ障害の診断を背負い続けてきた後、六五歳で検査を受けたのだ。

ナイラは言う。「母はとても自己中心的ですが、それは他人の脳で何が起きているのか全然理解できず、自分の考えにとらわれてしまうせいなんです。母の行動はとても利己的に見えます。それも、ASDが彼女の共感を邪魔しているからなんです。私は本当に強い共感力を持っていて、ほとんど痛みを伴うほどですが、母は正反対です。母は、ただ共感力がないだけです。それが悪なのでしょうか？　本当に母にはどうすることもできないのです」

ナイラは私に、母は身勝手で頑固だが、世界に非常に関心がある女性だと話してくれた。彼女にとって、自分の活動を邪魔するものはすべて、人生から排除されるべき脅威なのである。自身の母親の考え方を認識し、その情熱的でひたむきな一面を称賛することで、ナイラは母との関係を穏やかな気持ちでとらえることができるようになった。

「母がとても大切に考えているのはフェミニズムと環境保護なんです。大きなものを守ろうとして、心が傷ついています。気難しい人ではありますが、それが母の精いっぱいなんです。一九七〇年代に黒人女性がセラピーを受けたがると、ナルシスト扱いされたらしいですから」

精神科医のメンチュアン・ライとサイモン・バロン＝コーエンは、全世代においてＡＳＤ者はパーソナリティ障害と誤診されてきたとする論文を医学雑誌『Ｌａｎｃｅｔ』に掲載した[80]。驚くことではないが、誤診された人のほとんどは、社会から疎外された女性であった。基本的に私は、バロン＝コーエンの研究には多くの問題があると思っている。彼は長い間、自閉症は「極端な男性脳[81]」として理解するのが最善であるという見解を支持してきたのだ。しかし今回の研究では、多くの女性がＡＳＤと診断されないのは、代わりに境界性パーソナリティ障害、演技性パーソナリティ障害、自己愛性パーソナリティ障害と診断されるせいだと認めているようだ。パーソナリティ障害の診断から抜け出さない限り、患者がポジティブで心のこもった精神医療にめぐりあうことはきわめて難しい。パーソナリティ障害の負のイメージが、性差別や女性蔑視と絡み合っている場合はなおさらである[82]。

ＡＤＨＤとの併発

前述した通り、ＡＳＤとＡＤＨＤは併発しやすく、症状は大きく重複している。どちらの障害も、「遂行機能」――前もって計画を立て、大きな目標を小さなステップに分け、論理的な順序でタスクを進め、完了するために自己意欲を高める能力に影響を与える。しかし、私たちがこうした作業に苦労しているという事実でさえ、状況的、文化的なものである。厳しい個人主義が優先されなかった世界では、車の鍵を探すのに助けが必要なのは障害とされなかったかもしれない。ＡＳＤもＡＤＨＤも、刺激で気が散りやすい一方で、楽しいと感じる活動に固執しすぎて、トイレや食事を忘れて何時間も熱中する傾向がある。概してＡＳＤ者は、ＡＤＨＤ者よりも過集中する対象を自分でコントロールできると認識しがちだ。ＡＤＨＤ者は退屈や刺激の少なさを苦痛だと感じる傾向が強いが、ＡＳＤ者の中には静寂や平穏さを心から楽しむ人もいる。どちらも女性や有色人種では過小診断されており、若いうちに診断されなかった人は、通常自分の障害がわかるまで何十年も仮面をつけ続けることになる。[83]

　専門家は、ＡＤＨＤが感情処理や社交能力の発達に直接影響するとは考えていない。しかしＡＤＨＤ者の多くが経験している症状の一つに、拒絶敏感不安症（ＲＳＤ）がある。これは、他者から否定的な反応（または肯定以外の反応）を受けた時に、激しいパニックに陥ったり極度の不安を感じる症状である。ＡＤＨＤ者は拒絶されることをひどく恐れ、苦痛に感じるため、対人行動は仮面ＡＳＤ者と同じく、抑制的で人の顔色をうかがうものとなりやすい。

　ＡＳＤ者は他人の気持ちを察することや暗黙の了解を理解することが苦手かもしれないが、ＡＤＨＤ者も「他人に無関心」だと責められることがある。相手が退屈していることに気づかず長々と話したり、ゲームや趣味に没頭するあまり掃除を一人でやるはめになったルームメイトがイライラしているのを見逃してしまったりするからだ。つまるところ、発症のメカニズムは異なるとしても、課題の多くは同じである。

ＡＤＨＤ者はＡＳＤ者ほどボトムアップ式に情報を処理しているわけではなさそうだが、ＡＤＨＤに由来するエネルギーの高さと不安は、感覚情報に圧倒されるＡＳＤの反応と驚くほど似ていることがある。[84] また、仮面ＡＳＤ者の中には、作業を継続し、変わらぬスケジュールを維持し、整理整頓をするのが平均的なＡＤＨＤ者よりも得意な人もいるだろうが、ＡＳＤ者の多くは慢性疲労を抱えて燃え尽きているため、ＡＤＨＤ者と同じような日常生活での苦労を経験している。

さらに、日常的に介助を必要とする仮面をつけられないＡＳＤ者もたくさんいるため、ＡＳＤはＡＤＨＤよりも高機能できちんとしている障害であるというのは公正を欠いている。しかしＡＤＨＤは「混沌」、ＡＳＤは「秩序」であるというステレオタイプで見られることは珍しくない。

ＡＤＨＤ者とＡＳＤ者には多くの共通体験があるが、この二つの障害には特筆すべき違いがある。第一に、ＡＤＨＤは成人でも診断がつきやすい。もっとも、ＡＤＨＤ者の脳は「壊れている」ので、精神刺激薬による治療が必要だという非常に不名誉なレッテルを伴う。[85]

第二に、多くのＡＤＨＤ者が必要とする調整は、ＡＳＤ者が必要とするものとは相いれないことがある。ＡＤＨＤを併発していないＡＳＤの私は、落ち着いて集中するために静かで清潔なプライベート空間が必要だし、静寂と暗闇がないと眠れない。対照的にＡＤＨＤ者の多くは、刺激や目新しさ、感覚入力を必要とする。例えば、勉強中に大音量でテレビを流す必要があったり、音楽がないと眠れなかったりする。散らかっていてゴチャゴチャしている空間では、ＡＳＤ者の多くは混乱してしまうが、ＡＤＨＤ者はたやすく「視覚的ノイズ」を無視できる。散らかりが視界から「消えて」しまうほどだ。

ＡＤＨＤの友人たちは、携帯電話や鍵が見つからないと、たびたび私の助けを求める。彼らは積み重なった持ち物の山から、目当てのモノを探し出すことができないのだ。彼らにとってそれらはノイズの塊でしかないのだが、私は一目で特定のモノのありかを突き止めることができる。

私の知るＡＤＨＤ者の多くは、自分自身を時間認識のない「時間盲（time blind）」と表現したり、時間がらせん状や波のように流れていると感じたりしているようだ。私は時間をきわめて直線的にとらえ、厳密なものだと感じている。これまでの人生で約束に遅れたり、締め切りに間に合わなかったりしたことはない。ＡＤＨＤの書き手やクリエイターは、深夜に突如創作意欲が湧き上がり、全体像を見ながら連想的な手法で作品をまとめる傾向がある。私は決まったスケジュールで仕事をし、情報を分析して小さな断片ごとにまとめていく。もっとも私にも、衝動的で雑然とした一面がある。若い頃にうまく隠していなければ、ＡＤＨＤ（あるいは境界性パーソナリティ障害などのほかの障害）と言われていたかもしれない。

本書でインタビューしたＡＳＤ者の大半は、ＡＤＨＤでもある。私が引用した書き手、精神医療従事者、活動家の多くもそうだ。ＡＳＤのコミュニティでは、ＡＤＨＤ者たちは通常、デフォルトで名誉会員として扱われている。そしてこの二つの障害について知れば知るほど、両者が別個のカテゴリーにあるとは思えなくなってくる。ＡＳＤとＡＤＨＤはあらゆる意味できょうだいのような障害であり、お互いのコミュニティに属する、非常によく似た二つの集団なのである。[86]

身体疾患の併発

多くの精神障害や精神疾患の症状と重なっていることに加え、ＡＳＤはエーラス・ダンロス症候群（ＥＤＳ）[87]、胃腸障害[88]、てんかん[89]のような身体疾患を併発することも多い。ＡＳＤと身体障害のあるヘザー・モーガンは、ＡＳＤの遺伝子マーカーを共有している疾患もありうると語る。「典型的なＡＳＤではないかもしれないけれど、遺伝子配列にＡＳＤ的な特徴を持つ障害のある人たち。思っている以上に、そのようなカテゴリーに属する人は多いと思います」とモーガンは言う。ＡＳＤが他の疾患や障害と併発した場合、ＡＳＤの特性が新たな形で現れたり、完全に隠れてしまったりすることがある。私は、外傷性脳損傷と知的障害を持つ一〇代のＡＳＤ者、エンジェルの家族と親しい付き合いがある。もしエンジェルが、脳損傷の原因となった交通事故以前にＡＳＤと診断されていなかったら、医師たちはそもそも彼がＡＳＤであるとは認識しなかっただろう。交通事故による神経損傷のためにしゃべれないのだと考えたかもしれない。その場合、エンジェルはコミュニケーション補助機器も、ソーシャルメディア上で友人とチャットするのに使っているｉＰａｄも、手にすることはなかっただろう。幸いなことにエンジェルの家族と医療チームは、言葉によるコミュニケーションの欠如は、自己表現能力のなさゆえではなく、ＡＳＤのために言葉に頼らない自己表現方法が必要となっていることが原因であると突き止めた。

エンジェルは、周囲から「高機能」や高知能と見られていない仮面ＡＳＤ者の珍しい例である。もちろん、特定のＡＳＤ者は他の人よりも高機能であるとか、機能の状態は一目でわかる二元的なものであるといった考え方は、それ自体に大いに問題がある。そのような考え方は、私たちの多くの障害を消し去り、人前で「機能すること」を可能にしている私的な苦しみが無視されることにつながる。また、生きる価値のある障害者は障害に負けない生産性があるか、従来的な意味で能力のある者だけであるという考え方を固定化してしまう。

「高機能」なASD

定型発達者は機能レベルにこだわる。あなたが会話ができて仕事も続けられるASDの場合、障害のない人にASDだと打ち明ければ、ただちにあなたの機能がいかに高いかをまくしたてられるだろう。通常そのような発言には、障害のない状態を（ほんのわずかな時間であっても）取りつくろうことができるのだから、本当は障害者のうちには入らないという含みがある。私が最初の本を出版したとき、次に挙げるようなコメントをかなりの割合で受け取った。これは私が出演したYouTubeのライブ配信に残されたコメントである。[90]

「もしプライス博士がASDなら、きわめて高機能ですね。ほとんどのASDの人は、仕事に就くのもやっとという状態で一生を終えます。他人と意義のある交流や適切なかかわり方ができず、長時間集中して何かに取り組むこともできず、仮に集中できたとしてもその対象はまるで取るに足らない無意味なことなんですからね」

このコメントには分析すべき点がたくさんある。第一に、「高機能」に見えるから、私がASD

であることは自分にはいささか疑わしい、というコメント主の思い込みである。彼は「もし」私がＡＳＤなら高機能に違いないと言っているのであって、私がＡＳＤで、かつ有能だとか優秀だとか言っているのではない。彼はこの二つを相いれないものと考えているのだ。さらにコメント主は、私が一時間の会話中、普通の人間のふりがうまくできているため、本来ならＡＳＤのうちには入らないと考えているようだ。もう一つ気になるのは、コメント主が仕事に就くことと価値ある人生を送ることを同一視している点だ。コメント主の視点では、私が高機能ＡＳＤであるのは、お金になることに過集中できるからである。お金につながらないＡＳＤの情熱を、彼は「取るに足らない」「無意味」なものだと表現する。この「無意味」という言葉選びも、とりわけ印象的である。まるでＡＳＤ者本人の感情や喜びはまったく重要ではなく、自分の人生が他人からどう受け取られるかだけが重要だと言わんばかりだ。

「高機能＝軽度」ではない

「機能している」ことを障害の軽さと同一視する定型発達者は、普通に見せるために陰で膨大に費やされる労力を認識していない。また、普通に見せなければならないこと自体がどれほど抑圧的であるかも見過ごしている。それはあたかも、自分は太っていると誇らかに自称する人が、「太ってないよ！　メリハリボディなだけだって！　あなたはかわいいよ！」と痩せている人に正されてしまうのに似ている。そのような反応は、太っていること、そこに誇りを持つことに対する不快感を表し、ふくよかさと美は両立できないという潜在的な思い込みを露呈している。しかし、人はふくよかでありつつ美しくなることもできる。この二つは完全に独立したものだからだ。何よりも、美しさをその人の価値を決める要素として扱うのは失礼なことだ。逆にＡＳＤ者は、社会生活のある領域で機能しながら、他の領域ではまったく機能しないことがある。さらに言えば、生活全般において自立が不可能で「機能」していない人もいる。そのことが、その人の価値や受ける敬意を損なうものであってはならない。

「Ｂｏｏ」と名乗る看護師のインスタグラムのアカウント@MyAutisticNurseは、「高機能」のＡＳＤ者の生活を記録したものだ[91]。誰の目から見ても、Ｂｏｏは素晴らしい看護師である。彼女の頭の中は医学的事実の宝庫で、それらを記憶から自由に呼び出すことができる。小児患者の扱いにもたけ、落ち着かせることが得意だ。そんな彼女にも、まったく口がきけなくなる日がある。とりわけストレスの多い病院勤務が終わった後は、彼女は何時間も床の上で過ごし、お気に入りの玩具を何度も並べる。他のＡＳＤ者同様、メルトダウンを起こす日も元気のない日もあるが、彼女は知識があり有能であるため、彼女のＡＳＤは「典型的な」型にははまらない。

二〇一三年まで『精神障害の診断・統計マニュアル』（ＤＳＭ）は、自閉症とアスペルガー症候群を区別していた。自閉症はより深く衰弱し、コミュニケーションが欠如し、知的な遅れを伴うものだった。一方、アスペルガー症候群は高い知能を持ち、言語の遅れがなく感情を示さない数学の天才やコンピューターオタクと関連付けられた。二〇一三年版のＤＳＭでは、この二つの障害名が一つに統合された。自閉スペクトラム症（ＡＳＤ）である。現在の臨床医は自閉症とアスペルガー症候群がどう違うかを語るのではなく、「高機能」か「低機能」か、あるいは「支援の必要性」がどのレベルかを検討する。

自閉症セルフアドボカシー・ネットワーク（ＡＳＡＮ）をはじめとする当事者団体は、高機能や低機能といった用語を否定している。このような言葉は、障害が当事者の人生にいかなる影響を与えるかを単純化しすぎており、生産性と人間としての価値を同一視している。[92] 言葉を話せて、人付き合いができて仕事に就ける人は、外部からはきわめて「高機能」に見えるかもしれないが、プライベートでは着替えに介助が必要だったり、食事のタイミングを知らせてくれる人が必要だったりするかもしれないのだ。例えばＢｏｏの夫は、自宅にあるすべての軽食をリストアップした見やすい表を作った。彼女が空腹を感じたときや体調がすぐれないときにどうすればいいかわかるようにするためだ。また、ブラッシングや洗髪など、Ｂｏｏにとって必要かつ苦痛を伴う活動をやる気になるように手助けもしている。

「高機能」「低機能」というラベルの表面性

逆に、話すことも身なりを整えることもできない、一見「低機能」に見えるＡＳＤであっても、調整してもらえれば学校で優秀な成績を収めたり、複雑な数学の方程式を解いたりすることができる場合もある。作家であり活動家でもあるイド・ケダーは、幼少期の大半を誰ともコミュニケーションがとれない状態で過ごした。彼は言葉を話すことができず、運動制御能力が低いために文字を書くことも難しかった。その後、彼はｉＰａｄでタイピングを学び、ブログ「Ido in Autismland」を開設した。イドは二冊の本を執筆し、数えきれないほどのインタビューに応じ、定期的にブログを更新してＡＳＤと障害者についての啓発活動に取り組んでいる。さらにＧＰＡ［訳注・成績指標値。一般に三・〇以上の数値は優秀な成績と判断される］三・九の成績で高校を卒業し、現在は大学で勉学に励んでいる。学業面でも知的面でも、イドは非常に高いレベルで機能している。しかし、彼は話すことができず、コミュニケーションの支援を長らく得られなかったため、社会では何年もの間「低機能」という立ち位置にいた。

イドやＢｏｏのようなケースは、「高機能」「低機能」というラベリングがいかに表面的なものであるかを浮き彫りにしている。それでもなお、精神科医、教師、親がＡＳＤについてどうとらえるかは、このようなラベルに左右される。そして「高機能」とみなされる人たちはいともたやすく仮面をつけることができるため、診断を受け損ねる傾向がある。

一般的に、ＡＳＤ者が幼い頃から言葉を話し、社交上の常識をわきまえたふりができれば、子どものうちは「高機能」とみなされるか、ＡＳＤだとまったく認識されないかのどちらかになりやすい。早期から言語を習得するのがアスペルガー障害の初期の指標だった[93]ことを考えると、これは少々皮肉なことである。母いわく、私は生後六カ月で初めて言葉を発し、一歳になる頃には文章を話していたと言う。一歳のときにデパートの店員に挨拶し、「私はポプリの匂いがすると思う」と力説して驚かせたこともあるらしい。私の家族には、このような話が山ほどある。一九九〇年代にアスペルガー症候群と診断された人、あるいは現在「高機能」とみなされている人の多くが、同じように幼児期に多弁だったというエピソードを持っている。そのせいで、私たちは特別支援教育ではなく、英才《ギフテッド》教育プログラムを受けることになった。これには利点もあったが、境界があいまいなところも多く、モノとして扱われるような体験でもあった。

私にとって、そして数えきれないほどの「高機能」ＡＳＤ者にとって、コミュニケーションと知性は仮面をつけるのに欠かせない。私は他の子どもたちとはなじめなかったが、難解な言葉を理解し、洗練された響きのある意見で先生たちを感心させることができた。言語能力は高度に発達していたが、社会生活や感情生活はそうではなかった。他の子どもたちが興味を持てない話題についてしゃべりすぎて、みんなを困らせた。自分を「優秀」だと思ってくれる大人にすがりつき、行儀がよいことを、成熟していて尊敬に値することと同一視した。私はまた、多くの「才能ある《ギフテッド》」子どもたちに共通する、人の知的潜在能力は自分自身ではなく社会のものであり、自分の奇異さを正当化するために世界に貢献する責務を負っているという考え方も吸収した。思春期の私は、英語の先生には論文を褒められ、ディベートチームでは優秀な成績を収めたが、友人に対しては冷淡でよそよそしく、あらゆるむちゃなこと（万引きや嫌いな授業のサボりなど）をして、危うく逮捕されかけたり、退学させられそうになったりした。頭がよくて優秀な自分にこだわるあまり、健康をないがしろにしてまで好成績を追い求めた。二十代半ばで自分がＡＳＤであることに気づくまで、私の心は終わらない思春期状態にあったのだ。褒められるために知性を発揮できても、生活はおろそかで、誰とも深いつながりを持てずにいた。

ナイラも同じような経験をした。「私は優秀なセールスウーマンでしたが、その頃が一番人生が機能不全に陥っていた時期だったんです」と彼女は語ってくれた。「私の私生活を知らない人相手なら、誰だって魅了することができました。その人生を支えるために、どれだけ酒を飲み、うそをついていたかを知られなければね」

自己破壊的な性質を優れた成果の山に隠している状態は、あまり機能しているとはいえない。「機能している状態」という概念そのものが、資本主義の論理とプロテスタント由来の労働倫理を前提にしており、そのどちらも生産性がその人の価値を決めると信じるように私たちを仕向けてきた。[94] 働いて価値を生み出すことができない障害者ほど、この世界観に傷つけられてきた者はいないだろう。彼らはその結果として、虐待されたり、施設に強制収容されたり、ホームレスになったりする可能性が高まる。人の社会的価値（あるいは存在する権利）と生産性を同一視することは、悲しいことにありふれた考え方である。こうした考え方は、社会に適応し、生産的で礼儀正しいという仮面をつけているASD者にも有害だ。定型発達者に合わせることができなくなれば、社会はたちまち危険なものに変わり、命にかかわることさえあるのだから。

コミュニティで居場所を見つける

私が望むのは、ASD者たちが本当の自分の姿をなるべく恥じないで済むような社会だ。何十年もの間私たちを閉じ込め、拘束してきた仮面を、外すことを学んでほしい。仮面を外す第一歩は、自分自身を受け入れ、同じような経験のある仲間を見つけることである。それを始めるのに、検査の紙切れは必要ない。自分がASDではないかという疑いがあったら、ASD者がネットに投稿した文章や動画に触れることをお勧めする。私たちの経験やアイデンティティがいかに多様であるか、少しでも知ってほしいのだ。ＡＳＤの体験について知るうちに、自分の居場所がＡＳＤコミュニティの中にあると気づくかもしれない。私はＡＳＤとしてのアイデンティティを模索していた頃、ＡＳＤのクリエイターや活動家の動画をチェックした。彼らは、ＡＳＤ者の性格や興味の対象がいかに多様であるかを教えてくれた。そうした言葉に触れるにつれ、ＡＳＤが呪いのように感じられなくなった。自分のアイデンティティを恥じる気持ちが薄れ始め、代わりに本当の自分に対する誇りが少しずつ芽生えていった。

ＡＳＤ者の体験に共感できると自信を持って言えるようになってからは、ＡＳＤの仲間とじかに会うことに力を注いだ。私が会ったのは、ティモテウス・ゴードン・ジュニアが運営する地元の団体「自閉症治療に反対する自閉症者の会」の人たちだった。地元のジェンダークィア支援団体にも参加したが、そこでは参加者の半数近くがニューロダイバースな人たちだった。ネット上のＡＳＤ支援グループにも投稿し、自分に似た人々と知り合いになった。こうしたつながりは、心理学の機関よりもはるかにためになった。公的に障害認定を受けるには、煩雑な事務手続きが必要となる。最終的に感じたのは、これは自分の性別を法的に認めてもらうのと同じくらいひどく空虚で無意味だということだった。国が承認するずっと昔から私はトランスであったように、専門家が認めるずっと前から私はＡＳＤだったのだ。一方で、自分を受け入れて仮面をとる上で、「仲間」を見つけ、自分は何も悪くないという確証を得ることほど助けになるものはなかった。

自分はＡＳＤだろうと思うようになったら、似たような場や情報源を探してみてほしい。オンラインのＡＳＤグループには質問に答えたり体験談を語り合うのが大好きで、支えになってくれる人がたくさんいる。多くのソーシャルメディアサイトには、有用な投稿があふれている。

次章では、初期の自閉症研究の背後に潜む障害差別、性差別、白人至上主義が、私たちの多くに「仮面をつける」プレッシャーを与えたことについて解説しよう。ＡＳＤ者の幼少期を通じて、仮面がどのような段階を踏んで発達していくのかを概説し、仮面とは実のところ何なのか、仮面を補強する心理的プロセスとは何かについて科学的に論じる。次章に掲載するリストやエクササイズは、自身の仮面について、さらにその仮面がどこから生じたのかを調べたい人に役立つだろう。また、仮面をつけることの心理的、感情的な代償についてもじっくり検討しよう。

続く章では、ＡＳＤのスティグマを少しずつ捨て去り、仮面を外しているＡＳＤ者たちを紹介するとともに、ＡＳＤの指導者、カウンセラー、活動家によって開発されたヒントとコツを提供する。また、ＡＳＤ者やその他のニューロダイバースな集団が公平な対応を獲得する助けとなった公共政策の変更についても考察する。次章で概説するように、マスキングという行為はＡＳＤと同様、生活の広い範囲に及ぶ。それは作り笑いにとどまらず、私たちのアイデンティティ、服装、選択する職業、人間関係、そして家のレイアウトにまで影響を与える。仮面をとれば、私たちは「適応する」ためにしてきたあらゆる選択を再検討し、自らを肯定する本物の人生の構築を始められる。違いに対して寛容な世界は、誰にとっても安心でき、滋養に満ちた場所である。そして私たちは今から、これまで強いられてきた生き方に疑問を投げかけ、誇らかに自分として在ることを選ぶことによって、そのような世界を築き始めることができる。

第三章

仮面の研究

「おバカな女の子」という仮面をつける——クリスタルの場合

診断もなく、自分のつらさの原因が何なのか見当もつかない。子ども時代のクリスタルは、静かに苦しんでいた。祖父の目から見たクリスタルは、お行儀がよくて優しい、典型的な「先生のお気に入り」タイプの子どもだった。しかし感じのよい笑顔の裏で、クリスタルはずっと混乱状態と孤独に耐えていた。理科や算数はともかく、指示が明確ではない科目ではてこずった。学校では女の子たちと交流できても、お泊まり会やショッピングモール、スケートリンクに誘われることはめったになかった。家ではしょっちゅう腹痛を訴え、ストレスから「かんしゃく」を起こした。中学生になる頃には、日々の暮らしは無視できないほど困難なものとなっていた。「中学校に入ると、本当に時間割が複雑になるでしょ。何もかも、小学校とは大違い。チャイムは突然鳴る。一時間ごとに教室が入れ替わる。放課後には部活がある。もう大忙し。ギアチェンジってエネルギー使うから苦手なのに、いきなり一日中それをやらなきゃいけなくなる」

活動の切り替えが難しいと感じているASD者は多い。変化が起きるたびに、心理学で「遂行機能」と呼ばれる能力が必要になる。遂行機能とは、行動を計画し、実行に移すのに必要な脳機能のことだ[1]。大半のASD者にとって、自身が楽しんでいる作業に集中し続けるのは比較的たやすいが、ギアの切り替えは困難だ。何時間もぶっ続けで本を読めるクリスタルも、中学で頻繁に教室が切り替わるのには苦労した。新しい教室に慣れてようやく落ち着けるようになった頃には、次の教室に移動する時間が来てしまう。さらに中学校は、人付き合いにおける情報量が多すぎた。それまで教室にいたのは生まれた頃から顔なじみだった15人の子どもたちだけだったのに、突然、何十人もの新しい名前、顔、複雑に絡み合う人間関係を学ばなければならなくなった。

十二〜十三歳にもなると、友人関係はさらに複雑で緊張をはらんだものとなり、友だちから求められるものも大きくなる。大人たちも、子どもの頃のように優しく大目に見てくれなくなる。中学生が事態の飲み込みに時間がかかっていたとしても、大人たちは思春期の無気力が足を引っ張っているとみなし、遂行機能の問題だとは思わない。友人ができなくても、「十代は情緒不安定だから」と片付けられ、定型発達の会話ルールが読み取れないせいだとは思わないだろう。

クリスタルにとっても、大半の仮面ASD者にとっても、中学生は多くの課題が表面化する時期である。第二次性徴が訪れ、変化していく身体に慣れなければならない。そしてこれまでとはまったく異なる混乱に身を任せることになる。

当時のクリスタルにわかっていたのは、学校のチャイムがストレスになっていたこと、すべてがあまりにも速く動きすぎるということだけだった。クリスタルは、自分は周囲の半分のスピードで動いているように感じ、自分以外のみんながぼやけて見えていた。どういう人々の周りで、どういうことを好きになるふりをすればいいのか。それぞれの教師に気に入られるにはどういう生徒になればいいのか。クリスタルには把握するのが難しかった。

エネルギーを使い果たし、認知機能と社会的機能がさらに低下した。[2] クリスタルはただ、人目のない場所で植物のように横たわっていたかった。彼女が助けを必要としていることに気づく者は、まだ誰もいなかった。そこで彼女は、学校を休ませてほしいと母親に頼んだ。

「しばらく家にいさせてと母を説得するのは、本当に大変だった。ここまでなら問題視されないっていう病欠日数の上限があるんだけど、ついにそこまで休んでしまった。それでも、できる限り「腹痛」になって家にいた。そうしなきゃ、正気を保っていられなかったから」

クリスタルにとって、仮病を使うことは仮面の重要な一部だった。仮病のおかげで、刺激が多すぎる教室から抜け出し、必要な休息を得ることができた。クラスの女子のまねをして、彼女たちが好きなものを好きなふりをすることも、仮面をつける行為だった。学校がますます厄介な場所になるにつれて、クリスタルは科学や数学のような「男の子」の科目には興味のないふりをするなど、新しいやり方で仮面をつけ始めた。

「周りの女の子たちが興味を持っているのは、メイクやファッション、男の子とのデート、セレブのゴシップだった」とクリスタルは語る。「私もその話題に付き合うことはできた……クールで退屈な女の子の雰囲気をまとうと、代数に出てくるわけがわからない記号に混乱していたときの隠れみのになった。先生は『あなたならわかってるでしょ』と思い込んで、誰も代数の説明をしてくれなかったの。だから代数がちんぷんかんぷんだってことを認める代わりに、髪をかき上げて『代数ってすごくつまんない』って言うの。『もっと重要なことを話さない？　マライア・キャリーがエミネムとデートしてるとかさ』なんてね」

クリスタルはすでに、定型発達の人たちにとっては自明なことで助けを求めても、支援は得られないことに気づいていた。定型発達の人たちは、単に彼女が疲れているか、時間を浪費するために質問していると思うだけなのだ。しかしクリスタルは、純粋にわからなかったのである。一次方程式でxがどのような役割を果たしているのかも、数学の問題の「解を導く過程を示せ」が

「途中式を書く」という意味だということも。そのためクリスタルは、自分の思考過程を言葉で長々と説明し、電卓のどのボタンを押したのかまで事細かに記述したことがある。バカにされたと受け止めた教師は、彼女に罰を与えた。クリスタルは自分が解いた過程を示そうとがんばった行為が失礼とされたことに困惑し、居残り室でずっと泣き続けるしかなかった。

中学生女子がどう振る舞うべきかにも複雑なルールがあったが、彼女がそのルールを知るのは、大々的にルールを破ったときだけだった。例えば、JCペニーで買ったありえないほどダサい絞り染めのTシャツを着て学校に行き、女の子たちに死ぬほど笑われたときのように。

クリスタルは語る。「自分があまりにズレすぎていることをごまかすために、マンガみたいにベタなおバカ女子キャラを演じる必要があった。人としてはダメでも、女の子としてアリな子にはなれるでしょう。数学ができなくても、人付き合いがトンチンカンでも、女の子らしいってことで済まされる。あの子は天然だなあ、って」

オタク趣味を隠して強く見せる――ティモテウスの場合

ティモテウス・ゴードン・ジュニアは、子どもの頃、幼さゆえの繊細さとオタク趣味を隠し、実際の内面よりもタフでクールであるように見せなければならなかったことを話してくれた。

「仲間内では、泣くことは弱さの表れとみなされて、弱い者いじめのターゲットにされかねなかったんだ。だから早いうちから攻撃やケンカの仕方を学ぶことで、悲しみを覆い隠す必要があった」と彼は言う。「社会科学や歴史、ポケモンのようなオタクっぽいものに興味を持つようになってからは、趣味を隠さなくちゃいけなくなった。クールじゃないし、弱い奴だと思われるからね」

クリスタルの場合もそうだったように、男らしさ・女らしさの固定観念と障害差別との合わせ技で、ティモテウスは自分の一部を隠すことを余儀なくされた。定型発達の仲間から見下され、意地悪をされないためである。フットボールのような普通の男の子らしい趣味を（統計や選手のトリビアを丸暗記して）アピールすることはできても、繊細すぎるとか、変わっているとか、男らしさに欠けるとみなされる趣味は、なんであれリスクが高かった。

「僕の話し方にはぶっきらぼうだったり、直接的だったり、事実をありのままに述べたりするような癖があるんだけど、それも気をつけないと。仮面をつけざるを得ないよ。真実を語りたいからね。話す内容より、他人がどう解釈するかが問題なんだ。実際、変に解釈されたことでトラブルに巻き込まれたことがある」

思うに多くの仮面ＡＳＤ者には、子ども時代や思春期に自分は「見苦しい」もしくは「間違っている」と認識する瞬間がある。不適切なことを言ったり、状況を読み違えたり、定型発達者のジョークについていけなかったりすると、人と違っていることが突如として衆目にさらされる。定型発達者は、私たちが障害者であることを知らないとしても、私たちの中に障害を連想させる重要な欠点があることを認識するのだ。子どもっぽい、冷淡、趣味に没頭しすぎ、「怒ってる」、あるいは単に、引くほど不器用。こういう風に思われるのを避けたいということが、私たちの人生における主なモチベーションになる。身にまとっている重いよろいと、よろいが覆い隠す恥ずかしい特徴。日々がこの両者の戦いなのである。

「大人」のふりをする

私にとってのマスキングは、子どもっぽく見られないようにすることだった。子どもの頃は、赤ちゃんのような行動を絶えず矯正されていた。お泊まりキャンプで慣れない食べ物の食感を嫌がって激しく泣きじゃくったときは、好き嫌いが多い泣き虫だと叱られ、冷たいラビオリを飲み干すまで一晩中テーブルの前に座らされた。平衡感覚のなさと運動神経の悪さゆえに「正しい」年齢で自転車の乗り方を習得できなかったときは、父は私の未熟な不器用さを恥じた（おそらく父自身に運動障害があり、それを隠していたことを思い出したからだろう）。

成人後は、夜になるとブラインドを下げ、寝室のドアを二重にロックしてから、ぬいぐるみを抱きしめるようになった。窓の外を通りすぎる人や部屋に入ってくる人に、柔らかくてかわいいものを抱いて癒やしを得るという私の恥ずかしい秘密を見られたくなかったのだ。

子どもっぽく見られることを恐れる気持ちは、私の心の深い部分に傷をつけた。多くのＡＳＤ者が似たような体験をしているだろう。私たちの成熟度に疑問を投げかけるのは、健常者中心社会が障害者の人間性を奪う主なやり方の一つだ。依存しないのが「大人」だとされているが、むろん実際にはそんな人はいない。誰もが日々、何十人もの人々の労働と社会的・感情的サポートに頼って暮らしている。自立という幻想を打ち砕くような支援が必要になった場合に、大人ではない、一人前ではない[3]とみなされるにすぎない。

例えば排泄の介助が必要な人は、健常者にかつて自分もオムツをしていたこと、そしていつか再びオムツが必要になるかもしれないという事実を思い起こさせる。排泄の介助を必要とする人は脆弱で、他人に依存している。その事実は、障害者でない人々に苦痛を与え、反発を引き起こす。それから彼らは、オムツをつけている人を自分たちとは本質的に異なる存在と線引きすることで、その耐えがたい感情に対処する。オムツをつけた人々は永遠の子どもであり、人間ではない無能者であり、共感に足る相手ではない、と。私の「子どもっぽさ」は、ASDではない人に、成熟と呼ばれるものの多くは「揺るぎない強さ」という本質ではなく、「誰にも依存していないし感情もない」と見せかけるバカげたパントマイムにすぎないということを思い起こさせる。私の不器用な柔弱さを目の当たりにした健常者は、自分もそれなりに繊細で苦しんでいるのかもしれないという事実に直面するのを嫌った。だから彼らは、私を見えない存在として無視するか、私の子どもじみた習慣が異常であるかのような態度をとった。私は、成熟を装うことがたった一つの頼みの綱であり、自分の人間性を認めてもらう唯一の方法であることを学んだ。

私は成長するにつれて、物事にはもう飽き飽きだとか、とことん自立しているという仮面の陰で、ひそかに「子どもっぽい」「恥ずかしい」部分を修正しすぎてしまった。ティモテウスとは少し違う形で現れたが、私も常にタフに見えることを目標にしていたのである。友だちをからかったり、うんざりしたように目玉をくるっとさせたり、クールすぎて何も気にかけてないように振る舞ったりした。ボーイズバンドやアニメのような「幼稚な」ものが好きだという理由で、他人をこき下ろすこともあった。人前で泣くことを拒み、感情を素直に表現する人を腹立たしく思った。もう二度と、子どもっぽさがバレないようにしよう。そう自分に言い聞かせていたのである。その決意とはつまり、何があっても助けを求めないということだった。

あなたの仮面はどこから？

もしあなたが仮面ＡＳＤ者だったら、あるいはそうかもしれないという疑いがあるなら、おそらくクリスタルやティモテウス、私のような経験があるのではないだろうか。仮面をいつからつけ始めたのかを検証することは、仮面を必要とさせる根深い恐怖のいくつかを特定するのに役立つだろう。あなたが恐れているのは、バカだと思われることだろうか。それとも幼稚だと思われることだろうか。幼い頃、残酷だと責められたことはあるだろうか。自分のことを好き嫌いが激しいとか、わがままだと思い込んでいただろうか。

ＡＳＤ者は未熟で、知性に欠け、冷淡で、どこかズレているというステレオタイプで見られることが多い。私たちがつける仮面は、各自が最も認めたくないと感じているＡＳＤのステレオタイプを覆い隠す役割を果たしている。それぞれの仮面の裏にあるのは、根深い心の痛みだ。自分はどんな人間で、してはならないことは何か、悲痛なまでの思い込みがそこにはある。それゆえ、仮面を外すということは、自分の中の一番嫌いな性質と向き合い、それらをよくも悪くもないもの、あるいは長所と見なせるように努力することを意味する。

ここで、自分の仮面がどこから生まれたのかを考えるエクササイズをしよう。次ページに列挙したＡＳＤのネガティブな資質の多くは、この後扱う自己概念の再検討や仮面を外す練習に焦点を当てたエクササイズで再び登場する予定だ。

仮面の必要性を振り返る
あなたの仮面は何を守っているのか？

1. 幼い頃、強烈ないたたまれなさや羞恥心を感じた時を思い出してみてください。その時の状況を書き出してください

2. その体験を思い出したとき、どんな感情になりますか

3. 次の枠の中から言葉を選んで、その体験についての文章を完成させてください。言葉は何個選んでもかまいません

「その瞬間、みんなは私のことを＿＿＿＿＿人間だと思っただろう」

> わがままな／不器用な／未熟な／子どもっぽい／むかつく／自己中心的な／見苦しい／冷たい／何もわかっていない／頭の悪い／残酷な／弱い／哀れな／その他あれば記入

4. 上の枠の言葉のうち、そう思われるのが一番つらいと感じるものはどれですか？

5. 4で挙げた言葉から連想される行動や習慣をいくつか挙げてください

6. 次の枠の中から言葉を選んで、文章を完成させてください

「私はみんなに大目に見てもらうために、＿＿＿＿＿ふりをするが、心の底では自分はそんな人間ではないことを知っている」

> 自立している／幸せな／クールである／自信にあふれている／気前がよい／優しい／成熟している／きちんとしている／友好的な／賢い／優秀である／強い／頼りになる／立派な／その他あれば記入

7. 次の空欄に言葉を入れて、文章を完成させてください

「人に好かれたいなら、私が＿＿＿＿＿であることを悟られてはならない」

ここまで、ＡＳＤの実態を探り、仮面ＡＳＤ者の体験を聞き、仮面をつけなければという思いを引き起こす社会的・構造的な力について考えてきた。次は、仮面をつける行為の実態と、その背後にある科学を深掘りしていこう。

マスキングとは何か――擬態と補償

心理学の知見によれば、ＡＳＤ者のマスキングは、次に挙げる二種類の行動で構成される。[4]

擬態（camouflaging）
定型発達者に「溶け込む」ために、ＡＳＤの特性を隠す、もしくは目立たなくしようとすること。擬態の主な目的は、障害者であることが見破られないようにすることである。

補償（compensation）
ＡＳＤによる困難や障害を穴埋めするために、特定の戦略をとること。補償の主な目的は、機能が高く自立しているという見せかけを維持することである。

クリスタルが人当たりがよく受動的な自分を演出することで社会に溶け込もうとしていたのは、自分が混乱していて、どうしていいかわからないということを隠すための「擬態」だった。友だちとの会話についていくためにセレブのゴシップを勉強していたのは、定型発達的な会話スキルに欠けていることを補う「補償」行為だった。

クリスタルのマスキング行動の中には、補償と擬態の両方が混ざったものもあった。病気のふりは、疲れと負担の大きさを隠すためである（つまり、苦しみを見せない擬態だ）。同時にそれは、必要な休息を得るための、定型発達者にも理解可能な口実となった（これにより、クリスタルは疲れを補償することができた）。擬態とは、障害の特性や困難を目立たせないことである。補償とは、必要な調整を要求できないために、自分が困っていることを補うちょっとしたコツを編み出したり、うそをつくことである。例えばティモテウスが社会的に受けがよく、性別に適合しているという理由でフットボールに興味を示したのは、仲間に受け入れられるための補償戦略だった。

仮面ＡＳＤ者は皆、補償と擬態という両方の戦略を用いてなんとか人生をやり過ごし、困難と感じられるさまざまな作業に取り組む。例えば、特別な興味についてはあまり口にしないようにすることで、会話上の擬態を行う人もいるだろう。[5] またある人は、友人と会う前にフェイスブックで友人の投稿をチェックしておき、おしゃべりの内容をあらかじめ考えておくことで、人付き合いの下手さを補償しているかもしれない。[6] 聴覚過敏を隠して擬態するために、歯を食いしばって苦痛に耐え、文句を言わないようにしている人もいるだろうし、目立たないノイズキャンセリング機能付きイヤホンをさりげなく装着することで、聴覚過敏を補償する人もいるだろう。

定型発達者にＡＳＤのマスキングの概念を紹介すると、人付き合いにまつわる過程や行動として受け止められることが多い。確かにマスキングには、人付き合いのルールを覚えたり、気さくなふりをしたりすることが含まれるが、それは一番わかりやすい形にすぎない。私たちの多くは情報処理スタイルから協調運動能力の欠如、食べられるものが限られていること、定型発達者よりも多くの休息を必要とするという事実など、あらゆることをマスキングしなければならない。マスキングによって、働く分野、服装や身のこなし方、住む場所まで制限されることになる。

大半の仮面ASD者は、遂行機能の問題を隠せるような職業を選ぶ。もしくは、フルタイムの仕事に必要な会議や人付き合いについていけないために、フリーランスになるしかないと自覚する。私が当初アカデミアの世界に惹かれたのは、好きな服装、好きなペースで仕事ができ、風変わりでいても業績に影響しない場所だと信じていたからだ。企業基準のプロフェッショナルを装うエネルギーや忍耐力は自分にはないとわかっていたので、見た目や振る舞いではなく、頭脳で評価されるようなスキルや経歴を身につけることで補償したのだ。

技術分野で働くASD者の多くは、ASDの特性がある程度普通だとされている職場であるがゆえに、その分野に引き寄せられる。セックスワークに従事するニューロダイバースな人たち複数人からは、時間の融通が利き、数日以内に家賃を払い込まなくてはいけないときも家賃分稼げる仕事だから、自分には合っていると聞いたことがある。

仮面ASD者は、自分の限界や必要に応じて生活を整え、過剰なエネルギーが必要になりそうなことは放棄する傾向がある。優秀な履歴書や成績証明書は、家が散らかっていて、髪をとかしておらず、何カ月も誰とも遊んでいないという事実を隠しているかもしれない。重要な領域でうまくやれているように見えたとしても、その外面を取りつくろうために私生活のすべてがボロボロになってしまうのだ。

友人のジェスは、自分の補償行動をこう表現する。「スーパーに行って、誰も見ていないときにこっそりポケットに入れられるものしか持って帰れないようなもの。他のみんなはレジを通って好きなだけ買えるから、なぜ買い物がストレスになるのか理解できないんだ」

ジェスはＡＤＨＤである。しかし生活する上で必要な調整が欠けているときに、定型発達者に見えるようにうそをついたり、ごまかしたり、気づかれないようにこっそり振る舞ったりするというジェスの語りは、まさに仮面ＡＳＤ者の生活に近い。発達障害者にとって、普通の生活は認知的、精神的にきつく、そのきつさは定型発達者よりも大きい。私たちは日々その事実を、他人から隠さなければならない。「高機能」であるといううわべを支えるために、私たちは取っ散らかっていて不安定な、欠陥のある対処メカニズムの足場を築く。不安[7]やうつ[8]を訴える割合が高くなるのも無理はない。ひっそり盗んだものしか食べられなければ、栄養不足の状態で過度に用心しながら世の中を生きていくことになる。

マスキングはとてつもなく負担が大きく、自分の存在の根幹にかかわるような混乱を引き起こす。しかし定型発達者から与えられる見返りが大きいために、やらないわけにはいかない。

マスキングはＡＳＤ者を、従順で静かな「扱い」やすい存在にする。それは私たちにとってわなでもある。苦しみに静かに耐えられることが一度でも証明されると、定型発達者はどんな犠牲を払おうとも私たちがいつまでもそうしていられると期待しがちだ。お行儀のよいＡＳＤ者になることで、私たちは二重に苦しむことになる。自分が望むよりもはるかに長い間（そしてより広範囲にわたって)、仮面をつけ続けることを余儀なくされることが多いのだ。

「お行儀良く」することによる二重の苦しみ

精神科医や心理学者はこれまで、その障害が定型発達者にどのような影響を与えるかによってASDを定義してきた。ASDにおける「重度」とは、必ずしも内面的な苦しみの大きさを示す言葉ではない。問題・迷惑行動があったり、人を不快にさせるような形で苦しむ人が重度とされる。一番支援につながりやすいのは、人の手を煩わせるタイプのASD児だ。一方、苦しみを隠せるASD児は、一時的には承認されるが、理解も共感も得られない状態に陥りやすい。

ザブロツキー、ブラムレット、ブルンベルグは、ASD児の重症度を親がどのように認識しているかを研究するため、[9] ASD児を育てている約千組の家族を対象に調査を行った。あわせて、子ども自身のASDの重症度も測定した。研究の結果、親は子どもの苦しみの程度を正確に認識していないことがわかった。親は子どもの行動がどれだけ自分を困らせ、多くの時間と注意を必要とするかに基づいて、「重症度」を評価していたのである。親が「高機能」と記した子どもたちの多くは、身体を消耗させる感覚的な苦痛に静かに耐えていたり、学業や社交面で大きく遅れをとっていたりした。このことは、成人のASD者の受け止められ方にもかかわってくる。定型発達者中心の施設が私たちに「普通」に見えるようにせよと期待をかけることにもつながるだろう。

応用行動分析（ＡＢＡ）療法の問題点

この、ＡＳＤ児を問題を起こさない従順な存在にしたいという願望こそが、応用行動分析（ＡＢＡ）療法がＡＳＤ児の療育に広く用いられている大きな理由だ。ＡＢＡが重きを置いているのは、ＡＳＤ児が定型発達らしく振る舞えるように訓練することである。ＡＢＡは行動療法であり、認知療法でも感情療法でもない。ＡＢＡセラピストからすれば、ＡＳＤ児の表面上の行動が変化し、「問題行動」が減ったり「普通」になったりすればよく、その子の頭の中で何が起こっているかはどうでもいいことなのだ。

ＡＢＡセラピストは報酬と罰を使い分けて、ＡＳＤ的特性を隠すように子どもたちを訓練する。アイコンタクトができなかったり、好きなことを話しすぎたりする子どもは、顔に水をかけられる（あるいは舌に酢をかけられる）。子どもがエコラリア（同じフレーズを繰り返すこと）をしたり、指しゃぶりをしたり、手をばたつかせたりすると罰を受ける。たとえこうした衝動を抑えることを、子どもが苦痛に感じていたとしても。

さらにＡＢＡを受けている子どもは、補償戦略の予行練習を強いられる。台本通りに会話ができるようになるまで、何時間もじっと座ってオウム返しをさせられる。「適切な」アイコンタクトができるまで、立ち上がって遊ぶことも許されない。[10] 正しい口調で言えるようになるまで、「お願いします」「ありがとうございました」を何度も暗唱させられることもある。あるいはセラピストが指を鳴らす間、訓練された犬のように立ったり座ったりを繰り返さなくてはいけないこともある。ＡＳＤ児がかんしゃくを起こしたり注目を求めたりすると、ＡＢＡセラピストは部屋を出るか、苦痛を無視するなどして相手をしないことになっている。この行為がＡＳＤ児に教えるのは、外部からの助けは期待できないということである。

感電で子どもを罰するＡＢＡセラピストもいる。[11] ＡＢＡ療法で使用される電気ショック装置は、二〇二〇年に食品医薬品局によって一時的に禁止されたが、[12] 二〇二一年に復活した。[13] 今日でも行動分析学会は、目に見えるＡＳＤ的な行動をやめさせるために、このような「嫌悪療法」の使用をはっきり支持している。二〇一二年には、ＡＢＡの研修を受けた特別支援教育の教師が、噛みぐせを直すために児童のクレヨンに辛いソースを塗ったことで非難を浴びた。[14] この事件は無差別な暴力行為ではなく、ＡＢＡの基本理念を反映したものだ。ＡＢＡの創始者オレ・イヴァ・ロヴァスは、子どもたちにキャンディーを与えて、セラピストへのハグやキスを強要していたのである。[15]

子どもの頃にＡＢＡ療法を受けた成人ＡＳＤ者の四六％が、治療を受けたために心的外傷後ストレス障害（ＰＴＳＤ）になったと報告している。[16] その体験の多くが、ＡＢＡ療法で特別な興味を抱くことも罰せられたため、大好きなものを挙げることすら強烈な羞恥心を感じるようになってしまったというものだ。「手を静かに」することの重要性を深く叩き込まれたせいで、手をもぞもぞ動かしたり、自己刺激行動をとったりすると感情的・心理的に落ち着くという利点を知らずじまいの人もいる。理不尽な要求を拒否する方法や、怒りや恐怖といった感情を表現する方法を知らない人も多い。とある元ＡＢＡセラピストは匿名のブログで、患者を操りやすく虐待しやすい状態にしてしまったのではないかという自身の懸念を打ち明けている。

「サーカスの動物のように扱ったら子どもたちがショックを受ける？　そんなこと、いちいち気にしていられなかった」と彼女は書く。「そこでの私の仕事は、子どもをキャンディーで惹きつけ、問答無用で私の言いなりになるように操るということ。つまり性犯罪者や虐待的な教師・介護者・パートナーの格好の餌食になるようにしつけてたってわけ[17]」

ＡＢＡはＡＳＤ者には嫌われているが、ＡＳＤ児の親や教師はＡＢＡを好む傾向があり、研究でもおおむね「効果的」と評価されている。これは、プログラムの有効性が、ＡＳＤ児がどう感じるかではなく、定型発達者の視点に基づいて評価されているためである。ＡＢＡはＡＳＤ児に、静かにすること、迷惑行為や「奇妙さ」を減らすことを教える。問題は、ＡＢＡは自分を憎み、すべての大人に従うようにＡＳＤ児を訓練することによって、その目標を達成することである。それはうつ病治療の「効果」を、うつ病患者本人に確認するのではなく、その上司に患者の働きぶりを聞いて評価するようなものだ。悲しいかな、定型発達の教師や両親の快適さと利便性が優先された結果、ＡＢＡはＡＳＤに対する唯一無二の「エビデンスに基づいた」治療法であり続けている。そのため、ＡＢＡはほとんどの保険プランがカバーしている。「お行儀がよくなる」ことは、精神的に健康になることよりも重要なのである。

仮面ＡＳＤ者がさらされる条件付け

多くのＡＳＤの子どもたちにとって、痛みを覆い隠すことを学ぶのが、第一の生存戦略となる。仮面ＡＳＤ者の場合、これはＡＢＡ療法ではなく、日々の生活の中で自然に学び取っていくものである。私はＡＢＡ療法を受けなかったが、座席で身をよじらせていたことで、友だちの親に怒鳴りつけられた。誰も私に「普通の」会話の台本を練習するよう強制しなかったが、私が場違いな大声で話したり、自分の気持ちを表すために映画のセリフを引用したりすると、子どもたちは笑って私から逃げていった。ガールスカウトのリーダーには、膝を胸に押し当てて座っていたせいで、隊員みんなの前で何年間もバカにされ続けた。怪物の「ガーゴイル」のような姿勢で丸まって座ると、体に圧力がかかって落ち着くのだ（ASD者の多くはこの座り方を好む）。だがリーダーはそれがとても癪《しゃく》に障ったようで、私がその座り方をするたびに隊員全員の前で叱りつけた。

ASDの教育者であり、社会的公正コンサルタントのクリスティアナ・オビーサムナーが著書で記した内容も、不気味なくらい私の経験と似通っている。[18] 彼女もまた、ガールスカウトでASDの特性を公然と辱められていたのだ。

「私は落ち着くために、親指をしゃぶり、腕を顔に当てて自分の匂いを嗅ぎ、うぶ毛が鼻に当たるのを感じるという自己刺激行動をとることがある」と彼女は書く。「七歳か八歳の頃だっただろうか、この行動でガールスカウトのリーダーに不快感を与えてしまった。彼女は他の子どもたち全員を呼び集めて私を取り囲ませ、きつい言葉を浴びせた」

仮面ASD者は皆このような経験に事欠かない。ABA療法という心を打ち砕く弾丸をよけられたとしても、条件付けには絶え間なくさらされ続けている。加工していない自分は迷惑で、変わっていて、不器用で、社会不適合で、冷たすぎるから、なじめないのだ、と。

私たちはまた、自分以外の社会不適合な身体や心が、どのように扱われているかを目の当たりにしている。社会全体が、「子どもっぽい」ことに夢中になっている人、奇妙な癖のある人、単にいら立たしいだけの人を辱める。ABAによって従順さを仕込むまでもなく、すでに周囲から従順さを仕込まれているのである。

初めて意識的に「典型的な」ASD者と自分を比べ、本当の自分を隠す必要があることに気づいたときのことを、私は今でも覚えている。それは中学生のときだった。私は打楽器奏者のクリスから数メートル離れたチェロのセクションに座っていた[19]。クリスと私は同じ特別支援の体育のクラスに属していた。私がそのクラスにいたのは、協調運動が苦手で、反応が異常に遅く、信じられないほど筋力が弱かったからだ。それがASDのせいだとは、誰も気づいていなかった。一方、クリスは幼い頃にASDだと診断されていた。

クリスは賢くおしゃべりで、第二次世界大戦のうんちくを語るのが好きだった。授業中に思いがけない質問をし、無意識のうちに腕をまっすぐ伸ばして振る自己刺激行動をとることもあった。その行動は（第二次世界大戦に執着していたせいで）、周囲にはナチスの敬礼だと受け止められていた。生徒たちには笑われ、教師たちには見下され、学校の管理者たちには抑え込むべき問題児として扱われた。クリスは初めて出会ったASD者であり、彼の扱われ方は示唆に富んでいた。

その日はオーケストラの授業で、私はただでさえイライラしていた。打楽器奏者はドラムスティックを振り回し、ヴィオラ奏者はうわさ話で笑い声を上げ、ヴァイオリン奏者は楽器をチューニングする。キンキンした甲高い音が部屋じゅうに充満していた。私は胸の前で両腕をきつく組み、顔をしかめていら立ちの表情を示して対処した。ASDの環境活動家グレタ・トゥンベリの、どこかイライラしたようなしかめっつら[20]は有名だが、あれは私が騒音や周囲の喧噪への反応に使っていた方法とよく似ている。私はすでに、弱いと思われないように気難しく武骨なペルソナを培い始めていた。パニックを隠し、自分は超然としているのだと仮面でアピールしていた。

クリスにその選択肢はなかった。彼はオーケストラ室の騒々しさに動揺を隠せなかった。彼はビクビクして目に見えてうろたえ、不安を追いはらおうと譜面台を床に叩きつけた。周囲はクリスの不安を笑い飛ばし、彼には理解できないであろう質問を投げかけて挑発しようとした。「おい、クリス」と先輩の男子生徒が怒鳴った。「ペッてするのか、ごっくんするのか？〔訳注・ポルノ動画などで、口内に射精をされた女性に聞く定番の質問〕」

クリスは譜面台を何度も叩きつけながら、宙を見つめて考え込んだ。「どっちもすると思う」。質問に性的な含みがあることが理解できないクリスは、大真面目に答えた。彼はその質問を、文字通り「唾を吐いたり飲み込んだりするのか」と解釈したのだった。みんながクスクス笑い、目をそらす。クリスは全身をこわばらせた。先輩たちがしかけた会話の地雷を、自分が踏んでしまったことを理解したのだ。そのとき、いたずら者が火災報知器を鳴らした。ただでさえ騒々しかった教室に、ベルの音と生徒たちの叫び声が響き渡った。笑い声と大混乱の中、皆がドアに押し寄せる。私は胃が痛くなり、猛烈な怒りを感じたものの、しかめっつらの仮面で隠すことができた。だがクリスは教室から走り去ってしまった。クリスが校庭のトラックを息荒くダッシュしているのを、学校の管理者たちが発見した。大人たちが火事ではない、安全だよとクリスを安心させようとするのが窓越しに見えた。しかし、彼がうろたえていたのは火事のせいではなかった。騒々しさと意地悪な生徒のせいだった。クリスをなだめて中に入れるのに、小一時間ほどかかった。

クリスに障害があるのは学校じゅうの誰もが知っていたが、彼の行動に寛容にはなれなかった。学校管理者たちはうんざりしながらクリスを落ち着かせようとし、私を含む級友はクリスがぎこちなくトラックを一周している間に冗談を言っていた。私たちは皆、彼を絶望的に幼く恥ずかしい存在だと思っていた。

私はクリスの中に、ひた隠しにしていた憎むべき自分の一部を見ていたのだろう。それゆえ私はクリスを嫌った。自分はクリスより優れていると思っていた。自分は気持ちを保つことができる。神経がたかぶって精神的に弱っても、誰にもバレないという自負があった。私はクリスに嫌悪感と同じくらい、強い興味を抱いたのを覚えている。それ以来、オーケストラの授業中はクリスにくぎ付けになり、あらゆる欠点を探し出した。それは私が隠さなければならない欠点だった。私は、冷淡さと怒りの仮面をつけて、さらに徹底的に自分を覆い隠すようになった。

過剰に自分を修正してしまうマスキング

多くの仮面ASD者にとって、社会的に望ましくない性質をカモフラージュする最善の方法は、まるで正反対の自分であるかのように見せることだ。定型発達の人々や施設が嫌うように教えた自分の一部を、過剰に修正してしまうのだ。

例えば子どもの頃、支援頼りで感情表現が激しいとバカにされたASD者は、完全に自立しているように見せかけ、感情表現をしないようにカモフラージュするかもしれない。逆に、自己中心的でロボットのようだと繰り返し言われたＡＳＤ者は、親切で優しい人という仮面をかぶり、強迫的なまでに他人に尽くすか、先生のお気に入りになるかもしれない。私たちは自分を取り巻く健常者社会の価値観の多くを内面化し、その価値観を他の障害者にも自分自身にも投影している。[21]

クリスの一件以来、私は障害者であることがバレかねない自分の言動すべてを隠すことに、過剰な努力を注いだ。「キモい」「幼い」と思われるのを恐れ、熱意や強い感情を表に出すのを避けた。オオコウモリやゲームに夢中であることも口にしなかった。人前に出るときはヘッドホンとサングラスをかけ、誰の顔も見ないようにした。知力で教師たちを感心させ、ディベートでトロフィーを獲得し、成績優秀者対象の奨学金を得た。そうやってがんばるほどに、自分は他の人より優れていて、孤独なのは知性が高すぎるせいだという意識に拍車がかかった。やたらと強気で攻撃的すぎるあまり、誰も私に異議を唱えようとはしなかった。当時撮影した古い家庭用ムービーの中の私は、友人たちをあざけり、興奮や無邪気さを表に出したといって責め立てている。愛から遠ざけるだけの冷酷な振る舞いを、私は忠実に実行していたのだった。多くのＡＳＤ者と同じく、仮面は与えるものよりはるかに多くのものを自分から奪っていること、そして自分が生き続けたいなら仮面を捨てる必要があることに気づくまでは。

次の表で、よく見られるＡＳＤ者のネガティブなステレオタイプと、それをカモフラージュしたり過剰に補ったりするために使われがちな反対の性質をリストアップした。このリストを読んで、子どもの頃に奨励された特質や、避けるために最大限の努力をした特性を振り返ってみよう。

悪いことだと教えられたこと	その特性を隠すために装った性質	そのためにしたこと (空欄に自分なりの表現を加える)
・傲慢	・謙虚	・問題の答えを知らないふりをする ・事実と違うことを言われても黙っている ・「わけわかんないこと言ってるかもしれないけど」や「たぶん」といった表現で発言を和らげ、自分を確信しているわけではないように思わせる ・ ・ ・
・冷たい ・思いやりがない	・温かい ・親切	・どんな気持ちのときでも、いつも笑顔でいる ・人の気持ちを聞き、自分のことは話さない ・他人の体調が悪いときはいつでも世話をする ・ ・ ・
・うっとうしい ・騒々しい	・感じがいい ・おとなしい	・大きく感情が動くことはプライベートにとどめておく ・自分で問題を解決する ・よいことも含め、何に対しても「興奮しすぎない」 ・ ・ ・
・子どもっぽい	・大人びている	・大人や権力者の秘密の聞き役を務める ・抑制された「正しい」身のこなしをする ・「先生のお気に入り」や「小さな教授」のように振る舞い、同世代から距離を置く ・ ・ ・

・ぎこちない	・かっこいい	・すぐに上達できない活動からは身を引く ・超然として他人のことをまったく相手にしないふりをする ・脳内で会話の予行練習をしておき、苦も無く他人と話せる人間だと思わせる ・ ・ ・
・何もわかっていない ・情けない	・自立している	・何が起こっているかわからないときでも、うなずいたり笑ったりする ・きちんとしている自分を保つために、独自の習慣や「ハック」を開発している ・自分の健康や幸福を犠牲にしてでも、自分の人生が表面上では「しっかりしている」ようにつくろう ・ ・ ・
・傷つきやすい	・たくましい	・自分の要求を口にしない ・泣きたい、あるいは怒りを表明したいとき、そんな自分が恥ずかしいと感じる ・「破壊的な」感情をおぼえるたびに、心の中で葛藤している ・ ・ ・
・弱い	・タフ	・他人をばかにしたり攻撃的に振る舞ったりする ・自分が他人よりも優れていると考える ・女性的、柔らかい、優しいと社会的に考えられているものに対して嫌悪感を示す ・ ・ ・
・変わっている	・正常	・他人の好みを系統的に分析する ・他人やキャラクターのしぐさ、服装、口調などを真似る ・自分より明らかに「変わっている」人をバカにする ・ ・ ・

リストには、それぞれのマスキング戦略に付随する一般的な行動をいくつか挙げた。空欄の部分に、あなた自身の例を記入してみよう。本章の一三八ページにあるエクササイズへの回答をもう一度見直して、どのような欲求や恐れが仮面をつける必要性を作り上げたかを振り返ってみるのもいいだろう。

このような戦略をとることは、精神面に多大な影響を及ぼす。それは前述した不安、うつ病、バーンアウトにとどまらない。仮面を維持し、直面する困難を補償するために、多くのＡＳＤ者は物質乱用、カロリー制限、過度の運動、感情面での共依存、さらにはカルトへの入信といった破壊性の高い強迫的な対処メカニズムに頼る。仮面がこれまで果たしてきた役割に真摯に向き合い、仮面との決別に取り組むのであれば、仮面が持続不可能であり、いかに犠牲が大きいものであったかを直視するのが重要になるだろう。私たちは「普通」に見せるために、自分の幸せと個性を少なからず犠牲にしている。

次章では、普通に見せることがいかに有害であるかを示す研究を再検討する。それから、補償や擬態に努力を費やしてきたものの、果たして努力に見合う価値があったのか疑問に思い始めた数人の成人ＡＳＤ者の体験談を紹介しよう。

第四章

仮面がもたらす犠牲

「父は確かにＡＳＤだったと思う」とトーマスは私に語る。「父の薬物使用は、世界という刃の切れ味を鈍らせる手段だったんじゃないかな」

トーマスはプログラマーで、数年前にＡＳＤと診断された。彼は父親にとってのドラッグ同様、それまでの人生の大半をアルコールに頼って暮らしてきた。酔うことが、世界を少しでも快適に過ごしていく唯一の方法だった。

定型発達者には、トーマスは「高機能」な人に見えることが多い。しかし水面下では、いつだって爆発しそうな大きな混乱を抱えてきた。大学ではＧＰＡ四・〇を達成しかけたが、大学での人付き合いに対応できず、いきなり中退した。数年後、彼はよい仕事に就き、週六〇時間労働を維持することができたが、こっそり酒を飲み、二日酔いのまま出勤していた。パートナーはいたが、互いにほとんど口をきかなかった。家庭生活はめちゃくちゃだった。その間ずっと、トーマスはアルコールだけが自分を正気に保っていると信じ続けていた。アルコールなしでは眠れず、定型発達者の仮面をつける持続不可能な生活を支えるためには、どうしても飲酒する必要があった。やがてそうした生活が崩れ始めると、トーマスはようやく、自分（と父親）が人生を耐えられるものにするために、いつも依存性のある物質に頼ってきた理由に直面することになる。

研究によると、仮面ＡＳＤ者は強い社交不安に悩まされる傾向がある。[1] 薬物やアルコールで、そうした社交不安を自己治癒するやり方を身につける者もいる。感覚過敏をまぎらわせたり、自信のあるふりをするために、薬物に手を出すこともある。アルコールやマリファナなどの抑制剤は、自分の一挙手一投足が他人にどう受け取られるかを常に計算し続けるストレスフルな一日の後に、緊張をほぐしてくれて社会的にも受け入れられやすい魅力的な方法でもあるのだ。

仮面ＡＳＤ者は、リラックスしたり、破壊的すぎる行動を弱めたり、定型発達者の基準に合わせたりするために、万全とはいえないさまざまな戦略をとる。不安に駆られてままならない身体を落ち着かせるため、あるいは扱いやすいサイズに身体を縮めるために、強迫的な運動やカロリー制限をする人もいる。自傷行為で不安や感覚過敏を調整する人もいる。さみしさのあまり、支配力の強い集団やカルト宗教に承認を求めたり、虐待的な家族関係から抜け出せずにいる人もいる。精神医療の専門家でさえ、こうした混乱や自己破壊的行動がＡＳＤと共存しやすいことに気づいていないことが多い。

ＡＳＤ者は一日中家でパソコンに向かっているだけの引きこもりの「負け犬」であるというステレオタイプは、きわめて根強い。こうしたステレオタイプのせいで、ＡＳＤ者が自分を認識し、苦しみの原因を理解することが妨げられている。多くの仮面ＡＳＤ者にとって、虐待的な人間関係を断ち切れないパーティー好きの大酒飲みであることが、自覚せざる障害に苦しんでいるサインであるとは認識しづらい。そのようなやり方で埋め合わせをするのは、単に自分が有害で意志の弱い人間だからだと思い込んでしまいがちだ。

次に仮面ＡＳＤ者が陥りやすい問題のある対処法と、ＡＳＤ者がそのような対処法に走りがちな理由の一覧を示す。

問題のある対処法、および仮面ＡＳＤ者がそれらを選ぶ理由

問題のある飲酒行動と物質使用

・感覚過敏を和らげる
・威圧されそうな人付き合いに「酒の力を借りた勇気」で立ち向かえる
・抑制やフィルターを緩和する
・求められることがあまりに多い世界を乗り切るためのエネルギーが得られる
・感覚を刺激する
・不安や悩みで頭がパンクしそうな心を楽しませる
・自分の中にいる批評家を黙らせる

摂食障害

・日々の目標や儀式を生活の基盤とする
・空腹、運動、嘔吐などで身体的刺激を与える
・身体に焦点を当てることで、人間関係の葛藤から気をそらす
・振る舞いや外見で「善」「価値」を定義する
・ＡＳＤ者でも自分をコントロールできる感覚や自制する感覚が味わえる
・ジェンダーへの違和感や自分の身体から切り離されている感情をごまかす

離脱と解離

・あらかじめ人間関係から撤退することで拒絶を避ける
・悲痛、嘆き、後悔などのつらい感情を和らげる
・ＡＳＤ者が生まれつき得意なことだけに集中することができる
・面倒な情動・社会性のスキルを学ばなければいけないというプレッシャーから解放される
・面倒くさいと他人が思うような要求や感情を抑え込む
・限られたエネルギーを温存する

厳格なルールや信仰体系への固執

・混沌とした現実がより理解しやすく、明確に感じられるようになる
・あいまいな社会規範を具体的なルールに変えてくれる
・ＡＳＤ者でも所属可能な内輪グループができる
・スケジュールによって日々の生活が整えられ、儀式で心を癒すことができる
・「悪い人間」であるという自意識からくる自信の無さや恐れを緩和する
・今ある不公平な世界からの救済を約束してくれる

媚びへつらい、お人よし

・ＡＳＤでも褒めてもらえる
・受け入れられるという偽りの保証が与えられる
・複雑な人間関係の力学がシンプルになる
・人との交流が「イエス」と言うだけの簡単なルールに平板化される
・自分の感情や要求を無視すべきだという、ＡＳＤ者の思いこみを正当化する
・衝突を最低限に抑え、怒りを軽減する

この行動リストを一読する際は、「よい」対処法と「悪い」対処法の境界線はあいまいであることが多く、生き延びるために不完全な戦略をとってきたことを恥じる必要はないと心に留めておいてほしい。友人と出かける前にビールを飲むといった無害で有効な方法が、やがて仕事中にこっそり酒を飲むような強迫的な習慣に変化することもある。あるいは、ストレスの多いときだけ問題のある飲み方をしてしまうということもある。過度な運動は、メルトダウンしそうになったときに自分をうまく落ち着かせられる方法であると同時に、関節にダメージを与える依存症的な習慣でもある。これらははっきり二分できるものではない。仕事や住まいの維持をさしあたって優先させるため、心身の健康を無視せざるを得ないこともある。自分の障害をはっきり理解しておらず、周囲に障害者として認識されていないとき、私たちは限界までがんばってしまうのだ。

この章では、仮面を維持するために手の込んだ、時には欠陥のある戦略を用いてきた多様な仮面ASD者を紹介する。彼らは過度な運動や薬の摂取でごまかしながら社会に受け入れられようと奮闘してきた。何年間も孤立した生活を送る人もいれば、保守的な団体への所属を模索してきた人もいる。彼らは拒絶から身を守ってくれたマスキングが、本当の意味で幸せな人生を送る妨げになっていると認識するに至っている。彼らはまた、これまで満たされなかったニーズを特定するため、自身の対処メカニズムを再検討し始めている。ニーズが特定されれば、自己破壊や自己否定ではない、もっと適切な調整を行って、ニーズを満たせるようになる。

問題のある飲酒行動と物質使用

　年齢を重ねるにつれて「正気を保つ」ためにアルコールに依存するようになると、トーマスの人生は狂い始めた。トーマスはパートナーへのいら立ちを隠しきれず、別れ話が出るようになった。並行してトーマスは仕事を辞め、自殺を図った。新しい仕事のために他州に引っ越したが、その仕事もまもなく辞めた。トーマスは死への思いに取りつかれ、死だけがまったく手に負えなくなった自分という存在から抜け出す唯一の方法だと考えた。

　この頃、トーマスはセラピストから双極症と境界性パーソナリティ障害という診断を受けている。人間関係が不安定で、感情が爆発することもあったからだ。加えて、うつ状態も長引いた。トーマスは何度も断酒を試みたが、うまくいかなかった。

「アルコホーリクス・アノニマス〔訳注・アルコール依存症者が断酒を達成し、継続するための世界的な自助グループ。断酒期間に応じてコインを頒布する〕で六カ月かけて断酒三〇日間達成のコインを手に入れたよ」とトーマスは語る。「それでもまだ、僕はひどく不幸だった。再飲酒を繰り返し、死を考えていたあのクレイジーな夏に、元恋人が新しいセラピストを紹介してくれた」

　トーマスの元恋人はソーシャルワーカーで、業界団体のカンファレンスでＡＳＤについてのパネルディスカッションに参加したばかりだった。彼はあるパネリストがＡＳＤについて語ったことが、トーマスとの体験に酷似していることに衝撃を受けたと言う。そのパネリストはセラピストであることが判明し、元恋人はトーマスとセラピストを引き合わせた。

ＡＳＤとアルコール依存症が併存しやすいという実態を理解しているセラピストの助けを借りて、トーマスはようやく依存症の治療を前に進めることができた。

「これまでずっと社交不安と感覚過敏の問題を抱えてきて、それを麻痺させるためにアルコールに頼っていたんだとわかった」とトーマスは説明する。

感覚過負荷の問題

ＡＳＤ者にはありがちで、知らず知らずのうちに消耗してしまう問題に、感覚過負荷がある。前述した通り、ＡＳＤ者の感覚処理はボトムアップ型であるため、周囲の雑音や視覚的な乱雑さなどから過剰に刺激を受け、注意が散漫になりやすい。ＡＳＤの神経学的な特性は、感覚過敏やメルトダウンに大いにかかわっている。時間をかけて刺激に適応していくのは困難だ。

定型発達者の脳は、感覚に順応し、次第に慣れていく。音、匂い、手触り、視覚的な刺激に長く接するうちに、定型発達の脳はそれらを無視することを学び、気を取られなくなる。定型発達者の神経細胞は、刺激のそばに長くいればいるほど、その刺激によって活性化されにくくなる。

ＡＳＤ者の脳は正反対だ。ある刺激に長く接すれば接するほど、その刺激に悩まされることになる。[2]すでに述べたように、私たちの神経細胞は「過興奮性」でもある。つまり私たちの感覚は、髪の毛が顔にかかったり、机の上に山積みの郵便物が放置されたりといった、定型発達者が気づきもしないような小さな感覚入力に、たやすく反応してしまうのだ。[3]私たちは、環境の細かいところやささいな変化に気づくのが得意である。[4]

こうした特性は（トーマスの職業であるプログラミングのような）細心の注意を要する仕事で真価を発揮することがある。一方で、すぐ驚いたり注意散漫になったりもしやすい。[5]

ＡＳＤ者は、動揺させるような感覚情報があまりにも長い間洪水のように押し寄せると、感覚過負荷の状態に陥る。感覚過負荷はかんしゃくや発作的な号泣のように見えることもあれば、シャットダウンやメルトダウンのような形をとることもある。また、混乱のあまり質問への返答が定型文になったり、無意味なものになったりすることもある。感覚過負荷は、複雑な仕事をこなしたり、物事を理性的に考えたり、感情をコントロールしたりすることを困難にする。感覚が過負荷になると、いら立ちや絶望感でいっぱいになってしまうので、ときには自傷行為でエンドルフィンを分泌させ、自分を落ち着かせたりもする。私たちの身体は、不安を感じるとわかりやすくこわばる。このようなときに、人とかかわるのは難しい。ＡＳＤ者が強烈な感覚入力を、あたかも肉体的苦痛であるかのように体験していることは、ＡＳＤでなければなかなか気づかない。[6]

残念ながら、ＡＳＤ者が感覚的な苦痛を訴えると、大げさだとか、かまってちゃんだとか、完全に「どうかしている」と思われてしまう。ボーイフレンドには聞こえすらしないようなしつこい騒音に強いストレスを感じることが、どれほどもどかしいことなのか、私には伝えきれない。

隣人が流している音楽の音量を小さくしてもらおうと、家の中をそわそわと歩き回ったり、ほうきで床を叩いたりしている自分に気づくと、自分でも「どうかしている」と感じる。パートナーは、私がこのような話をでっちあげる人間ではないことを知っているので、親身になって忍耐強く調整しようと最善を尽くしてくれる。しかし人生で出会った多くの人たちは、私が感覚的な問題を訴えても思いやってはくれなかった。まるで私がわざわざ気を散らせて逆上することを選んでいるかのような扱いを受けた。

感覚過負荷への反応として、私は叫び、すすり泣き、抱擁を求めた。枕を殴ったことも、ヘアブラシで自分の腕や脚を叩いたことも、人前から逃げたことも、自分の頭を殴ったこともある。こういう反応はまず、社会的に受け入れられない。だから私がこれらの行動に訴えるのは、だいたいプライベートな場である。ここ数年は、メルトダウンが起こる前に防げるようになってきた。不安がふつふつと湧き上がる前に、一人で静かに過ごす時間をたっぷり作り、ストレスの多い状況から抜け出すのだ。声を出すには至らないフラストレーションを抑えていると感じたら、すぐにその場から離れればいい。しかし、ひとたび本格的なメルトダウンに陥ると、できることはほとんどない。その状況から逃げるか、エネルギーのはけ口を見つけるしかない。飲酒は、定型発達者が尊重してくれる唯一の解放弁である。依存ではなく、楽しい習慣に見せている限りは。

物質依存で感覚過負荷と社交不安を和らげる

成人ASD者の多くが、問題のある飲酒習慣や物質使用障害[7]［訳注・ある物質の使用により問題が生じているにもかかわらず、その使用を継続する行動パターン。典型的な原因として知られる物質に、アルコール、タバコ、オピオイド、大麻、カフェイン、抗不安薬などがある］を報告している。感覚を鈍らせてくれることが、そうした物質に頼る主な理由の一つである。[8]

理由はほかにもある。それらの物質は、ASD者の社交を助けてくれるのだ。常に自分の行動を注意深く監視し、調節することに慣れている場合、強い酒を飲むと警戒心が解け、一時的にリラックスすることができる。[9] 飲み会は、社会規範が緩む場である。ASDじゃない人でも、酔っぱらえば話が長くなり、相手の話をさえぎることだってあるのだ！　そのような場でASD者が変なことを言ったとしても、酔っぱらいはそのことを忘れてしまうだろう。酔っぱらいたちに囲まれている気楽さ自体が、ある種の陶酔感をもたらすこともある。残念ながら、こうした安らぎやつながりを感じるための物質依存は、急速に自分を破壊する行為になりかねない。

二〇二〇年にネットフリックスで配信されたドラマ『クイーンズ・ギャンビット』は、二〇世紀半ばに生きた架空の天才チェスプレイヤー、ベス・ハーモンの人生を描いている。ベスはASDの傾向が強い人物として造形されているキャラクターだ。[10] 無愛想で分析的で、他人の感情にほぼ関心を持たない。爬虫類のような冷たい視線で対戦相手と対峙し、チェスにまつわる事実や駒の動きを、強迫的で抑揚のない口調ですらすら語る。ASDの視聴者の大半は、すぐに彼女が同類だとわかるだろう。ベスは鎮静剤に依存しており、酒を大量に摂取する。テレビに登場する多くのASD者と違って、ベスは単なる能力の高いオタクではない。ワイルドで自由な魂の持ち主で、自分を刺激し続けるために薬物、万引き、セックスに溺れる。ベスの自己破壊的な習慣は、仮面の一部でもある。クールでワイルドに見せることで、男尊女卑的な競争相手や薄っぺらなクラスメートの目を欺いているのだ。

私にとって、ベスほど共感できるASDのキャラクターはいない。ベス（やトーマス）と同じように、私も十代から成人早期にかけて、私生活をめちゃくちゃにしながらも業績を積み上げてきた。高校時代の私は、日中酔っぱらって意識を失うことがたびたびあった。友人たちに認めてもらうために、高校の駐車場でスポーツドリンクにウォッカを混ぜて飲んでいたのだ。授業をサボり、早退の書類を偽造してオーケストラから抜け出し、しょっちゅう万引きをした。退学になりかけたときは、私に同情した学校管理者が退学書類を「紛失」したと目くばせしながら言ってくれたので、事なきを得た。私は成績優秀で、全国レベルのディベートチームの選手だったため、素行不良はさほど問題にならなかった。この態度は卒業後も変わることなく、不真面目かつ賢い自己破壊者としてのエネルギーを二〇代前半まで持ち続けた。

成人に成り立ての頃は、厄介で破滅的な恋愛をたくさんして、ニコチン、拒食症、行きずりのセックスで自傷行為に走った。それはすべて、私が中学生の頃からずっとかぶっていた、色あせた「大人」の仮面の一部だった。書類上は優秀で、クールで華やかな人生を送っていれば、誰にも「子どもっぽい」「痛ましい」などと言われるはずがないと思っていた。コーヒーにアマレットを入れ、発達心理学の授業中に飲酒して感覚の問題を隠している私のことを、誰が繊細すぎると責め立てることができるだろう。私には依存症になるほどのアルコール耐性はなかったが（すぐに吐いてしまうのだ）、もしそうでなかったら、たやすくトーマスと同じ道を歩むことになっていたかもしれない。

ベス・ハーモンの飲酒は最終的に、華やかなものから深刻なものへと変わっていく。ベスは親しい男友だちをセックスのために利用し、切り捨てる。自分をサポートしてくれる人間関係をまるごと遠ざけ、二日酔いのせいで重要なチェスの試合を失敗し、自暴自棄になって汚い家の中を酔っぱらって歩き回り、目の周りに濃いアイラインを塗りたくり、ワインをボトルで飲む。かつて社交の助けになっていた酒と自堕落な生活は、彼女の足元からこぼれ落ちていく。トーマスや私がそうであったように。しかし私たちと違って、フィクションであるベスの下降スパイラルはセラピーやＡＳＤの診断にたどり着くまでには至らない。ベスは一九五〇年代に生きる美しき天才であり、不幸な女性だ。彼女の苦しみにどう名前をつければいいか、まだ誰も知らない。

ＡＳＤ向けの依存症治療

物質使用によって満たそうとしていた身体的、感覚的、感情的、心理的なニーズを理解すれば、より有益なほかの対処法を見つけられる可能性がある。五〇〇人以上の成人ＡＳＤ者を対象とした『オーティズム・イン・アダルトフッド』誌掲載の調査によると、大量飲酒の理由として最も多く報告されているのは、社交上の理由、およびポジティブな感情を高めるためであった。[11]

アルコール依存や物質使用は、ＡＳＤをきわめて効果的に覆い隠すことができる。なぜなら、ほとんどの人がいまだに、ＡＳＤ者は家にいることを好む無口なオタクだと信じているからだ。長らく自分の障害に気づいていなかった、あるいは障害を否認してきた場合、ハイになったり酔っぱらったりすることで、苦しみをごまかし、人付き合いするエネルギーを得るということもあるだろう。例えば物質の助けを借りなければ、自分は面白い人間にも楽しい人間にもなれないと思い込んでいる人もいる。仮面ＡＳＤ者であるために（あるいは他の原因から）受けた虐待に関連したトラウマがある場合、PTSDを自力で癒やすために物質を使うこともある。研究によれば、物質使用障害がPTSDやうつ病などの精神疾患と併存している場合、ほとんどの患者は複数の連動する問題を同時に解決する統合的な治療法を好み、その恩恵を受ける。[12]

ASDは治療が必要な障害ではないが、ASD者の多くは、定型発達の世界に受け入れられずに生きてきたことに関連する精神衛生上の葛藤を抱えている。物質に依存しているASD者の場合、統合的な治療法が適している可能性は大いにある。

薬物やアルコールとの不健全な関係が疑われる場合、自分の脳タイプに合った治療法を見つけるか、ASD者の治療経験がある精神医療従事者を見つけることが重要である。認知行動療法（CBT）は、ASD者にとっては定型発達者ほどには効果がないことを示唆する研究が増えている。[13]CBTベースの依存症治療は、少なくとも修正を施さないとASD者には適合しないのだろう。二〇一九年に発表されたある探索的臨床研究では、ASD者と効果的にコミュニケーションをとる方法（ほとんどの従事者に欠けている技術）を教わった精神医療従事者による認知行動療法は、成人ASD者の物質使用障害に功を奏したという結果が出ている。[14]

残念なことに大半の医療提供者は、ASDの考え方やコミュニケーションの取り方を熟知しているとはいえない。成人ASD者に効果のある依存症治療法についての研究も、ほとんど発表されていない。成人ASD者に効果的な治療計画には、医療、住居など生活面でのニーズを満たすことに加え、支援者のネットワークに確実につなげることも含まれている。

認知行動療法のセラピストは、患者が抱える（間違ったことを言えば仕事を失い路頭に迷うといった）恐怖を、不合理なものと見なすように訓練する。しかしそうした恐怖は、ＡＳＤ者にとっては実際の経験に根ざした、完全に理にかなっている恐怖であることが多いのだ。

トーマスの場合、アルコールを控えたことで、感覚過敏や不安があらわになった。飲酒を誘発しやすい高ストレス、高刺激の仕事を続けられないことは、もはや明らかだった。現在のトーマスは、ノイズキャンセリングヘッドホンを使って感覚の問題に対処し、忙しく騒がしい環境から定期的に離れるよう自分に課している。自宅で仕事を始め、いつ不安や騒音で過負荷になっているかを認識できるようになった。ＡＳＤをカモフラージュする必要がなくなったことで、酒を飲みたいとは思わなくなった。今に至るまで数年間、トーマスは完全に酒を断っている。

多くのＡＳＤ者が物質への依存をコントロールするには、わかりやすくＡＳＤである自分に自信を持つことが必要かもしれない。これは非常に時間のかかるプロセスである。『Alcohol:An Autistic Masking Tool?』（アルコールはＡＤＳ者のマスキングツールなのか、未邦訳）[15]の著者であるジェシー・メドウズは、仮面を外すことと断酒との関係をこう語っている。

「友人ができたのは飲酒のおかげだ。アルコールは、出会いや冒険やセックスをもたらしてくれた。アルコールがないと、こういうことが難しくなるし、不可能になるものもある。それで家からあまり出なくなった。いろいろな意味で、酒を断つと自分のＡＳＤがより際立つんだ」

彼の発言の裏返しも、真実になりうる。断酒するには、よりＡＳＤ的になることを進んで受け入れなくてはならない場合もあるということだ。

摂食障害

ギフテッドの期待から逃れたくて——ドリアンの場合

ドリアン・ブリッジズはホラー作家であり、ユーチューバーでもある。彼女のYouTubeチャンネル「Of Herbs and Altars」では、二〇〇〇年代初頭のオルタナティブなファッションと文化、摂食障害と薬物依存からの回復、ASDとアスペルガーのコミュニティにおける問題などについての議論を扱っている。二〇〇〇年代初頭のドリアンは、未診断のアスペルガー[16]の十代で、人付き合いにも学校にも苦しんでいた。診断を受けずに育ったことが、自分の人生を決定的に変えてしまったと語るドリアンの動画[17]は、特に胸を打つ。

「幼い頃から直感的にわかってたんです。自分が他の人より生きづらいってことは」とドリアンは語る。「でも理由はちっともわからなかった。いつもこう言われてた。ただ怠けているだけ。ずっと怠けてばかりいるって」

ドリアンいわく、自分には明白なアスペルガー症候群の特性がたくさんあったと言う。本をむさぼるように読み、家族団らんでは一人ですみっこに座っていた。ドリアンは「類語辞典のように」言葉を使いこなし、IQテストでは好成績を収めたが、日々の授業にはついていけなかった。しかし多くの仮面ASD者同様、ドリアンは「女の子」として見られ、障害者ではなく、才能に恵まれたちょっと変な子だと思われていた。

「両親は『あなたのお子さんには何の問題もありません』と言われてた。あなたのお子さんは成功しますよ！　成功を妨げるものはなんにもありません、って」

仮面ＡＳＤ者の多くは子どもの頃、障害支援の代わりにギフテッド教育を受ける。[18] 見かけ上高い知性は、私たちをジレンマに陥れる。奇妙さを正当化するために、大きな成果を上げることを期待される。羨望《せんぼう》され、社会的に高く評価される資質を持っているため、ほかの子より支援が必要ないと思われる。本当は、誰よりも支援が必要なのに。

ドリアンはそのような高い期待の重圧や同情の欠如に耐えられなかった。それがドリアンが自傷行為を始めた理由だ。ドリアンは十三歳のときに拒食症の少女についての雑誌記事を目にして、とてつもなく羨ましいと感じた。見るからに病んでいるその少女は、愛情を注がれ、ケアを受けていた。彼女は何かに秀でていることは期待されず、ただ生きているだけでいいとされていた。

「記事を読んで思ったのは、その子が自分を死の間際まで追い込んだことで、家族は彼女を失うのではないかと恐れていたってこと。おかげで彼女には、愛と支援があふれていた。そして彼女は何も達成する必要はなかった。だって、今にも死にそうなんだから」とドリアンは語る。

ドリアンはその記事を何年も持ち続け、ほぼ暗記するまで読み返した。死にそうな姿になれば、周囲もようやく手加減してくれるだろうと期待して、ドリアンは自らを飢餓状態に追い込んだ。拒食症を肯定するフォーラムに頻繁に出入りして、摂食障害の十代の若者たちと親しくなり、ダイエット法や痩せたい気持ちを高めてくれる写真を交換した。やがて彼らは実際に会い、過食嘔吐パーティーを開くようになった。ドリアンいわく、この集まりは自己破壊的な人がいっぱいで、お互いに悪影響を与え合うことも多かったが、一方的に断罪されることのない唯一の場であり、自分の痛みを偽りなく見せられるたった一つの空間だったと言う。[19]

「ロボット」のようになりたい

私自身の摂食障害は、ドリアンの摂食障害とは動機が異なるが、ＡＳＤとのかかわりは決して小さくない。十五〜二五歳頃までの私は、「中性的」な見た目になりたくて、食べることを拒否した。中性的とは細く見えることだと信じていたのだ。過度な運動をしたのは、それが自分の強さの証しになると思ったからだ。空腹時の苦痛は、私に身体的な満足感を与えた。カロリー表示モードで『ダンスダンスレボリューション』を二時間プレイした後の脚のズキズキは、コントロールできない身体をようやく制御できたような気分にさせてくれた。

ドリアンと違って、私は自分がつらい思いをしていることを人に知られたくなかった。絶対に。私がなりたかったのは、人間の愚かしい欲求から解放された異世界の生き物だったのだ。休息するより夜遅くまで運動していたほうが時間を有効に使えると思い、徹夜を繰り返した。ディベートチームの友人に、眠ったり食べたりする人間らしさが見えない「ロボット」のようだと言われたときは、大きな勝利感に酔いしれた。私の仮面は鋼鉄だった。

ＡＳＤと摂食障害には、高い相関関係がある。[20]女性とトランスジェンダー[21]、成人後に診断がついた仮面ＡＳＤ者の場合は特にそうだ。仮面ＡＳＤ者の中には、細身でかわいい正統派の女の子になれば周囲に溶け込みやすくなると考える者もいる。精神的に自分の身体とのつながりが感じられず、身体的な欲求をないがしろにしてしまう人もいる。自傷行為として嘔吐をする人もいれば、混乱した感覚系を調整するために嘔吐をする人もいる。嘔吐で体内のエンドルフィン濃度が上がると、鎮静効果が得られ、常習癖がつきやすくなる。

ドリアンはある動画の中で、拒食症を肯定するフォーラムに参加していた友人が、カロリー消費に必死になるあまり、毎日一晩中廊下を歩き回っていたと語っている。嘔吐もそうだが、これも反復的な自己刺激行動[22]によく似ている。私の強迫的なDDRプレイは、体重を減らす試みであると同時に、ひそかに自己刺激を与える手段でもあったことは間違いない。

仮面ASD者の中には、摂食障害が与えてくれる習慣やコントロールの感覚に惹かれる者もいる。私たちは往々にして、好ましい振る舞いが何であるかを明確に決めてくれる「ルール」を求めがちだ。そういうルールを厳密に守ることで、安心して人付き合いができるようになり、価値ある人間になれるのではないかと期待してしまう。[23]

まだASDの診断がついていなかった十代の頃、私の頭の中は、常に漠然とした不安でいっぱいだった。カロリー、鏡で自分の体をチェック、体重測定。これらの具体的な目標に集中すれば、芽生えたばかりの恐怖から目をそらすことができる。自分を取り巻く肥満恐怖症の社会から、痩せていることは太っていることよりも優れたことだと学んでいた私は、そのルールを熱心に守ろうとした。ボロボロになるまで運動することで、ようやくぐっすり眠れるようになった。ネット上の摂食障害コミュニティは、私の一日を作り上げるルーティンを与えてくれたのだった。

すべてが宗教じみていた。神を信じていたわけではなかったが、毎晩『ダンスダンスレボリューション』の祭壇に礼拝し、汗をかいては氷水をがぶ飲みする。その間、脳みそは栄養不足によるもやがかかったような状態で、私の上を漂っていた。運動中毒は、周りの女の子たちとつながる手段にもなった。痩せ願望は、私が持っていた数少ない性別適合的な特性の一つだった。

臨床研究によると、神経性やせ症と診断された患者のうち、二〇〜三七％をＡＳＤ者が占める。[24]摂食障害と診断されやすい集団（女性、トランスジェンダー、ゲイ男性）において、ＡＳＤは過小診断されているため、実際の併発率はもっと高い可能性がある。

ＡＳＤに適した摂食障害治療

従来の摂食障害治療では、ＡＳＤ者の治療成績はよくない。長い入院期間が必要になり、摂食障害行動が減る可能性は低く、回復グループにおいてはより多くの抑うつや社会的孤立を経験する。[25]一方で、摂食障害クリニックや入院プログラムでは、ＡＳＤの患者を受け入れるための措置を取り始めており、期待できる結果が得られている。チャントゥリアら[26]は、加重ブランケットや感覚玩具を備え、個々のコミュニケーションの特徴に配慮するなどＡＳＤの特性に合わせた摂食障害病棟にＡＳＤ者が入院すると、入院期間が有意に短くなることを明らかにした。追跡調査からは、ＡＳＤに適した摂食障害治療がよりよい治療成績をもたらすことが示唆されている。[27]

ＡＳＤ者が摂食障害行動に走る場合、その動機は部分的ではあれ人付き合いの問題であることが多い。そのため、見せかけではなく本物らしく感じられる新しいやり方で、集団への帰属感や組織を求めるのも有益なのかもしれない。ドリアンは自身の動画で、ごく普通の小ぎれいで上品に着飾った女性のように見せようとしたときが、一番健康状態が悪かったと語っている。[28] 派手な衣装と強烈なメイクで男性的なゴスファッションに身を包んだほうが、はるかに自分の身体になじむことができると言う。また、主流派ではない「風変わりな」友だちとつるむことで、かつて拒食症グループに求めていた帰属感を得られていると語る。

ＡＳＤであることを自覚した今、ドリアンは自分が苦しむタイミングや理由について敏感になっている。もはや他の人々と絆を深めるために、強迫観念を共有する必要はないのだ。

離脱と解離

マスキングのプレッシャーに対処するために、ＡＳＤ者の多くは自分の頭の中に入り込んでしまう。ＡＳＤ者が、瓶の中に浮かぶ脳だけの存在になりたい、肉体を持たず自意識だけがある暗い霧になりたい、と言うのを何度聞いたことか。これは発達障害者がよく抱く空想だ。私たちの身体は、世界が望むあり方とは一致していないように思えるからだ。

解離――脳内自分ワールドに入り込む

解離（dissociation）もまた、入力した社会的・感覚的データをコントロールし、強すぎる入力を無視する手段である。

例えば友人のエンジェルは、周囲に人が多すぎると、彼いわく脳内「エンジェル・ワールド」に入り込んでしまい、周囲の人がぼやけて見えると言う。彼には顔がわからない親戚が何人かいるが、それは親戚の集まりでしか会ったことがないからで、そこでは誰もが泥のようにぼんやりとした形の海に溶け込んでしまう。解離しているときのエンジェルは、食事や入浴、散歩などの動作はできるが、心ここにあらずといった状態である。

エンジェルを現実に戻す唯一の方法は、休息と解放の時間をたっぷりとることだ。私の知る限り、私自身を含むほかのＡＳＤ者にとって、長時間仮面をかぶって社交をこなさなければならない状態は、解離やシャットダウンに至る可能性を高める。私は圧倒されたからといって、人が文字通り「ぼやける」ことはないものの、人の顔を注視しなくなる。そういうときは知人がいても近寄って手を振ってもらわない限り、認識できなかったり、声が聞こえなかったりすることがよくある。マスキングには認知的努力が必要で、マスキングをやめてその努力から解放されれば、そもそも離脱（detachment）を引き起こしていた過負荷の状況から逃れられるのだ。

離脱の問題点

短期的に見れば、精神的に離脱することは非常によい効果がある。多くのエネルギーと注意が解放されるので、得意な活動や興味を惹かれたアイデアに集中できる。しかし長期的に見ると、自分の内側に引きこもることで、自分のニーズを満たすのがいっそう難しくなってしまう。ＡＳＤ

者は行為を起こしているのは自分であるという主体感が希薄であるという研究結果もある。言い換えれば、ＡＳＤ者でない人に比べ、ＡＳＤ者は自分自身や自分の体をコントロールできていないと感じているのである。[29] 長らく無能さや幼さを矯正され続けたことが自己概念に影響を及ぼし、自己弁護や自己主張といった基本的なスキルを身につけるのが難しくなっているのだ。

ＡＳＤ者の身体コントロール感に関する研究がある。ＡＳＤ者と非ＡＳＤ者の双方に、コンピューターゲームの一環として、画面上のカーソルを操作させるというものだ。[30] そのゲームにはランダムなタイムラグと誤作動があらかじめ追加されており、プレイヤーがマウスの動きを完全にコントロールできないようになっていた。プレイヤーはゲームに勝つよう指示され、マウスをコントロールできていると思うとき、できていないと思うときを報告するよう求められた。

定型発達の人たちは、かなり正確にマウスの操作感を判定した。彼らはマウスの動きが自分の手によるものではなく、タイムラグや誤作動によるものだと見分けることができた。ＡＳＤ者はその違いを見分けるのに苦労した。ＡＳＤ者は両者が無関係なときですら、勝っているときは自分がゲームをコントロールしており、負けているときはコントロールできていないと考える傾向があった。とりわけＡＳＤ者は身体の動きに対する自分の意識をあまり信用していないことが、この結果につながったようだ。つまりＡＳＤ者は、自分がコントロールできているかどうかという自身の感覚よりも、数字でわかるゲームの勝ち負けのほうが信頼するに足ると考えているのだ。

これは研究室で行われたやや作為的な例かもしれないが、私たちの多くが自身を無力で、身体や世界から根本的に離脱した存在とみなす傾向があることを示唆している。私たちは、自分の知覚や識別力を信頼する代わりに、外形的な成功のサイン（試合に勝つ、他の人から褒められる）を自らの行動指針としているのだ。

心身の苦痛を見逃す――痛みへの鈍感さと失感情症

残念ながら、自分の身体から心が離れると、自己防衛のための貴重な身体的シグナルを見逃すことになる。研究によると、ＡＳＤ者のほとんどは、身体の警告シグナルに対する感覚（インテロセプション）が弱い。[31] ＡＳＤ者の多くは、自分の身体が本当は自分のものではないように感じる傾向があり、自分の内側で感じていることと外の世界との関連性をとらえるのに苦心する。[32]

例えば定型発達者なら、同僚が昼食に出ることに気づけば、身体の状況を確認し、自分も空腹であることを認識するだろう。ところがＡＳＤ者の場合、自分の考えに没頭して、同僚が昼食のために席を外すことと、自分の空腹を確認する必要性との間に関連性を見いだせないことがある。これがＡＳＤの神経学的特徴によるものなのか、マスキングや社会的プレッシャーの副産物なのかは明らかになっていない。なにしろ私たち仮面ＡＳＤ者は、自分で気づいている身体的欲求を押し殺すように社会的に条件付けされている。「変人」みたいに見えるからという理由で、部屋の中を歩き回ったり一人で歌い上げたりしたいという欲求を抑えなければならない私たちが、空腹や疲労といった体の声に耳を傾けることは問題ないと、どうして理解できるだろう。

ＡＳＤ者は感覚に敏感すぎる傾向があるが、その多くは身体的な痛みには比較的無感覚である。[33] 矛盾しているように見えるかもしれないが、ＡＳＤ者の脳は一般的に細部にこだわり、興奮しやすいという研究結果を踏まえれば納得がいく。私はシャツの裾がズボンからはみ出ていると、冷気がお腹に当たっているように感じられて耐えられない。しつこく続くちょっとした刺激は、煩わしすぎて無視できないのだ。しかし、かかとがひび割れて出血しながら何マイルも歩いたときは、ほとんど何も感じなかった。マスキングをしていると、周囲の定型発達の人たちの機嫌を損ねないように、自分の苦痛は飲み込むことにもなりがちだ。誰も感じていない不快を訴えることで、「頭がおかしい」「要求が多い」と思われかねない。こうして私たちの多くは痛みを無視するのがうまくなり、同じように自分の空腹や喉の渇きを無視してしまう。

悲しいことに、これは肉体的な痛みに限らず、心の痛みにも当てはまる。心理学者ジェフ・バードの研究によると、ASD者の約半数にアレキシサイミア（失感情症[34]）があり、感情の認識と言語化の困難を抱えている。[35]アレキシサイミアのあるASD者は、自分が苦しんでいるのは漠然と認識していても、嫉妬や恨みといった具体的な感情に落とし込むことができないことがある。その感情を抱くに至った理由を理解するのにも苦労する。こうした特性も、定型発達の人が私たちを「感情がなく浮世離れしている」とステレオタイプ化する理由の一つである。

アレキシサイミアが起きるのは、ASD者が自分の身体で感情を理解するための手段を与えられていないことや、自分の感情よりも他人の感情を優先するように教えられていることが原因の一つであると考えられる。成長過程において、私たちは定型発達者の感情とはどういうもので、どういう見え方をするのかを教わる。私たちは、他人の態度に不快や非難の兆候がないかを観察するように言われ、他人の感情に合わせて自分の行動を変える。そうすることで、より感じがいい人や従順な人になろうとする。私たち自身の表情、非言語的なシグナル、自分の身体や周囲の環境に対する認識は、定型発達者のそれとは異なっているが、定型発達者はそれらを無視することが多い。そのため、自分が困っていたり不快に感じたりしても、完全にメルトダウンする寸前まで気づかないことが多い。

仮面を取り始めるにつれて、私たちは他人の反応を念入りに警戒しながら監視するのをやめ、自分の身体と向き合えるようになる。反射的に自分を検閲することが減り、自分の不快感に気づいて尊重できるようになる。一方で、（私も含め）ＡＳＤ者の多くは、自分がどう感じているかを検討するために、一人の時間を必要とする。というのも、他の人が発する情報で気が散ってしまうからだ。例えば今の私は、会話のテーマに不快感を覚えたり、やりたくないことを誰かに押し付けられそうになったときに、その場で気づいて「やめて」と言える。しかしパニックに陥って取り乱すばかりで、数時間後、あるいは数日後まで何が問題だったのかわからない日もある。

ＡＳＤ者は自分の体に気を配ったり、自分の欲求を認識して主張したりすることに苦労することが多い。そのため、職場や学校といった社会的環境を切り抜けていくのが、とてつもなく厳しい場合がある。よく引用される統計に、成人ＡＳＤ者のうち八五％が失業しているというもの[36]があるが、より質の高い横断調査では、失業者の割合は四〇％近いとされている。[37]いくつかの調査が示唆するところでは、職場で障害を公表したＡＳＤ者の多くが後悔している。有益な調整がさほど得られず、過小評価されたり、異物扱いされたりする可能性があるからだ。[38]これらを含むさまざまな理由から、在宅でしか働けないＡＳＤ者は少なくない。デジタル系の自営業の割合も高い。[39] 在宅ワークやコンサルティングの仕事は報酬が低く、過重労働になることが多いが、フレキシブルな労働時間とプライバシーは、安定した仕事にはないものだ。

デジタルの世界に逃避

在宅ワークやデジタル作業で社会性の埋め合わせをするにとどまらず、仮面ASD者はかなりの割合で、インターネットやゲームを通じて現実から撤退している。[40] デジタル作業やゲームは、ASD者の脳にとってきわめて魅力的なのだ。ネットもゲームも、「現実」の生活より原因と結果がはっきりしている。[41] 隠された意味や表情などの非言語コミュニケーションに気を取られることなく作業を共有し、明確で測定可能な結果のみに集中しやすい。ネットを介したコミュニケーションは時間の余裕があるから、ASD者はメッセージを注意深く処理し、聞き慣れない用語があれば検索し、どう反応したいかをじっくり考えることができる。

社交や予測可能な構造を求めてインターネットを利用することは、本質的には悪いことではない。障害者は何十年もの間、インターネット上でコミュニティや共有できる体験談を見つけてきた。一方で、インターネットやゲームに過剰に溺れて依存することは、ASD者に悪影響を及ぼすことがわかっており、社会的なつながりや発達を阻害する可能性がある。[42] インターネットに時間を費やしすぎると、外の世界での交流やコミュニケーションの練習が制限されてしまう。そうなれば孤独感や抑うつ感が助長され、多くのASD者が感じている身体からの離脱をさらに進めることになる。私たちの苦しみを世界に見せないようにすることは、受け入れてもらうにあたって生産的な手段とはいえない。それに、流ちょうに会話できる感覚と有能であるという感覚を養う手段としてインターネットを使うことと、ほかに選択肢がないと感じてインターネットに引きこもることとは違う。

トーマスは、自身のASDを理解し、仮面を外すことに取り組み始めてから、自分がどう感じているかに気づけるようになり、自分をケアする方法を見つけるのが上手になったと教えてくれた。長い間、特に診断がつく前のトーマスは、自分の感情や欲望を押し殺していただけだった。「今週はエネルギーを補充できなかったことに気づいたんだ」とトーマスは語る。「いつもは夢中になってやれるデータの仕事に集中できなかった。少し日記を書いてみたらわかったんだけど、最近ガールフレンドがいつもより家にいるんだよね。彼女のことは大好きなんだけど、一日中彼女のそばにいるのは刺激が強すぎる。あくる日、天気がよかったから外で座って本を読んだ。素晴らしい気分だったよ。過反応を引き起こす刺激はどこにもなかった」

トーマスは診断が下りていなかった仮面ASD時代に、自分は単に気難しく怒りっぽい人間だと思い込んでいたことを、いまだに引きずっている。しかしトーマスは何年もかけてこの刷り込みを乗り越え、実際に自分らしい人生を構築することを学んだ。このような自己認識を築いて自分を受け入れることが、トーマスの幸福と断酒には不可欠だった。

「電車の操車場をぶらついたり大量の無駄知識を集めたりするのが楽しい。テレビを見るくらいならジグソーパズルをやっていたいね。今の自分にぴったりな人生を歩めているから、酒を飲む必要性がぐっと減った。失ったものを取り戻すには、人生が自分の価値観に合致していることが前提になる。自分が何者であるかがわかるまでは、何も合わせることができないだろうね」

このことは、あらゆる感情や欲求を包み隠す習慣があるために、反射的に現実から離脱してしまうASD者にも当てはまる。本当の自分を知らず、他人から押し付けられたルールだけで自己像が形成された状態では、快適で価値ある人生を送ることはできない。幸い、他人からの承認や社会のルールだけで作られた自己像から離れることは可能だ。後ほどそのプロセスを探り、承認を求めて仮面に縛られる人生から足を洗った人たちの話を聞くことにしよう。

厳格なルールや信仰体系への固執

仮面ASD者は、過激化した政治団体や、きわめて戒律の厳しい宗教団体、カルトなどの「支配力の強い」集団の中に構造と居場所を見いだすことがある。支配力の強い集団が、孤独で目的意識をやみくもに求める人々を餌食にすることはよく知られている。繰り返される儀式、強そうに見える仲間内の絆、「善」と「悪」を厳格に切り分けるルールは、つながりと構造を切望する孤立した人々に訴えかける。幅広い層の仮面ASD者の成人と話をしたことがあるが、そのうち一〇人以上が、非主流派の宗教団体、陰謀論団体、マルチ商法団体、その他支配力の強い団体に所属した体験を聞かせてくれた。

ASD者にこのような傾向がどれほどあるのか、実証的な研究は見当たらない。しかしながら、グリフィスらによる最近の研究（二〇一九年）では、ASD者は経済的搾取、家庭内暴力、関係性いじめ、感情操作に対して脆弱性が高いと記述されている。[43] これらはまさにカルトの特徴であり、そのような空間が私たちを魅了する理由の一部でもある。

私たちが操られやすい原因は山ほどある。ASD者は社会経済的に不安定な立場に置かれる傾向があるため、自分を不当に扱う人から逃れることが難しい。失業中や非正規雇用だと、安定を求めて恋愛相手と一緒に暮らしたり、急速に過激な宗教団体に依存したりするようになる。受け入れられたいという願望や、自分の感情を軽視する傾向も、不当な扱いを受けやすい一因となる。ABAセラピーや社会的マスキングは、素直に体制に順応するように教え込む。宗教などがもたらす正統性や行動ルールは、私たちが根拠があって「合理的」だと感じやすいものだ。

「愛の爆撃」で宗教のカモに

アメリカ西部の田舎町で育ったASD者のアンドリューは、気づいたら支配的な宗教コミュニティに誘い込まれていた。アンドリューいわく、教会員たちはすぐに彼が潜在的なカモであると見抜いたと言う。

「私は一人暮らしで、白人の多い小さな町では目立つ唯一の非白人でした。いつも悲観的で不安げにしていて、食堂で一日中コーヒーを飲んでいたんです。彼らは私に、『ただ君のことを知りたいだけなんだよ』と話しかけてきました」

アンドリューが受けていたのは、「愛の爆撃」だった。「愛の爆撃」はカルトでよく使われる手法で、新会員に過剰な愛情を注ぎ、特別扱いするものである。[44] 愛の爆撃は初めて出会った団体に対する警戒心を解き、境界線を緩めるよう仕向ける。それまでずっと社会の末端にいたＡＳＤ者にとって、突然わけもなく褒めそやされることは、気分が高揚するような出来事になりうる。

アンドリューが入会を決めると、状況は変わり始めた。教会員たちは夜遅くまでアンドリューに電話をかけ続け、疎遠になっている家族について激しく質問を浴びせた。教会の指導者の一人は、アンドリューがバイセクシュアルであること、そしてそれを教義とどのように調和させられるのかについて問いただした。アンドリューは男性とのデートをやめた。そうすれば、あらゆる質問がやむからだ。やることはどんどんふくらんでいった。週に一度だけだった教会員の子守を手伝うボランティアは、毎晩の義務に増やされた。

「このような手口にひっかかってしまった自分を、今でも責めています。彼らに銃を突き付けられていたわけではなかったのですから」とアンドリューは語る。とはいえ、それでも彼らの振舞いは支配的だったと彼は説明する。「ある日はハグして冗談を言ったかと思うと、次の日にはこちらを見ようとすらしない。そういう振る舞いを長期にわたって繰り返されることで、こちらの思考や行動が作られてしまうんです」

支配的で独善的な団体は、意義に満ちた人生と、決して離れない新しい家族を約束する。しかし実際には、複雑な期待の網の中に人々をからめとる。その間、期待に応えられなければ拒絶するという脅しがずっとつきまとう。このような団体の多くは、会員の献身、無償の労働力、寄付金に依存しているため、メンバーに自分の尽力が決して十分でないように感じさせることで既得権を得ている。アンドリューは、自分が利用されていると気づくのに数年かかったと言う。教会にいることのストレスからパニック発作を起こすようになっても、会員たちは彼がグループセラピーを受けることを「家族」に対する裏切りだと考えた。そのことからアンドリューは、教団の信仰に疑問を持ち始めた。自分がＡＳＤだと明らかになったのもこの時だった。

ここまで劇的な体験ではないにしろ、大学院生の指導教官に不健全なほど執着したり、ＮＰＯや活動家団体に何年も打ち込んだりといった経験でダメージを受けた人たちからも話を聞いた。団体の目標を心から信じていたものの、メンバー間の距離感がおかしかったり、ワーカホリックな文化に毒されていたりするのだと言う。また、自分の世界を予測可能で理解しやすいものにするために、厳格な信仰体系を自ら作りあげて遵守しようとした人もいた。自分の人生の主導権を握る手段として始めたものの、ルールが増えすぎて手に負えなくなってしまったそうだ。

ＡＳＤ者のなかには、フラストレーションをため込んだ孤独な男性に合わせて作られた極右的なオンライン・コミュニティで過激化してしまう者もいる。[45] Ｑアノン、プラウドボーイズ、ＭＧＴＯＷといった団体は、疎外され続けてきた人々に帰属意識をもたらしてくれる。そこにいれば友人ができ、実生活への影響を恐れることなくタブーな質問をして、攻撃的に振る舞えるのだ。こうしたコミュニティは、狭い話題に固執しやすいＡＳＤ者の傾向も利用している。メンバーに誤った情報を大量に浴びせ、仲間内だけに通じるわかりにくい用語を教え、ジョークやミームを使って自分たちの偏狭さを気づかせないようにする。ＡＳＤ者がこのようなサブカルチャーに深く入り込むと、そこから抜け出すのは非常に難しい。極端な信念と特殊すぎるコミュニケーションに慣れてしまうと、仕事を得たり友人を作ったりすることがそれまで以上に難しくなるためだ。

ニューロダイバースな女性やジェンダー・ノンコンフォーミングな人も同様に、「ジェンダー・クリティカル」でトランス嫌悪的なコミュニティに利用されることがある。これらのコミュニティも、同じような思想統制の手法を用いている。かつてこうした団体の会員だった作家のカイ・シェヴァースは、団体のメンバーから反トランスになる転向療法を受けたという。[46]自身の性別への違和感を検閲し、性別移行を望むことは団体や一般的な女性性への裏切りであるとみなすように教えられるのだ。私はこれらの団体についていろいろと読みあさり、「ジェンダー・クリティカル」な匿名アカウントを何年も追ってきた。そこで衝撃を受けたのが、メンバーの多くがＡＳＤであることだった。この事実は、彼らのイデオロギーの一部とさえなっている。彼らは「トランスカルト」に誘い込まれないように、ＡＳＤの女性を守っているのだ。実際は彼らこそがカルト的な存在であり、自分の性別に違和感を抱える傷つきやすい人々を探し出して、幅広いトランス・コミュニティから孤立させるために働きかけている。

支配力の強い団体に取り込まれないために

次に挙げるのは、支配力の強い団体に共通する属性をまとめたリストである。これはもともと、精神科医ロバート・Ｊ・リフトンの古典的著作『思想改造の心理―中国における洗脳の研究』で報告されていたものだ。[47] リフトンの研究は、政治犯や戦争捕虜に対する思想改造の技法に焦点を当てたものだったが、その後の研究で、アメリカの過激派グループ[48]においても同様のプロセスが発動していることがわかっている。完全なるカルトとは認定されないにしても、多くの福音主義的な信仰共同体[49]のように依然として会員に強い力を及ぼしている団体においても、このプロセスが当てはまると言う。

心理操作を悪用する手口は、マルチ商法[50]、過重労働を強いる職場、さらにはアカデミアのような自由思想の進歩的な砦であることを自負するコミュニティでさえも、より小規模な形で現れる。[51] だからこそ、ASD者が心理操作の危険信号に気づくことが重要となる。なぜなら、ASD者はそのような手法を用いる組織（さらには私的な社交集団）の標的にされる危険性が高いからだ。

支配力の強い団体に共通する危険信号

①外の世界や団体に所属していない人のことを敵視するようにそそのかす。「私たちと一緒に世界に立ち向かおう」

②団体のメンバーは、団体内での自分の立ち位置に絶えず不安を感じている。メンバーは、どんな小さなミスや失敗でも罰せられる可能性がある

③他者との間に境界線を引くことが推奨されない。人々は団体を「家族」とみなし、そのためにできる限りの犠牲を払うことが求められる

④団体の正統性に異議を唱えるような意見は口にできない。メンバーは「間違った」ことを考

えたり感じたりすることを恥と感じる

⑤批判を退けるために、同じ言葉の繰り返しや身内だけに通じる専門用語が使われる。団体のメンバーは、難しい話し合いを封じるために、空虚な決まり文句を繰り返す

むろん、ほとんどのＡＳＤ者はヘイト団体によって過激化することはない。ある人の思想が人種差別的、性差別的、トランス嫌悪的だからといって、それを障害のせいだと主張することは、障害差別的であり、倫理的にも問題があるだろう。それでも、社会からの排除やＡＳＤ的な過集中と規則遵守が、カルト的な刷り込みとどのように混ざり合い、弱い立場にある人の思考を汚染してしまうのか、私たち一人ひとりが認識することは重要である。

世界に居心地の悪さを感じていれば、居心地のよさを与えてくれるところに安心と意味を求めるようになるだろう。一部のＡＳＤ者にとって、それは自分を搾取するカルト的コミュニティにはまり込むことを意味する。私的な人間関係で搾取されていることを合理化・正当化する人もいる。強迫的に周囲の機嫌を取り、相手に合わせるという形で仮面をつけるＡＳＤ者は多い。

媚びへつらい、お人よし

メディアが作る「ムカつく天才」というイメージから逃げる

テレビ史に残る人気コメディドラマ『ビッグバン★セオリー』の登場人物シェルドンは、おそらくＡＳＤとして造形された中で最も有名なキャラクターである。シェルドンは無愛想で社交性がなく、思いやりに欠けている嫌な奴だが、物知りだからという理由で許されている。『ドラゴン・タトゥーの女』シリーズのリスベット・サランデルも、性格が悪いＡＳＤ的天才という類型を描いた典型的な例だ。リスベットはロボットのような洞察力と合理性を用いて犯罪を解決するだけでなく、人を叱責したり侮辱したりする。コメディドラマ『リック・アンド・モーティ』のリックも典型例だ。リックは孫への扱いがひどく、成人した娘の家をしょっちゅう破壊するがさつすぎる人間だが、家族全員（そして番組ファンのほとんど）がリックを尊敬している。才気あふれる大真面目な分析的頭脳で、パラレルワールド間の移動技術を発明したためだ。

現実を生きるＡＳＤ者は、「ムカつく天才」というお決まりのイメージからずっと逃げ続けている。二〇一六年に心理学者がＡＳＤ者に対する大学生のイメージを調査したところ、大学生はＡＳＤから内向的、引きこもり、「気難しい」性格を連想することがわかった。[52] こうしたＡＳＤに対するステレオタイプは、『ビッグバン★セオリー』や『リック・アンド・モーティ』のような番組が始まる前から存在していたが、番組内の描写がすでにあった偏見を強めていることは確かだろう。平均的な人が、ASDの成人と聞いて想像するイメージはただ一つだ。たいてい男性で、ぶっきらぼうで、残酷なまでにストレートにものを言う天才である。

このお決まりのイメージを体現するのを避けるため、ASD者は人当たりがよいとされるさまざまな行動を取り入れる。気難しい、残酷、自己完結的と思われないよう、できる限りのことをするのだ。「自分語りや自分の好きなことについて話すのは他人を退屈させる」「自分は社交性に欠け、人の気持ちを読み取るのが苦手だ」「感覚過敏で要求が多い自分は不平不満だらけの赤ちゃんのようだ」……私たちはこういうメッセージを内面化している。シャーロックになることを恐れて、私たちは自分をワトソンに変身させる。行きすぎなほど感じがよく、素直で、受け身になった私たちは、自分の周りにいる優れた人物が何がベストかを知っているはずだと常に思い込む。

仮面ASD者は、強迫的に人の機嫌を取りがちだ。陽気で友好的、あるいは人を脅かさない小者であるかのように自分を演出する。仮面ASD者は、心理療法士のピート・ウォーカーが「媚びへつらい」[53]と表現するトラウマ反応を起こす可能性も特に高い。ストレスへの対処は、常に「闘争」か「逃走」の二択に行き着くとは限らない。媚びへつらいは、脅威となる人物をなだめることを目的とした反応である。そして仮面ASD者にとって、社会的脅威はほぼどこにでもある。「媚びへつらい型は、自分をほとんど見せないことで、相手への感情移入や、相手からの失望を避ける」とウォーカーは記している。「自分を親切なペルソナの陰に隠し、相手の話を聞きすぎたり、相手の反応を引き出しすぎたり、相手に尽くしすぎたりすることによって」[54]

ウォーカーは、媚びへつらう人は自分の要求や他人への不快感を決して表に出さないことで、拒絶されるリスクを回避していると指摘する。だがそれは、有意義な形で人とつながれない、孤独な状態にあるということでもある。消耗も激しいだろう。仮面ASD者の多くはそもそも、フルタイムの仕事と、人付き合いや趣味の両立に苦労している。一日八時間も穏やかな仮面を維持することに力を使いすぎるせいで、他のことにエネルギーを割くことができないからだ。[55] 私たちが築く人間関係は、決して満足がいくものではなかったり、本当の自分に忠実なものではなかったりすることがある。なぜならそのつながりは、私たちが反射的に相手のニーズに応え、常に相手が聞きたいと思うことを話さなければ成り立たないものだからだ。

なぜ媚びへつらうのか

ASDの心身の健康を指導するコーチであるサミュエル・ディラン・フィンチは、ASD者が媚びへつらう理由、媚びへつらいがいかに人間関係をぎくしゃくさせるかについてたっぷり記している。フィンチ自身も媚びへつらうタイプだが、なかなかそのことに気づかなかったと言う。「僕はお人よしだ」とフィンチはブログに記す。[56]「このことに気づくには、ずいぶん時間がかかった。だって、僕は意固地な人間だから！　それに、はっきりものを言うしね！」

フィンチは、どうしてもつながりたい人がいると、衝動的に本当の自分を検閲し、相手の感情を「鏡に映す」ように自分に取り込むと書いている。「情緒的な関係に入れ込めば入れ込むほど、その人について何かを指摘しようとは思えなくなる。自分の境界線を越えられてもやめてと言えないし、相手の行動に不満を表明することもできない。とにかく関係性にダメージを与えそうなことは、何も言えなくなってしまう」

ストレスや社会的脅威に対して「媚びへつらい」の反応をしている兆候を、次に列挙する。これはフィンチの仕事と文章からヒントを得て作成したものだ。

媚びへつらい＆お人よし反応チェックリスト[57]

①誰も「本当の自分」を知らないような気がする
②どんな言い方で断ればいいかわからない
③自分に関係ないことでも、他人の感情や反応に対しての責任を感じてしまう
④納得できない物事に賛同してしまい、自分を裏切っているように感じることがある
⑤社交の場を注意深く観察し、争いが起こりそうな雰囲気を察して、争いが始まる前に止めようとする

フィンチが語る「媚びへつらいたい」衝動は、私にとって非常になじみ深いものだ。職場の同僚が事実と異なる発言をしたときなら、たやすく訂正できる。だが深く愛していた人とのモラハラ的な関係性にとらわれていたときは、彼に反論するのが怖かった。不当に扱われたと彼に言うことを考えただけで言葉がつっかえ、部屋から逃げ出したくなった。それから何年も経った今でも、人をとがめることが苦手だ。安心できる相手、受け入れられていると感じられる相手でもそ

うだ。頭ではこの人は大丈夫だとわかっていても、体が怒りの爆発を予期してしまう。

仮面ＡＳＤ者は家庭内虐待のリスクが高い。その理由の一端に挙げられるのが、少々騙されやすい、あるいは他人をあまりにも信じやすい私たちの性質である。そして私たちは他人をなだめるために、すぐに自分を変えてしまう。[58] 仮面にとらわれているときの私たちは、すべての愛が条件付きの愛に感じられる。どんな要求なら声に出しても許されるか、なかなか理解できない。他人同士の間に緊張が生じたときも、ついつい仲裁者や調停者としての責任を感じてしまう。私たちにとって、争いはとても危険なものになりうるからだ。

ミラーリングによる代償

いくつかの心理学的研究によると、常に他人を喜ばせようとしたり、自分が見たいと望む感情や反応を逆に自分自身が演じたりすることは、感情的・人間関係的に大きな代償を伴う。ＡＳＤ者によく見られる媚びへつらい戦術の一つに、ミラーリングがある。ミラーリングとは、相手のしぐさや感情を軽くまねる行為である。相手に自分と似た普通の存在として見てもらうために、相手が発しているエネルギーに合わせるのだ。

とはいえ、相手のしぐさや感情に細心の注意を払い、それをがんばって模倣するというのは、非常に認知力を消耗するし、気も散りやすい。クレシャらの研究（二〇一五年）によると、実験参加者に会話相手の行動をさりげなく模倣するよう求めたところ、模倣者は模倣した相手の感情を認識することがかえって難しくなったと言う。[59] この研究の（定型発達の）参加者は、会話相手の感情表現をうまくまねていたにもかかわらず、演技に集中するあまり、その感情表現が実際には何を意味するのかを考えることをやめていた。この研究はASD者などのニューロダイバースな人を対象としたものではないが、もし他人をミラーリングすることが精神的な労力を要し、定型発達者の共感性を低下させるのであれば、それはASD者にも当てはまる可能性が高い。それどころかASD者が自分の感情を覆い隠して他人のミラーリングに注力することで、余計に他者の気持ちがわかりづらくなっているということを、これらの結果は示唆している。

その上、ASD者は自分の感情を識別できないことが多々あるので（特にストレスの多い人付き合いの最中は）、誰かの行動に傷ついたり不快になったりしても、なかなかそのことを認識できない。その人の行動がいかに自分を傷つけたか、傷ついた理由は何なのか、振り返るには時間がかかる。ASDの性教育者で作家のスティービー・ラングは、ASD者は性的同意の交渉も難しいと感じることがあると観察している。なぜなら私たちは、何かを欲することと、誰かを喜ばせるためにそれを欲したいと思うことの区別を、必ずしもつけられるわけではないからだ。「拒絶されたくない、受け入れてもらいたいという気持ちのせいで、同意の有無が認識しづらいことがある」とスティービーは記す。「自分が本当に同意をしているのか、それとも好かれたいとか拒絶を避けたいといった理由で期待に応えようとしているのか、判別が難しい」[60]

結局のところ、マスキングとは自分の感情をかえりみず、他人の機嫌をとって社会規範に合わせることに集中する行為にすぎない。マスキングを続ければ、それを支えるためにどのような対処法を用いようとも、常に自己破壊的な価値観のもとで生きることになる。私たちは溶け込みたい一心で、アルコール、過度の運動、働きすぎ、孤立、共依存といった自己破壊的な手段を使う。しかし自分が実際に欲しているものより、社会的承認や定型発達者として「合格」をもらうことを優先させていれば、害が大きいのは明らかだ。

本当は、このような生き方をする必要はない。ＡＳＤ者はあらためて自分の声に耳を傾けることを学び、社会に押し付けられた恥の感覚にあらがうことができる。そうすれば、私たちの存在が可視化され、必要とする調整について率直に語ることができるようになる。長年にわたって反射的につけてきた自己防衛の仮面を取ることは困難で、ひるんでしまうかもしれない。しかし私たちだって、仮面の束縛から解放された人生を送ることは可能なのだ。

次章以降は、ＡＳＤの特性に合わせた生活面でのさまざまな環境調整に関する研究を検討する。続いて、仮面を取りたいＡＳＤ者を支援しているコーチや専門家の話を聞く。そして自分を受け入れられるようになり、自分を隠すように刷り込んできた圧力を疑い始めた仮面ＡＳＤ者たちを紹介しよう。

第五章

ASDをとらえ直す

基本に立ち返ろう。仮面を外すプロセスの第一歩は、自分がASD者であることを自覚することだ。自己受容や本当の自分になることへの積極的な一歩ではないように感じるかもしれないが、自分を障害者だと理解すれば、人生に対する見方がかなり劇的に変わることになる。

本書でインタビューした人のほとんどが、自分がASDであると知った瞬間、いろいろなことがふに落ちて、「自分はこういう人間だ」というあらゆる思い込みを考え直すきっかけになったと語る。ASDだと知れば、長年自分に貼り付けてきた痛々しいレッテルが、突然関係ないと思えるようになる。自分は愚かでも、無知でも、怠け者でもなく、ただ障害があっただけだ。努力が足りなかったわけでも、根本的に間違っていたわけでも、悪かったわけでもない。適した調整を受けられなかっただけ、もしくは活躍できるような方法を与えられてこなかっただけなのだ、と。

自分の立ち位置を障害者と名付ければ、長い間内面化していた問題を外部に求めることができるようになる。苦しみはどれも自分のせいではなかったと証明されるのだ。

もちろん、ASD者というアイデンティティを採用したからといって、私たちの多くがデフォルトにせざるを得なかった習慣的な擬態や補償が即座にやめられるわけではない。PTSDを患っているトラウマ体験者によく見られる過覚醒と同じく、マスキングは不確実性や社会的脅威を経験したときに、最も強く現れる反射作用なのである。確かに、自分を障害者だと認識すれば、世界が混乱して見えたり、脅威を感じることは少なくなる。しかし自分がASDだと受け入れることで、「申し訳なさそうに隠れて生きなさい」と求められることがフェアといえるのか、私たちの多くは（おそらく初めて）疑問を抱くようになる。

仮面を外すプロセスとは要するに、ＡＳＤであると気づく前は普通だと思っていた信念や行動を見つめ直すことである。それは、メディアや教育、青少年期の経験を通じて私たちが触れてきたＡＳＤ者（およびその他の障害者）に対するステレオタイプを再検討することを意味する。社会に深く浸透している価値観に疑問を投げかけ、これまで言われてきた「ＡＳＤ者はこうあるべき」像と、実際に自分が生きたい人生との間にギャップがあるということに気づく必要がある。

最終的に仮面を外すには、寛容な心で過去の自分を振り返ることが求められる。うるさい、堅苦しい、変、やりすぎだと言われてきた自分の一面が、実はまったく問題ないどころか素晴らしいもので、間違いなく愛するに値すると、少しずつでも思えるようになっていかねばならない。

ＡＳＤのステレオタイプを再構成する

「手のパタパタ」を持ちネタにする

トレバーは数年前、友人たちとオザーク山地でキャンプをしていた。全員が少し酔っぱらい、Ｔシャツでお互いを叩き合ってふざけていたところで、誰かが「イケてる前腕コンテスト」をやろうと言い出した。みんなが笑ってトレバーを見つめる。静けさが一同を包む。

トレバーは照れくさそうなそぶりを見せると、集団の中央へと気取って歩みを進めた。袖をゆっくりとなまめかしくまくり上げ、マンガから抜け出てきたようなドラマチックなポーズをとり、不釣り合いなほど大きくたくましい前腕を皆に見せつけた。みんなはオオッと感嘆の声を挙げ、トレバーのルームメイトは気を失いそうな勢いで体をあおった。

「仲間内でのジョークだよ」とトレバーは説明する。「僕の前腕は本当にデカいんだ。ポパイみたいにね。いつも手をパタパタさせているから」

トレバーはいつも手を上下にパタパタさせたり、ひらひらさせたりすることで感情を調整し、表現してきた。手をパタパタさせるのは、ASDによく見られる自己刺激行動の一つだ。これはASDのわかりやすいサインとしてよく知られており、「手を静かに」するよう訓練することは、ABAセラピーの最重要目標の一つである。[1]

手をパタパタさせることは無害で、破壊的な行動ではない。しかし定型発達者には即座にわかる障害のサインであることから、厳しく罰せられる。障害者が愚かで迷惑で制御不可能な存在であることをほのめかしたい人は、ASD的な手のパタパタをまねる。ドナルド・トランプが二〇一六年の選挙戦で、身体障害者の記者を非難しながら、残酷にも手をパタパタする動きのまねをしたのは有名な話だ。しかし最近のトレバーは、こういったよからぬ文脈を背負っているにもかかわらず、自らの手のパタパタを受け入れられるようになった。

トレバーは数年前、友人たちにASDであることを公表した。彼は現在四五歳だが、十二歳の頃から自分の障害を知っていた。診断がついたとき、母親は一生秘密にしておくようにトレバーに告げた。定型発達者が持っている能力の多くがトレバーに「欠けている」と知ったら、人々はトレバーを見くびり、排除してしまうだろうと考えたからだ。何十年もの間、トレバーは律義に自分の自己刺激行動や考えすぎる傾向を隠してきた。大学では外向的に見えるように、アドリブ演技の講義を取った。マナーに関する本を読んだり、デートを早めに切り上げたりして、疲れによって会話がままならなくなってしまうことを悟られないようにしていた。

やがてＡＳＤをポジティブに受け入れる運動が周知されるようになると、トレバーはかつての母親のアドバイスに疑問を持ち始めた。彼はredditの「r/AutismTranslated」といったフォーラムをのぞき、当事者による語りを読みふけった。「Stimtastic」というサイトで自己刺激用にデザインされた噛めるゴム製のジュエリー「チューエリー」を見つけ、自分用にこっそり注文した。

ＡＳＤであると友人に打ち明けるのは、拍子抜けするくらいあっさり終わった。

「みんなちっとも驚かなかったよ」とトレバーは笑う。「僕のことを本当によくわかってる」

打ち明ける前、トレバーはなぜ自分の前腕がこれほどたくましいのか、人に説明することができなかった。人にどう思われるかが気にかかる、自分に関するもう一つの変なところにすぎなかった。トレバーはマッチョな男性ではない。多くのＡＳＤ者[2]がそうであるように、トレバーも知り合いの定型発達者に比べれば筋肉の張りが弱かった。彼は猫背で歩き、上腕は葦《あし》のように細かった。大きなボタンアップシャツは、ＡＳＤ特有の体形を隠すのに役立っていた。

しかしひとたび打ち明けてからは、トレバーは自分のたくましい腕への称賛や冗談が気にならなくなった。トレバーは、みんながたくましい腕を本当に魅力的だと思ってくれることに驚いた。彼はもう、自分の体形や自己刺激行動について人目を気にすることはない。かつては障害を隠すために注いでいた精神的エネルギーがすべて解放され、他のことに集中できるようになった。母親に植え付けられた懸念は、まったく見当違いだったことが証明された。

ＡＳＤの特性を肯定的に言い換える

前章までは、定型発達者が目立つ障害特性を持った子どもに初めて遭遇したときの一般的な反応を振り返り、ＡＳＤに関する多くのネガティブなステレオタイプが私たちに恥の概念を植え付け、仮面をつける原因となっていることを考察した。本章ではそうした子ども時代の体験やＡＳＤ者のステレオタイプ的な特性を再検討し、それらをより中立的に、あるいは肯定的な観点でとらえることができるかどうかを考えたい。

親教育に関する専門家であるメアリー・シーディは、書籍『言うことを聞かないのは、どうしてなの？――スピリッツ・チャイルドの育て方』（サンマーク出版、菅 靖彦訳、２００２）の中で、イライラして疲れきった養育者に、子どもに対するネガティブな印象を見直すよう勧めている。[3] メアリーが一九九〇年代初頭にスピリッツ・チャイルド（気性の激しい子）という言葉を作ったとき、ＡＳＤについて特に論じていたわけではなかった。しかし気性の激しい彼女の息子が、ＡＳＤの子どもたちと多くの共通点を持っていることは明らかだ。

何十年もの間ニューエイジの親たちが使ってきた「インディゴ・チャイルド」[4]［訳注・特別な感受性を持つとされる子ども］と同じように、スピリッツ・チャイルドという言葉が漠然と指し示す行動や特性は、ＡＳＤやＡＤＨＤと大いに重なる部分がある。ＡＳＤの特性を持つ子どもの親は、しばしばわが子が他の子どもと違うことを和らげる婉曲表現を見つけようとする（あるいは発明しようとする）。レッテル回避であり、魂にまとわせる衣装のようなものだ。メアリーの場合、息子に「スピリッツ」というブランディングをしたのは、精神科医たちが息子とその将来に不名誉なレッテルを貼ろうとする態度に抵抗する試みだった。

専門家は、活発なメアリーの息子を、強情で、気難しく、頑固な子だとみなした。大きな声で叫び、刺激に対して激しい反応を示す傾向があり、従いたくない指示に反抗していたからだ。自力で調べたメアリーは、息子のような子どもについて親向けに書かれたものはすべて、養育の難しさと養育者に与える負担の大きさに焦点が当てられていることに気づいた。

一九九〇年代初頭は、ＡＳＤが家族の人生を台無しにすると一般的に信じられていた時代である。よく引用される（そして完全に間違っている）[5]当時の統計に、ＡＳＤの子どもを持つ親の離婚率は八〇％であるというものがある。[6]ニューロダイバージェンスは家族を襲う恐怖であり、障害児はそれを家庭に持ち込む存在として忌み嫌われていた。得られる情報の質の低さにがっかりしたメアリーは、活発な子どもたちの行動を非難するのではなく、好奇心を持って見守るような温かみのある情報源を作ることに着手した。

メアリーが親たちに求めたのは、子どもの「問題のある」特性をポジティブにとらえ直すことだった。子どもの破壊的な行動の多くは、自立心と意思の表れなのだ。障害擁護者のラビ・ルティ・リーガンは、ブログ「Real Social Skills」でこう書いている。「不服従は社会的スキルである」[7]。不服従が「悪い」のは、支配や制限をしたがる外部の人間の視点にすぎない。

ＡＳＤ者は共感性が欠如しているとステレオタイプ化されているが、共感性の欠如はＡＳＤではない教師やＡＳＤ児の養育者にもまま見られるものだ。彼らはＡＳＤ者の内面的な経験や、彼らの行動の背景にある動機や感情について考えることができない。従順ではない子どもを育てるのはストレスが溜まるかもしれないが、子どもを自己主張できる強く健全な人間に育てたいのであれば、子どもが自分を守り、「ノー」と言えるようにすることが重要である。

下記の表は、メアリーがあらがおうとした「スピリッツ」な子どもたちに対する古めかしく不名誉なレッテルと、彼女が勧めるポジティブな言い換え例のリストである。

古いレッテル	言い換え例
強情	自己主張できる、不屈
野性的	活動的
気が散りやすい	知覚が鋭い
好き嫌いが激しい	目（舌）が肥えている、違いがわかる
要求が多い	自分のほしいものが何か明確にわかっている
柔軟性がない	保守的、変化を好まない
人を操ろうとする	要求を満たす方法を知っている、カリスマ的
心配症	慎重
激しやすい	感情表現が豊か
質問攻めにする	好奇心旺盛、探求心がある
騒々しい	熱狂的な、熱心な
理屈っぽい	自説に自信がある、意見がはっきりしている

メアリーの表に挙げられている特性の一部は、本書で前述した否定的なＡＳＤのステレオタイプのリストにもあったことにお気づきだろうか。メアリーの本を読む前に私が作成した第三章の表は、多くの成人ＡＳＤ者からの意見に基づいて作成したものだ。多くのＡＳＤ者が好ましく思えない自分の特性は、メアリーが執筆していた三〇年前に、養育者がわが子について文句を言っていた特性と変わらないことがわかる。二つの表は互いに独立にして作られたものだが、明らかに密接なかかわりがある。

私たちが育つ過程で、多くの大人たちはＡＳＤ者のことを、騒々しく、強情で、人のことを考えず、反応が過剰で、手がかかる存在と見ていた。おかげで私たちは、自分は愛されづらい、他人にとって一緒にいるのも難しい人間なのだと、心から信じて育ってきた。

セルフスティグマからの解放

スティグマ（差別）を受けやすい属性を持つ人が、その属性に適用されるネガティブなステレオタイプを内面化している場合、研究者はそれを「セルフスティグマ」に苦しんでいると解説する。セルフスティグマは重いものだ。セルフスティグマが強い人は、自尊心が低下し、自分は他の人よりも能力が低いと考え、しばしば助けを求めることを恐れる。[8] 心理学者は何十年もの間、うつ病や不安症、統合失調症といった精神疾患を持つ人のセルフスティグマを軽減する方法を研究してきたが、ＡＳＤ者のセルフスティグマを軽減する方法に関する研究は基本的に存在しない。わずかにある既存の研究は、ＡＳＤ児のいる健常者家族が、障害者と血縁関係にあることを恥と感じないようにするためのものである。[9]

ＡＳＤ者のセルフスティグマ軽減を検討した研究はほとんどない。そのため、他の集団における内面化されたステレオタイプの取り扱いに関する情報に目を向ける必要がある。コリガン、コジルク、ラッシュによる報告（二〇一三）では、さまざまな精神疾患・障害を持つ人々にとって、自分の疾患・障害を堂々と公言し、自分のアイデンティティの重要な一部として提示することは、セルフスティグマの影響を軽減するのに役立つと結論付けている。[10]

マルティネス＝イダルゴらによるもっと最近の実験的研究（二〇一八）は、スティグマ化された精神疾患・障害を持つ人と定型発達の会話パートナーをペアにして、ワークショップを行うものだ。参加者は、メンタルヘルスだけでなく、創造性などのテーマについても話し合った。[11] 介入終了時、精神疾患・障害を持つ参加者は、自分の症状を恥じる気持ちが減ったと報告している。また定型発達の会話パートナーが抱いていた精神疾患・障害を持つ人に対する偏見も、やや軽減している。この実験の参加者は他の脳タイプを含む多様な人々ではあるものの、何人かのＡＳＤ者が含まれており、結果は有望である。一般的にほとんどの研究は、自分の障害を誇りに思うことは、他人の感情に大きな影響を与え、周囲の定型発達者の態度を変えうることを示している。

仲間の仮面ＡＳＤ者たちが、自分の特性を誇りに思っている様子を目の当たりにすると、私は心強く感じる。子どもっぽさ、わがまま、強情、ロボット的。それはかつてひどく憎み、嫌悪するように教え込まれた特性である。別の角度から見れば、子どもらしくあることは喜びであり、好奇心に満ちているということである。わがままは、自分を守るために不可欠なスキルである。

インタビューに答えてくれたある人は、頑固さと明確なモラルを持っていたおかげで、自社の顧客情報の扱いが個人情報保護法に違反していると知ったときに内部告発者になれたのだと話してくれた。嫌われている人、社会の動向に逆らうことに慣れている人ほど、不正について声を上げ、内部告発する傾向が強いという研究結果もある。[12]

敏感さが仕事に役立つ

第二章で紹介した、「ジェンダーができそこない」と言われてきたボビイは、自分が持つ軽率さと敏感さのユニークな組み合わせこそが、本当のスーパーパワーなのだととらえられるようになったと語る。ボビイは作業療法士として、幼い子どもたちに接している。ボビイは自分の過去の経験やＡＳＤのおかげで、イライラしている子どもたちと自然に心を通わすことができると言う。

「敏感すぎるとか、物事に対する反応がおかしいとか言われると、子どもたちはすごく混乱してしまう。でも、敏感なのは悪いことじゃない。金属探知機なら、敏感なのは素晴らしいと言われるでしょ。爆弾探知犬だってそう。道具には敏感であってもらいたいと、みんな思ってる。それなら周囲にある感情的な爆弾を嗅ぎ分けられるのが、なんで悪いことになるの？」

ボビイは子どもの頃から感情に敏感だった。家族は、ボビイが感情操作、ネグレクト、虐待を巧みに察知することを嫌がった。「敏感さ」は注意深さと識別力の表れであるにもかかわらず、冷たい目で見られてしまう。人々が見せたくないものを察することにたけているせいだろう。現在のボビイは、その敏感さが重宝される場所にいる。ボビイは敏感さを使って子どもたちの痛みを認識し、共鳴することで、子どもたちを支援しているのだ。

ＡＳＤ者の体験の中には、どうとらえようとも不快としか言いようのないものもある。胃腸の問題はつらいものである。感覚過敏は間違いなく苦痛だ。ＡＳＤ者の多くが（私も含めて）、こうした障害の特徴を不快に思うのはきわめて当然のことである。しかし、ＡＳＤに関連する性格特性や思考様式、感じ方が、生まれつき悪いということはない。普段私たちは、自分たちはダメで、未熟で、残酷な人間だというメッセージを内面化している。だがそれは、周囲の定型発達者が私たちの特性を適切な観点から見る手段を欠いていただけなのだ。

特性を自分の視点でとらえ直す

次ページの表は、第三章で検討したＡＳＤ者の「ネガティブ」な特性を、ＡＳＤ者の視点に重きを置いてとらえ直したものである。あなた自身のとらえ直しや、自分の「最悪」の特性がいかに最高の利益をもたらしてくれたかについて、自身の例を加えてみてほしい。

ＡＳＤのステレオタイプをとらえなおすエクササイズ

私はこう言われた	だが現在の私はこうだ	自分のその性質に価値を見いだしている理由
・傲慢	・自信がある ・信念をもっている ・自立している	・正しいことのために立ち上がることができる ・問題について最初に声を上げる人物になることが多い ・他の人のためにポジティブな手本を示すことができる ・ ・ ・
・冷たい ・思いやりがない	・分析的 ・合理的 ・思慮深い	・他の人が見落としていることに気づく ・他の人と違ってその場の雰囲気に流されない ・他の人には見えない、つながりやシステムに気づくのが得意だ ・ ・ ・
・うっとうしい ・騒々しい	・熱心 ・活動的 ・率直	・自分の要求を伝える力が高い ・他人の活力を高められる ・幸福感が強く、物事のよいところを見つけられる ・ ・ ・
・子どもっぽい	・好奇心旺盛 ・偏見がない ・陽気	・学ぶのが好きで伸びしろがある ・およそ人間が経験しうるあらゆる感情を知っている ・生活の中のささやかなことに喜びを感じられる ・ ・ ・

私はこう言われた	だが現在の私はこうだ	自分のその性質に価値を見いだしている理由
・ぎこちない	・自分を取り繕っていない ・ユニーク ・人混みにまぎれない	・自分にとって困難なことは、おそらく他の人にとっても支援が必要だ ・私の世界の歩き方は、まったく独自のものだ ・不公平な基準には合わせない ・ ・ ・
・何もわかっていない ・イタい	・内省的 ・偉ぶらない ・弱さを隠さない	・私たちは皆お互いを必要としていることを認識している ・必要な助けを求める方法を知っている ・人とのつながりを大切にする ・ ・ ・
・敏感	・知覚が鋭い ・他者の感情に共鳴できる ・思いやりがある	・不当な扱いにすぐ気づく ・その場にいる人たちの感情を把握できる ・自分の感情や他人の感情を察する ・ ・ ・
・変わっている	・オンリーワン ・開拓者 ・型破り	・世界をより大きな広い場所にする ・古い慣習や不公平なルールにあらがう ・自分の人生をどう生きるべきかについて一番わかっているのは自分である ・ ・ ・

定型発達者が不都合だとか不気味に感じる特性が、同時に私たちを作り上げる一部であり、安全を守ってくれるものであることは珍しくない。部外者の視点ではなく、自分の視点とニーズを軸に自分の障害をとらえれば、このことは明らかだ。気性が激しく、騒々しくて、何かに夢中で、信念を持ち、変わっていることは、実は悪いことではない。これらの特性は、私たちのユニークなあり方を考慮しない健常者によって設計された制度にとって、不都合というだけなのだ。

しかし、私たちが自分の脳タイプを受け入れるように働きかけ、ＡＳＤのアイデンティティを誇る私たちの声が大きくなれば、より多くの制度が変化せざるを得なくなるはずだ。そうなれば、私たちだけでなく、これまでずっと閉め出されてきた人々も受け入れられるようになるだろう。

仮面を取る過程で効果のあるもう一つのステップは、情熱と特別な興味の対象を取り戻すのを学ぶことだ。私たちの多くは、苦痛や不快のみならず喜びも含め、あらゆる感情を長年押し殺してきた。特別な興味の対象に楽しく没頭し、ＡＳＤならではの過集中できる能力を謳歌することで、私たちは自分の脳タイプを恥の印ではなく、素晴らしさの源とみなせるようになるだろう。

特別な興味を謳歌する

ピート・バーンズが好き――クララの場合

クララは一九八〇年代のニューウェーブやポップスのミュージシャンに夢中だ。寝室は床から天井まで古いレコードで埋め尽くされ、壁には彼女が生まれた一九九三年よりはるか前のコンサートのポスターが貼られている。リンゴ飴みたいに赤い髪をしたクララは、厚革の厚底ブーツ、破れたケミカルウォッシュのジーンズ、濃いピンクの口紅、ゆったりとした中性的な黒いアシンメトリーシャツを着ている。一番好きなのは、大ヒット曲〝You Spin Me Round (Like a Record)〟で知られるバンド、デッド・オア・アライヴの故ピート・バーンズだ。彼女はピートに何度も会ってサインをもらい、彼が出演したコンサートの動画、インタビュー、リアリティ番組をすべて見ている。

クララはピート・バーンズにASD的な特別な興味を抱いており、推すことに大きな喜びを感じている。クララは本当に好きな人ができると、ピート・バーンズが大量に美容整形を繰り返したこと、メディアで論争を招いたことを列挙して打ち解ける。彼女が腕を動かすと、Tシャツの袖の下からピート・バーンズの顔のタトゥーがのぞく。

数年前にカレッジ進学で引っ越したクララは、ピート・バーンズへの執着を新しいクラスメートに隠すことにした。「正しい」スタートを切りたかったし、歌手でリアリティTVスターであるピート・バーンズにこだわりすぎることで、不気味がられたくなかったのだ。だから新居にはレコードもポスターも持ち込まなかったし、タトゥーは長袖のセーターで隠した。口をつぐみ、仮面をつけてしまうと、友だちを作るのがとても難しいことにクララは気づいた。

そんな状態が一年続くと、クララはひどく落ち込み、無気力になった。散々な成績をとり、食欲もなくなった。両親の勧めもあって、クララは幼い頃に住んでいた家に近い学校に転校した。「毎日が空虚だった」とクララは語る。「どこにも着地しない日常が、ただ通りすぎていくだけ」

ピート・バーンズのすべてのグッズがある寝室での生活に戻るためだ。自分と同じくらい音楽やオルタナティブ・ファッションに熱中しているネット上の友人たちと再びつながると、クララの生活は少しずつ好転していった。

「まるで生き返ったみたいだった」とクララは語る。「植木鉢の草花が陽の光を浴びて立ち上がるみたいにね」

特別な興味の対象

特別な興味の話となると、ASD者の脳はスポンジのように事実や数字を吸収する。そのスピードは、定型発達者には人間離れしているように見えるくらいだ。だいたいどんなものも、ASD者の興味の対象になりうる。クリンゴン語を流ちょうに話せるようになる人もいれば、ルービックキューブを解くアルゴリズムを記憶する人もいる。私の妹の脳は、映画のトリビアや名台詞がぎっしりつまった映画事典だ。私自身の特別な興味は、コウモリの生物学からチューダー朝の歴史、個人資産管理、いわゆる男性の権利活動家が運営するＲｅｄｄｉｔのサブフォーラムまで、あらゆるものに及んでいる。

『精神障害の診断・統計マニュアル』（ＤＳＭ）では、ＡＳＤは興味の範囲が「制限」されていると定義されている。しかしＡＳＤ者の中には、数カ月ごとに興味の対象を切り替え、さまざまな分野に精通する人もいる。もちろん、生涯にわたって一つのことに没頭する人もいる。私たちは何に特別な興味を抱くかをコントロールできないし、自在に興味を弱めたり強めたりすることもできない。夢中になる人物やテーマに選択の余地はなく、必ずしも自分の価値観や信念を反映しているわけでもない。だからこそ、元同級生のクリスはいじめられても第二次世界大戦に夢中であり続けたのだ。私の場合は、道徳的に忌まわしいと思われる人物やムーブメントに倒錯した興味を抱くことがよくある。人によっては心をかき乱されそうなこと、例えば反トランスなブログを何時間も読み続けるような行為に夢中になってしまう。私はそのようなテーマを研究することにエンパワーメントされ、得るところが多いと感じるのだ。

特別な興味の効用

ＡＳＤ者は、特別な興味を掘り下げる時間を持つことで、元気が回復し、刺激を受けると感じている。成人ＡＳＤ者の生活を調査した研究では、特別な興味に取り組むことは、主観的幸福感と明らかに関連していると示されている。[13] 過度の執着の対象を十分理解できるようになると、私たちは幸せな気持ちになり、人生に満足できるようになる。

しかし長い間、定型発達の研究者たちは、特別な興味は「規則正しい」生活を妨げる障害とみなしてきた。ＡＢＡのセラピストは、特別な興味を話題に出したら関心と愛情を示さないという罰を与えることで、ＡＳＤの子どもが趣味の話をしないように訓練する。[14] これによりＡＳＤ児は、深く掘り下げる喜びを隠し、情熱を育てることを避けるようになる。

特別な興味について話すＡＳＤの子どもを罰することは、おそらくＡＢＡセラピーの中で最も独断的で残酷な要素であろう。たいていの子どもには、何かに熱狂的な興味を持つ時期がある。大人だって、強い情熱を注げる対象があれば、人生に大きな意味と喜びが生まれる。のみならず、同好の士とつながる機会にもなる。だがＡＢＡセラピーの基本思想は、狭苦しい社会基準を強化し、ＡＳＤの子どもたちにそれを押し付けることである。そこには、子どもたちを高いレベルで社会に順応させれば、「安全」に保てるという期待がある。ゲームやマンガ、野生動物に熱中しすぎるのは、社会ではしばしば子どもじみている、あるいは偏っているとみなされる行為となる。だからＡＳＤの子どもは、熱中を隠すことが求められるのだ。

興味深いことに、興味の対象に熱中している成人がバカにされるのは、その興味が「変」すぎたり、業績を積み上げたり大金を稼いだりする機会に恵まれない場合だけだ。週八〇時間労働を日常的にこなせる人は、仕事に熱中しすぎているとか取りつかれているといった理由で罰せられることはない。その勤勉さは、むしろ称賛されるだろう。就業後にプログラミングを学んだり、ジュエリーを作ってＥｔｓｙで売ったりする成人は、起業精神があるとみなされる。

しかし楽しいだけで金銭的な利益を生み出さないことに自由時間を費やす人がいれば、うわついている、みっともない、さらには自己中心的とみなされかねない。この件でASDの子どもに課せられる罰則が、もっと大きい社会問題を反映していることは明らかだ。つまり、楽しみや非生産的な遊びの時間が評価されないという問題である。ある人が「不適切な」ことに夢中になると、仕事などの「立派な」責任に集中できなくなるとみなされて、水を差されてしまう。

ASD児が特別な興味を楽しむことを妨げられると、精神面での負担は計り知れない。特別な興味を持ち、それを表現する自由を持つことは、社会性、情緒性、運動能力の発達にもつながる。[15] テティら（二〇一六）によるASDの若年成人を対象とした調査では、多くの人が特別な興味を持つことで、感情認識スキルや対処方法を発達させていることがわかっている。[16]

これはファンダム［訳注・特定のアーティストや作品などのファンによって形成される社会］やオタク系コミュニティでよく見られる現象だ。特別な興味を共有するニューロダイバースな人々がお互いを見つけ、交流する。ときにはその過程で、仮面を取れるようになる。インターネット習慣に関するジョンソンとコールドウェル＝ハリスの研究（二〇一二）では、ASDの成人はASDではない集団よりも多種多様な興味を持っていることがわかっており、ASDの成人はSNS上で会話を求めて自分の興味に関する投稿をすることが、定型発達者よりはるかに多いと言う。[17]

ASD者はまた、趣味を中心とした多くのファンダムやイベントを支える存在でもある。私たちは同じ趣味を持つ人と交流できる場を見つけ、作り出すことに多くのエネルギーを注いでいる。オタク的なファンが集まる場は、社会規範が緩み、打ち解けた空気になりやすい。特別な趣味は、私たちが外向的で博識な人間になるのを助けてくれるのだ。

特別な興味を振り返る質問リスト

二〇二〇年、ASDの活動家であるジャージー・ノアは、一週間にわたってSNSに投稿するための質問リスト「スペシャル・インタレスト・ウィーク(特別な興味ウィーク)」を公開した。これは、ASD者が自分たちに喜びをもたらしてくれるものについてあらためて考え、発信する助けとなることを目的としたものである。ASD者のネット投稿は、実生活の不満であったり、排除や誤解をされた経験に焦点を当てたものが多い。ASD者が一般にネットで期待されるのは、ASDではない人に自分たちの脳タイプの実態を教え、人々に刷り込まれた(そして私たちに投影してきた)誤った情報を否定することである。ジャージーは、ASD者にこうした教育的な感情労働から少し離れてもらうために、スペシャル・インタレスト・ウィークを作り出した。

これは実質的には、アンチABAセラピーの一種といえる。ニューロダイバースな人々が、定型発達者からの期待や要求を気にすることなく、自分のこだわりを好きなだけ大っぴらに語ることを促したのだ。

私はASD者向けポッドキャスト「クロニック・カップル」を主催するマットとブランディ・ハベラーらASDのクリエイターたちから何度も相談を受けているが、ジャージーが「スペシャル・インタレスト・ウィーク」を作る際も相談を受けた。最初に「スペシャル・インタレスト・ウィーク」がインスタグラムでハッシュタグ「#AutieJoy」とともに実施されたのは、二〇二〇年一〇月である。何百人ものASD者が参加し、帽子のコレクション、ゲームの戦績表、ビーズで作ったイヤリングの写真が投稿された。他人の投稿を読み、自分も偏愛のおかげで人生がよいものになったと人に伝えるのは、大いなるカタルシスだった。

次ページに挙げるのは、ジャージー・ノアの「スペシャル・インタレスト・ウィーク」の質問をアレンジしたものである。プライベートで、またはブログやSNSで、あなた自身の情熱について、それがあなたにとってどんな意味を持つのかについて、振り返ってみてほしい。

スペシャル・インタレスト・ウィーク[*18]
ＡＳＤ的な喜びを振り返る７つの質問

一週間、毎日一つずつ答えてみよう。空欄をいたずら書きで埋めてもいいし、好きなものについて書いてもいいし、特別な興味に関連する写真を貼り付けてもいい。特別な興味を思い出させてくれる具体的なものを探索してみるのもいいだろう。例えば、昔好きだったレコードを聴いてみたり、コレクションが入っている古い引き出しを整理してみたり。ＡＳＤ的な喜びを力強く感じられるものなら何でもかまわない。

【1日目】これまでの人生で最も古い特別な興味は？	
【2日目】最近特別な興味を抱いている対象は？	
【3日目】時間の経過とともに変化または成長した特別な興味は？	
【4日目】収集している、あるいはコレクションとして手元にある特別な興味は？	

【5日目】人生に最も影響を与えた特別な興味は？	
【6日目】誰かと共有している特別な興味は？	
【7日目】最終日は特別な興味を受け入れ、祝福しよう。特別な興味が人生にもたらしたポジティブなことは何だろう？	

自分の特別な興味を振り返ることで、ウキウキした気分になったり、力や希望が湧いてきたりするかもしれない。「はじめに」に掲載したヘザー・モーガンのエクササイズも、それを目的として作成されたものだ。

マスキングとは、自分の口をふさぎ、定型発達者の期待に行動を支配される行為である。それでは、自分の核となる価値観にたどり着くことはできない。自分を幸せにしてくれるもの、刺激してくれるもの、生き生きとさせるものは何かを掘り下げると、本当の自分とは何か、自分の人生はどうあるべきかが見えてくる。次節では、以前のエクササイズで見つけた「重要な瞬間」を見直していく。その瞬間から、私たちが何者であり、何を最も大切にしているのかを見つけていこう。

自分の価値観を再発見する

「ＡＳＤ者は自分たちに向けられるたくさんのメッセージを内面化しています。『そんなことは許されない』『いつまでたってもちゃんとできない』『自分のルールはほかの人とは違う』とかね」とヘザー・モーガンは語る。「でも私たちは、これらのメッセージを、解体することができるんです。『じゃあ私の価値観は、それについてどう思ってるの？』と自分に問いかけることで」

ヘザーは長い間、他の人々が従うことになっているルールは、自分に適用されるルールとは根本的に異なると考えていた。ヘザーは定型発達者の描いた線の中に収まろうとしたものの、その努力はすべて失敗に終わったように思われた。彼女に与えられた指示は、人々が実際に（暗黙のうちに）彼女に求めていたものとは一致せず、そのことはヘザーの感覚を麻痺させた。

やがてヘザーは、他人に何を求められているかに注目するのをやめ、自分の価値観に基づいて人生を歩もうと心に決めた。それは、ヘザーが初めて「自分の価値観に基づく人格統合」エクササイズを開発しようと思った瞬間だった。今ではそのエクササイズを用いて、多くのＡＳＤ者を導いている。

五つの重要な瞬間から

「はじめに」で、これまでの人生で本当に生きていると感じられた「重要な瞬間」を五つ思い浮かべるというエクササイズをやってもらった。これは価値観に基づく人格統合のプロセスの第一段階である。その目的の一つは、自分の直感や欲望を信頼する感覚を養うことだ。

それぞれの思い出にまつわる感情や独自の要素は、あなたが人生で最も大切にしているものを見つけ出す助けにもなるだろう。自分が何を大切にしているかを明確にするために、これらの思い出を振り返り、その一つひとつがなぜ特別だったのかを正確に言語化してみよう。

「五つの体験を書き終えたら、読み返して、それぞれの体験を説明するキーワードを見つけてください[19]」とヘザーは書く。「ほとんどの体験談には少なくとも二つか三つのキーワードがあり、体験談を通して繰り返し出てくるキーワードがいくつかあるはずです」

例えば、重要な瞬間として思い浮かんだのが、自分の結婚式の日だったとする。その日、特に心に残ったことは何だったのか。愛する人たちに囲まれていたことだろうか。それともパートナーとのつながりを感じたことだろうか。楽しかったのは注目されたことか、それとも祝福されたことか。その日を特別なものにしたのは何か、価値判断抜きで考えてみてほしい。複数の思い出に何度も出てくる言葉があったら、その言葉に注目しよう。もう少し掘り下げて、抽象的な価値を表す言葉（つながり、家族、創造性、寛大さなど）を使って、その体験を表現してみよう。

自分の価値観に基づく人格統合 *20
自分が何に価値を見いだしているかを突き止める

このアクティビティを完成させるには「はじめに」で記入した「自分の価値観に基づく人格統合」のエクササイズを参照する必要がある。

思い出を見直し、それぞれの瞬間を説明するキーワードと、それがあなたにとって特別だった理由を挙げてみてほしい。体験談にはたいてい少なくとも二つか三つのキーワードがあり、いくつかのキーワードは体験談を通じて繰り返し出てくるだろう。自分の気持ちを本当にとらえる言葉を見つけるまで、いくつでも挙げてみてほしい。

瞬間①	この瞬間が特別だった理由を説明するキーワード
瞬間②	この瞬間が特別だった理由を説明するキーワード
瞬間③	この瞬間が特別だった理由を説明するキーワード
瞬間④	この瞬間が特別だった理由を説明するキーワード
瞬間⑤	この瞬間が特別だった理由を説明するキーワード

ここで挙げたキーワードのうち、どれが一番重要、あるいは心に響く言葉か見極めよう。グループ化できる言葉があるか、あるいは自分の価値観を一言で言い表せる言葉があるか、確認しよう。ここにキーワードをリストアップし、分類してもよい。

重要な思い出と、それを言い表すために自分が用いた言葉は、自分にとって何が一番大切なのかを理解する手がかりになるだろう。また、今の生き方がこれから築きたい人生とどう違っているのかを考えるのに役立つ。

私の重要な瞬間

この作業でどういう結論が導き出されるかを説明するために、私自身の重要な瞬間を一つ紹介しよう。二〇一九年の夏、私はシカゴのリグレービルを歩いて自宅に向かっていた。ここは野球チーム「シカゴ・カブス」の本拠地球場リグレー・フィールドがあり、スポーツバーがずらりと並ぶ。ちょうどパブ巡りイベントの真っ最中で、たくさんの酔っぱらいがバーからバーへと渡り歩いていた。静かな脇道を足早に通りすぎようとしたところ、見るからに酔っぱらってふらついている男性から逃げようとしている女性を見かけた。女性は会釈しながら立ち去ろうとしていて、ひどく困っているように見えた。男性はよろめきつつ彼女に近づき、関心を引こうとしつこく呼びかけ続けた。私は立ち止まり、通りに出て二人の後を追いかけることにした。

私はしばらくの間、女性が男性と距離を置こうとしているのを見守った。男性は女性の前に立ちはだかり、質問を浴びせ続けている。なだめすかすように振る舞う女性。男性は執拗に女性の肩に腕を回そうとし、女性は男性の下をすり抜けようとする。しばらくして、男性がエスカレートして女性の腰に手をやったのが見えた。女性は体をこわばらせる。男性の手は彼女のジーンズの尻の下へ。私の衝動にスイッチが入った。

「おい、その女性にちょっかいを出すんじゃない」と私は叫び、二人のところへ近づいた。男性が手を止める。「彼女を放しなさい」

男性は目を血走らせながら私を振り返り、ゆっくりと言い放った。「関係ないだろ」

「触るのはやめなさい」私は威圧するような低い声で言い、女性と男性の間に私の体をねじこんだ。「彼女が向こうにいくまで、私と一緒にここにいなさい」

男性は私に向かって顔をゆがめ、歯切れが悪そうに言った。「二人きりにしてくれよ」

「いや、ダメだ。彼女から離れなさい。彼女が遠くに行くまで私と一緒にここにいよう」

男性は見るからに怒っており、一瞬、殴られるかと思った。だが、恐怖はなかった。自分は状況を完全にコントロールできていると感じていた。私は男性にじっとするように言い続けた。もはや私の声は近所の人たちに聞こえるくらいフルボリュームになっていた。男は間違いなく激怒していたが、私と一緒にその場にいた。私を睨みつけ、威嚇するように揺れながら。半ブロックほど離れたアパートにその女性がたどり着き、ドアを閉めて鍵をかけるまで、男性はその場から動かなかった。

一件落着すると、私はその男に「さっさと立ち去りなさい」と告げた。「反対の方向に歩いていくんだよ」私は彼がいなくなるまでじっとしていた。

私のこれまでの人生はおおむね、勇気と目的の明確さに欠けていた。行動をためらい、あれでよかったのだろうかと後悔し、誰かを困らせるのではないかと不安になる。自分は状況を読めないとか、身の回りの不公正を解決する力がないとか、たびたび自分に言い聞かせてしまう。さらに私は、他人の幸福よりも自分の幸福を優先する傾向がある。自分を大切にしてくれる人なんかいないと信じていたせいだ。しかしこのときの私は、そのような疑念や臆病さとは無縁だった。ぎこちない振る舞いだろうが、自分が傷つく可能性があろうが、私は正義のために立ち上がった。私は判断を下し、素晴らしいＡＳＤ的な傲慢さを利用して、主導権を握ったのである。

仮面をつけているときの自分は、おどおどと笑みを浮かべていて、度がすぎるほどに控え目な人間であることが多い。あのときの強くて自信に満ちていた自分と、仮面をつけている自分と対比すると、自分の価値観がどこにあるのか、仮面がいかに本来の自分であることを妨げているのかがよくわかる。「変な人」「失礼な人」と思われることを恐れていると、他人だけでなく、自分のことも裏切ってしまう。自分を守ることばかりに気を取られていると、自分の強さ、他人を気遣うことの素晴らしさを忘れてしまう。私はこの経験から、他者を守ること、信念を持つこと、勇敢であることを、なじむことや目立たないことよりも大切にするようになった。一方で、とにかくそういう欲望に負けてしまうことも、自分にはよくあることなのだともわかった。

自分の価値観に耳を傾けると、人生は充実し、有意義なものになる。自分がより強くなったように感じ、行き詰まることも減る。この記憶はまた、自分の信念に従って生きるのを助けてくれるのは、仮面ではなく自分のＡＳＤなのだということを教えてくれた。私が女性に歩み寄って助けられたのは、状況を気まずくすることをいとわず、攻撃や脅しに直面しても一歩も引かないほど頑固で強硬だったからだ。このような性質ゆえに、定型発達者にとっては不都合な存在になることもある。しかし時には邪魔をすることこそが、まさしく正しい行動になることもあるのだ。

自分のＡＳＤと過去に感謝する

本章ではここまで、ＡＳＤや自分自身について内面化した不当な思い込みを見直すことに取り組んできた。この過程は力を与えてくれると同時に、いささか憂うつを伴うものでもある。仮面をつけていた「無駄な」年月を振り返り、羞恥心や周囲のジャッジによって自分を作り上げてきたことを後悔することもある。そのような厄介な感情を克服するには、好きなだけ自分に感謝し、ＡＳＤがあなたの人生に与えてきたポジティブな影響を評価することが有効だ。定型発達の世界でＡＳＤ者でいれば、心に傷を負うことも多い[21]。仮面を強いられるのは本質的に、社会からの虐待に等しい。人生がもっと違ったものであったらよかったのに、あるいはこんなに苦しまない人生だったらよかったのに、と思うこともあるかもしれない。しかし起こったことの責任は障害にはないし、あなたにもない。

あなたをそんな窮地に追い込んだのは、何世紀にもわたって広範囲に続いてきた不当なシステムである。それがわかっていても、これまでの人生に対する後悔は計り知れないということもあるだろう。しかし心理学の研究によると、トラウマから生還した過去の自分に感謝の念を抱くことは、心の傷を癒やす有効な手段であることがわかっている[22]。

よくあるのが、不完全なやり方でトラウマに対処してきた人が、自己の「断片化」を経験することだ。自己の断片化とは、自分のさまざまな感情や行動を、自分で把握して制御できる統合された全体ではなく、それぞれ異なる自己のパーツのように感じる状態である。そういう人は、学校での自分が、家庭で演じなければならなかった自分と一致しないことがある。彼らは自分の生活を維持するために、虚構の自分を複雑に組み合わせて自分を作る必要があったのかもしれない。

そのように対処してきたことを恥じるのはたやすい。しかし過去の自分に感謝し、(たとえ自分がASDを隠そうとしていたときでも) ASDがいかに人生を作り上げてきたかを評価することが、自己統合感の助けになる可能性がある。そうすれば、過去の出来事を受け入れられるようになるかもしれない。

仕事でASDの特性を活かしたジェイムズ

私の友人のジェイムズ・フィンは、小説家で、「アクト・アップ」の元活動家で、米空軍の退役国防アナリストである。彼は五八年の人生で多彩な職業を経験してきたが、そのどれもが彼のASDらしい集中力と観察力を活かせるものだった。

ジェイムズは一〇年前に、ようやくASDと診断された。そのためジェイムズは、なぜ自分は事実に目を通してそれらを整理するシステムを開発にするのにたけているのか、なぜスポンジのように新しい言語を吸収できるのか、ずっとわからないままだった。彼はただ、一人で情報を処理する時間がたっぷりある仕事に、自然と引き寄せられていっただけなのだ。

「空軍はASDのアナリストの採用活動に乗り出してるんじゃないかな」とジェイムズは語る。

「まだしてないなら、やるべきだよ。僕はデータセットを研究してデータ同士を結びつけるのに熱中して、オフィスで生活してきたようなものだからね。最高だった。ところがある年ＦＢＩがやって来て、無作為にポリグラフ（うそ発見）検査をかけられた。自分がゲイであることについて、うそをつかざるを得なかった。あんなことがなかったら、ずっと軍にとどまっていたと思うよ」

一九八〇年代に空軍を退役したジェイムズは、国連で翻訳の仕事に就いた。エイズの危機が高まり始めた頃、ＨＩＶ／エイズのサービス機関にかかわるようになる。そこでジェイムズは、性的マイノリティや静脈麻薬使用者の支援に取り組み始めた。エイズとの闘いにようやく見通しがついてきた一九九〇年代後半までニューヨークに住み、エイズ活動家団体「アクト・アップ」の活動に深くかかわり続けた。そこからジェイムズはボーイフレンドと同棲するためにモントリオールに移住し、セールスの仕事を始める。息抜きにフランス語の勉強をして、ひたすらノートに翻訳を書いては直しを繰り返した。

「実はこのことが、セラピストにＡＳＤなんじゃないかって指摘されたきっかけなんだ」とジェイムズは語る。「僕はフランス語のノートを五冊持っていた。片面にはフランス語のフレーズ、もう片面には三種類に英訳したフレーズを書いたノートをね。そのことをセラピストに話したら、僕をまじまじと見て眉をひそめられたよ。『すみません、何ですって?』」

それからジェイムズはすぐに検査を受け、実際にＡＳＤであることが明らかになった。48年間の不可解な人生が、一瞬にして理解できるようになった。セールスの仕事をしていたときのジェイムズは、何時間もかけて会話のあらゆる可能性を想定した仮想の対話シナリオをあらかじめ打ち込んでいた。誰が何を言おうとも、返答できるように準備するためだ。現在、ジェイムズの小説の読者は、彼が書くセリフは素晴らしいと語る。他者がどのように話し、どのように感じるかを本当に理解していると言うのだ。しかし、それは自然にそなわった能力ではない。ジェイムズは莫大な時間をかけて会話を分解し、意味を理解するよう努めてきたのだ。

「ASDのせいで人生は困難の連続だった。嫌なこともたくさんあったよ」とジェイムズは言う。「だけどASDじゃなかったら、HIVのサービス機関のマネージャーにはなれなかっただろう。小説を書くことも、フランス語を学ぶこともなかった。だから孤独を感じたり、ときどき誤解されているように思えたりしても、ASDであることにもまあまあ価値はあったのかな」

ASDは自分の核にある

ASD者がこうした考えを表明するのは、よく聞く話だ。ニューロダイバースな人々と過ごせるコミュニティを見つけ、本当の自分と和解する時間を持てた人は、特にこういう考えに至ることが多い。隠れた障害があることに気づいた当初はショックを受けるが、その後、受容と安堵の波が押し寄せてくる。

ASD当事者のサークルでは、魔法のように「ASDを治す」薬があったとしたら飲むか？という問いがしばしば発せられる。私たちのコミュニティでは、その問いをあっさり否定する人が大多数である。なぜならASDは私たち自身の核であり、私たちの人格、才能、嗜好、ものの見方全般から切り離すことができないからだ。ASDのない自分は、もはや自分とはいえない。A

SDであることは、ジェイムズ・フィンの人生、キャリア、住む場所、人間関係、情熱の根本に影響を与えてきた。実際に、このような特性を欠いてもなお本人だと認識できるジェイムズ・フィンを想像するのは不可能だ。

自分にしても、ASDがなければ二五歳で博士号を取得することはできなかっただろう。何千もの歌詞を暗記することも、ジェンダークィアでオタク趣味を持つ何十人もの変わり者たちと親しくなることも、これほどたくさんの文章を書くこともなかっただろう。ASDのせいで車の運転が難しいということがなければ、シカゴに引っ越そうとはしなかったかもしれない。公共交通機関のない街に住むことを選んでいたら、一〇年以上連れ添ったパートナーに出会うこともなかっただろう。自分という人間のさまざまな要素は、他の要素と緊密に絡み合っている。調子がいい日なら、ほとんどすべての要素に感謝できるほど、私は自分を愛している。

この章を締めくくるにあたり、ASDがあなたの人生にこれまでもたらしてきた有意義な物事を、次の表に書き込んで振り返ってもらいたいと思う。必ずしも定型発達の基準で立派なことである必要はない。私たちのほとんどは特異な才能の持ち主というわけではないし、私たちの価値は従来の成功の基準を満たす能力(または能力不足)によって測られるべきでもない。

ここで本当に重要なのは、定型と異なる脳であることが人生にどのような喜び、つながり、意味をもたらしたかに注目することだ。ASDは「治せる」ものではないが、ASD当事者コミュニティに属する多くの人は、やがてその事実を祝福としてとらえられるようになる。ASDは自分という存在の核となるものであり、ありのままで素晴らしい人間になるために不可欠だからだ。

ＡＳＤの過集中のおかげで、私はこれらのスキルを身につけることができた	
特別な興味のおかげで、私はこれらのテーマについて多くのことを学んだ	
ＡＳＤでなかったら、私にとってこれらの大切な人たちと知り合うことはなかった	
ＡＳＤでなかったら、このような経験をすることはなかった	
ＡＳＤでなかったら、このような素晴らしい性格特性を持つことはなかった	
ＡＳＤであることは大変だが、おかげで私はこのように困難を乗り越える力を得た	

セルフスティグマはうそをつく。あなたは気持ち悪くない。「過剰」でもなければ、子どもっぽいわけでもない。人の気持ちがわからない嫌な奴でもない。社会の片隅に追いやられてきたが、あなたは多くの美質とユニークな性質を持つ人間だ。あなたの欲求それ自体は善でも悪でもないし、あなたの感情は何ら恥じるところのない有益なシグナルである。ＡＳＤは、たとえ自分がＡＳＤだと気づいていないときでも、これまでの人生でずっとパワフルな原動力であり続けてきたし、よい方向に導いてくれたことだって少なくない。

ＡＳＤであることを知った今から、仮面の下にある自分を受け入れて愛することを始めてみよう。そして、そんな自分を世界に伝えていこう。仮面を外して、すぐに大きな自信が手に入ることはまずない。少しずつ自分を抑制する力を緩め、自分の感情を信頼し、合わなくなった補償戦略を手放していくプロセスを段階的にたどっていくのが、仮面を取るということだ。

次章では、これまでやってきた擬態や補償を控え、定型発達であれという期待をはねつけ、自分の脳タイプを軽視せずに中心に据えるライフスタイルを構築する方法を見ていく。

第六章

ＡＳＤに合わせた生活を構築する

成功したインフルエンサーの素顔

「この一年で、私は1万人以上のフォロワーを失いました。『憧れの私』を演じるのをやめて、今はただやりたいことだけをやっているからでしょうね」

モーレア・シールは、シアトルを拠点とする作家兼起業家である。長年デジタルキュレーターであり、インフルエンサーでもあった。彼女の仕事で一番知られているのは、ベストセラーとなった『52のリスト』シリーズである。『幸せになる52のリスト』『勇気が出る52のリスト』『共生のための52のリスト』(いずれも未邦訳)といった著作のほか、『52のリスト』ブランドの手帳、ポストカード、ToDoリストもプロデュースしている。どの本も美しい装丁で、アースカラーや植物の写真を背景にしたデザインは、見ているだけで癒やしと刺激が得られる。同シリーズは毎週一つずつお題に合わせて自分のリストを書き込んでいく日記タイプの本だが、お題はどれも幅広く有用なだけでなく、モーレアが長年にわたって心の健康を守り、自己探求してきた過程を反映したものだ。

以前モーレアがシアトルで経営していた店もそうだった。入念にアレンジされた魅惑的な店内は、スタイリッシュなドレスやジュエリー、バッグやハイヒール、つやつやした幾何学的な白い皿に植えられた丸いサボテンで満たされていた。

視覚的な要素をまとめる才能にたけていたモーレアは、まずピンタレストでネットの有名人になった。審美眼と趣味のよさで、インスタグラムでも成功を収めた。ネット上でモーレアのセンスが認知されるようになると、ファンたちは彼女のセレクトショップを求めるようになった。それでモーレアは、ブランドが認知されやすいように店に自分の名前をつけた。

数年の間に、モーレアは作家、中小企業経営者、インフルエンサーとして大成功を収めた。カンファレンスに出席し、大手ブランドと商談を重ねた。アパレルブランド「ギャップ」「ノードストローム」と契約を交わし、『エイミー・ポーラーズ・スマート・ガールズ』などのメディアに紹介された。彼女は未診断のＡＳＤでありながら、しなやかでフェミニンな美の仮面をつけてこれらすべてを乗り切った。だがブランドが大きくなるにつれ、仮面が窮屈に感じられるようになった。

「たくさんのプレッシャーがありました。ブランドの顔になること、特定のものを身につけること、モーレアの演技をすること」と彼女は私に言う。「私はモーレアでいたいけど、私でもありたい。ずっと仮面をつけ続けなければならないのは嫌なんです」

成功の絶頂期、モーレアは満たされない結婚生活を送りながら、自分の性的指向に疑問を抱き始めていた。経営と会社の代表としての仕事に追われ、モーレアは少しずつすり減っていった。やがて彼女はパニック発作を起こすようになった。過負荷からなんとかモーレアを守ろうと必死だった彼女の脳は、会議やストレスの多い状況下でシャットダウンしてしまうのだった。

「会議中にボーっとしてると、当然ビジネスパートナーから怒鳴りつけられますよね。モーレア、ちゃんと聞いて、これをやれ、この仕事が遅れてるぞって。私はもう泣き出しちゃってどうにもならない。そうすると彼らは言うんです。泣いてどうにかしてもらおうとしているって。言える言葉なんか何もありませんでした」

モーレアは常に、内側にある「変わっている」自分と、周囲が期待する魅力的でしっかりした女性像との間に葛藤があるのを感じていた。LGBTQの権利について率直に発言するアライ（味方）ではあったが、自分がクィアだとは口にしなかった。仕事でかかわる人々はモーレアのセンスと彼女が作り出す独特の世界観を評価したが、モーレアが自分の職域を超えて政治的見解を投稿するのは嫌がった。彼女はそういうルールに従い、自分自身であることとインフルエンサーであることの適切なバランスを取ろうとしたが、自分を偽ることにひどく疲れ果ててしまった。

それでモーレアは背負っていたものを手放し始めた。自分の店を閉め、コラボする企業を重要な数社にしぼった。夫とは別居し、クィアであることをカミングアウトした。ボクシングを始め、筋肉質になり、だぼっとした男性的な服を頻繁に着るようになった。インスタグラムのフォロワー数は減少した。彼女がブラック・ライブズ・マター、うつ病との闘い、そしてクィアであることについて投稿し始めると、さらに多くのフォロワーが脱落した。かつてモーレアのブランドを愛していた白人でストレートの女性たちの多くは、生身のモーレアに興味をなくしたのだ。

素の自分を受け入れるにつれ、失うものも増えていった。だがモーレアは、それを損失とはとらえなかった。より深い自己理解が得られたからだ。パンデミックが始まって数カ月後、モーレアは友人からASDの検査を受けるよう勧められた。診断はすぐについた。

「診断がついた瞬間は、まず幸福感がありましたね」とモーレアは語る。「ただこう思ったんです。ああ、そういうことか、って」

モーレアの体験は、これまで聞いてきた話とは少し違う。モーレアは、そもそも自分がなぜ仮面をつけているのかを知る数カ月前から、仮面を取り始めていた。当時の生活がモーリアに合っていないことは明らかで、ＡＳＤの診断を受けるまでもなく、持続不可能な状況を変える必要があるとわかっていたのである。とてつもなくフェミニンで順応性が求められる業界では、どうしたってクィアで両性具有的なインフルエンサーではいられない。モーレアがこのことを認め、業界に背を向けるとすぐに、隠されていたモーレアのすべての面が輝き始めた。

自分がＡＳＤだと知ったモーレアは、ショックを受けたり、恥ずかしがったりはしなかった。彼女はいつもＡＳＤや知的障害の友人に囲まれていたので、ＡＳＤであることが明らかになって、いろいろな意味で実家に帰ってきたような気分になった。モーレアが自身のインスタグラムでＡＳＤであることを公表したときには、そのことで彼女を遠ざけるような人はとっくに去っていた。「私は自分自身について容赦なくオープンであり続けるつもり」と彼女は言う。「皆さんがどう反応するかは自由です」

モーレアはここ数年で多くの変化を経験し、時には感情が揺れ動くこともあった。しかし自分をあるがままに受け入れ、信頼することで変化に対処してきた。ＡＳＤが自分の人生においてポジティブな力になっていることを、モーレアは知っている。自分自身の声に耳を傾け、持続可能な充実した生き方とはどのようなものなのかを見極められるようになったのだ。究極的には、あらゆる仮面ＡＳＤ者が目指すべきものはこれなのだと私は考える。自分を信頼し、無条件に受け入れること。そうすれば、ありのままの自分で生きる上で時折起こる拒絶や喪失を受け止めることができる。すべての人を喜ばせることはできない。仮面を外すとはつまり、魅力的な「ブランド」になろうとするのをやめるということだ。

モーレアは長年、擬態と補償を使ってＡＳＤを見事に隠してきた。しかしある時点で、大衆にアピールするよりも思い通りに生きるほうがいいということを学んだ。私がインタビューした当時、モーレアは姉が所有する土地の敷地内にあるゲストハウスに住み、自分のスケジュールに合わせて仕事をしていた。モーレアの一日の中には、姉の幼い子どもと遊び、散歩や入浴で体を休める時間がたっぷりあった。数カ月後、モーレアは安くて快適な小さいワンルームマンションに引っ越し、さらに必要最低限なものだけで過ごすようになった。彼女は今でもクリエイティブなキュレーション仕事をしているが、多くを手放すことを学んだ。かつてほどの目まぐるしさはなく、成果志向でもないが、この生活がモーレアにはちょうどいいのだ。


本章では、ＡＳＤ者が自分の強み、価値観、必要性を中心とした生活を築ける、エビデンスに基づいた方法をいくつか紹介する。あわせてニューロダイバースな人の心身に合った生き方を考案したＡＳＤの指導者や活動家、精神医療従事者にも話をうかがった。モーレアのように家庭とキャリアと人生の「あるべき姿」を定型発達に合わせるのをやめた人々の話からも、学べるところは大いにあるだろう。

マスキングは、擬態と補償の両方から成り立っていることを思い出そう。それは立ち居振る舞い、人前を意識した行動、人生の決断が複雑に絡み合ったシステムだ。したがって、ＡＳＤ者が仮面を取るのであれば、単に自分への抑制を弱めるだけではなく、さらにその先へと進まなくてはいけない。つまり、生活全体の形を見直すということだ。自分を信頼し、自分が大切にしているものを見つけることで、服装から家のレイアウト、時間そのもののとらえ方まで、すべてが変わるかもしれない。

ダイバージェント・デザイン

ASDの感覚に合わせてインテリアをデザインする

マルタ・ローズは教育者であり、ASDのピアカウンセラー〔訳注・同じ悩みを持つ仲間として人の相談に乗り、その人自身が悩みを乗り越えるように援助する人〕である。オンラインでは@divergent-design-studiosというアカウントで定期的に執筆している。マルタの仕事の中でも画期的なのは、「ダイバージェント・デザイン」という概念だ。ダイバージェント・デザインとは、ASD者が住む物理的な空間は、当事者の感覚を優先し、実際の生活パターンに合わせるべきだとする考え方である。

「インテリア空間をデザインするときは」とマルタは書く。[1]「どういう暮らしに憧れているかじゃなくて、実際の暮らしに基づいてデザインする。……居住空間は、住む人の生活の現実に合わせてデザインされなくてはいけない。みっともないとかダサいとかは二の次だ」

この原則に従って自分の暮らしを整える（そして他のASD者を指導する）前のマルタは、一日の終わりになっても服が床に山積みのままになっている自分を責めていた。整理整頓をしやすくするためにクローゼットの近くに洗濯かごを置いたが、一日を終えて疲れきっていたマルタは、洗濯が必要な服とまだ着られるきれいな服を仕分けることができなかった。ダイニングテーブルの上はガラクタだらけで、家族の食事にはとうてい使えない。このことでも自分を責めた。彼女の家のデザインは憧れの的ではあったが、まったく実用的ではなかった。

「発想を転換して、ベッドのすぐ横の壁にフックをつけることにした。これで、まだ汚れていない服をかけるのに余計な一歩を踏まなくて済む」とマルタは説明する。汚れた服は洗濯かごに入れるか、床に放り投げて後でまとめる。この方法で、マルタの部屋はそれなりに片付いた状態をキープしている。完璧に整理整頓されたきれいな状態を保てないからといって、自分にストレスをかけたりはしない。

感覚を刺激する机回りのレイアウト

最近ASDであることが判明したデザイナーのマライアは、仮面を取るにあたって、自宅と仕事場の再レイアウトが欠かせなかったと言う。

「本業はデザイナーなので、たくさんの『デザインルール』を学んできました。だけど机回りのものの配置を考えるときは、そのルールをずいぶん破ってしまいましたね」とマライアは語る。

「自宅で仕事をしているおかげで、多くの人が気づかないようないろいろな方法で仮面を外せています。もっとも、私は自分に対して仮面を取っているんですけどね。すごく解放的な気分です」

マライアは感覚刺激用のツールやセルフケアグッズを机の近くの箱に入れている。必要なときに、いつでも手を伸ばしていじるためだ。机の下にはマッサージローラーが置いてあり、足を使って刺激することができる。マライアは業務用の強力なノイズキャンセリングヘッドホン（造園業者が使うようなもの）をつけ、手の届くところにキラキラの入ったプラスチックの玩具のつえを置いて、いじくりまわしている。

マライアのデスク回りのレイアウトは、彼女が教わってきたような正しくデザインされた空間とは言いがたい。だが、自身のルールに従って生活することは、大きなプラス効果をもたらしている。マライアは常に調整を施し、より快適に過ごせる新しい方法を模索している。

「何もかもが違って感じられます。本当にすべてに影響があるんです。まるで私の体が覆い隠されたみたい！」とマライアは語る。自分の身体に逆らわない、身体に合わせた日常的な環境にしているおかげで、マライアは心身ともに自由を感じている。

ＡＳＤ者とモノとの独特な関係

マルタ・ローズは、ダイバージェント・デザインはＡＳＤ者のモノとの独特なかかわり方を尊重すべきであると書いている。過剰な視覚的要素は感覚の「ノイズ」を生み出すため、とてもストレスを感じるという人もいる。つまり家を装飾してその状態をきれいに保つことは、私たちにとって非常に難しいことなのだ。

私は自分のアパートに新しいものが入ってくると、即座にそれに気づき、ひどくイライラしてしまう。必要なものまで、ストレスが溜まるからという理由で衝動的に捨ててしまうこともある。ある大学から、バーチャルイベントの準備のために巨大な録音機材が郵送されてきたときは、パニックのあまり返品して郵便事故に遭ったとうそをつこうかと思ったくらいだ。それほどまでに、自宅からその箱を出したかったということである。私はこれまでずっと、この種のトリガーを回避しなければならなかった。トランスジェンダー同士の衣料品交換会を手伝ったときは、寄付された衣料品をすべて預かってくれるよう友人に頼んだ。服でぱんぱんのゴミ袋が大量にアパートにあったら、ある晩衝動的に捨ててしまうかもしれないと思ったからだ。

　実験的研究によると、ＡＳＤ者の多くは視覚的な「ノイズ」を無視することが苦手で、処理を妨げるほどであることがわかっている。[2] 雑然とした環境にいると集中力が削がれ、明晰な思考や感情の調整が難しくなる。ＡＳＤの小学生を対象とした研究では、壁一面が気が散るような明るいポスターで覆われ、本や玩具で棚が埋め尽くされた教室では、多くの子どもたちが注意散漫になることが明らかになった。[3] ＡＳＤ児の処理能力に悪影響を及ぼすにもかかわらず、ほとんどの子ども部屋はとてもにぎやかで明るい。モーレア・シールが、ミニマルで洗練された美意識で知られるようになったのも、不思議ではない。ニューロダイバースな人の多くはスカスカな、もしくは殺風景な環境を切望している。管理するものが減り、毎週掃除するものが減り、引っ越しの時に荷造りするものが減る。

　それは、トレンドでもある。ミニマル・デザイン、必要最低限のアイテムだけを着まわすカプセル・ワードローブ、散らかりの原因となる（近藤麻理恵風に言えば）「ときめかない」ものを捨てること。これらは近年、絶大な人気を誇っている。視覚的に落ち着くし、実用的だからだろう。[4]

とはいえ、ＡＳＤ者すべてがミニマリズムに適しているわけではない。マルタ・ローズは、ＡＳＤ者にとってモノは非常に重要な意味を持つため、生活空間を片付けたり、モノを捨てたりするのが非常に難しくなる場合があると述べている。[5] 私たちの多くは、自分が愛するモノに一体感を抱いている。モノに共感するあまり、まるで生きているかのような感情を抱くことさえある。この現象は心理学的に「物体の擬人化」と呼ばれるが、ＡＳＤ者は定型発達者に比べて、こうした感情を示す割合が高い。[6] また、私たちは人間よりも動物に感情移入しやすい傾向があり、それが住居環境の整え方にも影響することがある。

ＡＳＤ者は愛着しているモノに依存することが多々ある。[7] 愛着しているモノは変わることがなく、親しみやすさがあり、感情のよりどころとなってくれるからだ。掃除や不要物の処分によって、決断疲れを引き起こしてしまうＡＳＤ者も多い。[8] 私たちは、それを持ち続けたい理由を真剣に考えざるを得ず、それが役に立つかもしれないあらゆるシナリオを想定してしまう。その過程で、私たちは社会的な刷り込みと戦うことになる。本当にアクションフィギュアのコレクションを処分したいと思っているか、それともそうすれば大人っぽく見えるようになると思っているだけなのか。このブーツをもう履かなくなったのは、派手で実用的ではないからなのか、それともＴシャツの山に埋もれてその存在を忘れているからなのか。

ＡＳＤ者が家を片付けるには

こうした相反するニーズをやりくりするために、マルタ・ローズはいくつかの提案をしている。まず一つが、コレクションが大量すぎて手に負えなくなったら、コレクションを代表する一つのアイテムだけを飾ること。例えば、何十種類ものコレクション玩具がある場合、現在のお気に入りを並べる用の棚を一つ作り、残りはしまっておくのだ。毎週、あるいは毎月、どの玩具を「フィーチャー」するかを選ぶこと自体が、コレクション全体に目を通し、自分を表現する楽しい手段となる。モノの写真をとってカタログにした後、実物を処分するのもいいだろう。

古いガラクタが再利用できることもある。古い化粧品やジュエリーはビジュアル・アートに使えるし、穴の開いたＴシャツは縫い合わせてキルトにできる。こうすることで、生命がなくても友人のように愛しているモノを処分する痛みが少し和らぐことがよくある、あなたが使い、大切にするほかのモノの一部になるからだ。

コレクションをまるごと保持していたいけれど、毎日目にするのは気が散るという場合は、棚にカーテンをかけたり、ふたを閉められる大型の箱に収納するといい。マルタはＡＳＤ者に、片付けを手伝ってくれる人を雇って自分のスペースを清潔に保つことも検討するよう勧めている。マルタが観測する限り、はなからそうした支援に頼ることを恥ずかしく感じるＡＳＤ者（特に女性）は多いが、ハウスクリーニングや片付けを他人に依頼することは、自分が必要としている調整を得る手段である。ＡＳＤ者の中には、見知らぬ人が自分の家に入り込んで自分のモノを整理したり掃除したりすることに、落ち着かなさや感情調節の困難を感じる人もいるかもしれない。モノによってはきわめて特殊な方法による洗浄を要する場合もあり、その扱いがトラブルのもとになることもある。

大半のＡＳＤ者には、定期的なハウスクリーニングを依頼する余裕はないかもしれない。その場合は友人や恋人の助けを借りたり、地元の交流・サービス販売の場で技術を取引することで、回避策を見つける人もいる。私の知人には、家の整理整頓が好きで、掃除に癒やしを感じるというＡＳＤ者がいる。彼女は実際に障害者の家の片付けを無料、もしくは必要な物資や手料理と引き換えに引き受けていると言う。

ＡＳＤ者に優しいインテリア

ドバイを拠点とするインテリアデザイン会社「アルジェドラ・インテリア・デザイン」は、ＡＳＤ者やその家族の相談に応じて最適なダイバージェント・デザインを開発している。[9] 同社が提案するインテリアのコツは、これまで考察してきたすべての研究に照らし合わせると、かなり予想可能なものだ。すっきりした美しいラインと、パステルカラーやアースカラーといった落ち着いた色にこだわる。派手な模様、明るい照明、こまごまとした装飾は避ける。身体を傷つける可能性のある自己刺激行動（腕を振り回すなど）がある場合は、角のとがった家具は避ける。体を動かす衝動がある場合は、寝転ぶことのできる柔らかいマットを敷く。アルジェドラは断熱材やラグ、飾りにもなる調音パネルなどを使って、さりげなく騒音を弱める方法も勧めている。

もちろん、これらの原則がすべての人に当てはまるわけではない。本書でこれまで述べてきたように、ASD者のニーズや嗜好は驚くほど多様である。生活環境で仮面を外すのであれば、何よりもまず、「あるべき生活」という期待から離れなくてはいけない。

感覚刺激を求めるASD者の場合、派手で明るい照明やたくさんの音を切望することがあり、家もそうしたニーズを反映している。刺激や興奮の必要性を尊重することは、静寂や平穏さを保つのと同じくらい重要である。家で仮面を外すとはシンプルに、好きなだけ散らかっていてもいいと自分を許すことであるというASD者もいる。ピート・バーンズの熱狂的ファンであるクララは、お気に入りのレコード、コンサートのポスター、化粧品、派手なアクセサリーに囲まれているときが、一番気分がアガると知っている。

「私には色やモノ、好きなだけ大音量で音楽をかけられる場所が必要なの」とクララは語る。

次の質問リストは、あなたが自宅や職場に何を求めているのか、自分の環境をもう少し居心地よくするにはどうしたらいいのかを考えるためのものである。

ダイバージェント・デザインに関する質問

- 落ち着きを感じられる布地はどのようなものか？
- ミニマルですっきりした空間と、親しみのあるモノで埋め尽くされたくつろげる空間、どちらか好き？
- リラックスできる香りは？　元気が出る香りは？
- 好きなのはほのかな明かり？　カラフルな照明？　それとも明るい白色光？

・どんなものを所有したり、そばに置いたりすると楽しい？
・集中したいとき、周囲の雑音は必要？　周囲に遮断すべき雑音はある？
・「このよさを白分はわからなくてはいけない」という義務感からモノや家具にしがみついていないか？　もしそれらを手放せるとしたら、代わりに置きたいものは何か？

マルタ・ローズのダイバージェント・デザインの核となる要素の一つは、実際の経験をデータとして見ることだ。空間の使い方（そしてその空間で何をする必要があるか）を予測するのに一番いいやり方は、すでにその空間をどのように使っているかを考慮することだ。ダイニングルームで夕食を食べないなら、そのスペースをゲーム部屋にしてもいい。ボックスシーツをかけるのが面倒でベッドメイキングをしないのなら、トップシーツを直接マットレスに敷けばいい。事実、歴史上ほとんどの人類が、この方法でベッドメイキングをしてきたのだ！[10]「見苦しくない」大人に見えるように生活する必要はない。自分らしいやり方で、自分らしいことをすればいい。そう考えれば、自分の習慣や生活空間、時間に対する考え方も見直すことができるだろう。

成功と時間の概念を考え直す

「なぜ一日の労働時間が八時間なのか、理解できません」とスーは語る。「私なら三時間あれば何でもできるのに」

スーは五十代前半で、技術関係の仕事をしている。ＡＳＤが発覚したのは、数年前に十代の息子が診断を受けたときだった。これまで見てきた大半の仮面ＡＳＤ者と違って、スーは大して驚かなかった。ただ、他人を困惑させる理由を言い表せる語彙《ごい》を見つけただけだと彼女は考えた。

「定型発達の人たちは、話したり、書類を整理したり、メールを何度も開いたり閉じたりしている時間が必要で、多くをこなせないのだと理解するようになりました」とスーは肩をすくめる。「一日中オフィスにいることを心から楽しんでいる人もいるでしょうし、本腰を入れてとっとと終わらせるより、コツコツと一日がかりで何かをやり遂げようとする人もいるでしょう」

柔軟な働き方で生産性を上げる

非常に有能なスーは、何より効率を重んじる生活を作り上げてきた。時間の無駄だと感じることは、ほんのわずかでも我慢がならない。

「その日の（仕事の）タスクは、たいていランチタイムくらいまでに終わらせます。それから用事を済ませたり、エクササイズをしたりする。夕方にはまた仕事ができる状態になるので、大量のメールやらなんやらをまとめてやっつける。同僚はいつも私からスラックで送られてくる大量の修正依頼のメッセージで目を覚ますんです」

数年前にスーの管理者は、柔軟な働き方をさせてスーの生産性や完璧主義的な仕事ぶりを引き出すことが、組織の利益につながると学んだ。本書で繰り返し述べてきたように、ＡＳＤ者は定型発達者よりも細部に注意を払うことは、研究結果からも明らかだ。当人にそうするだけの認知的エネルギーがあり、職場でそのことが実際の利益につながる場合は、特にその傾向が強まる。[11]

多くの技術系企業がＡＳＤ者を積極的に採用しているのは、ＡＳＤ者が完璧主義的な仕事をすることで高い評価を得ているからだ。[12] もっとも、誰かの利益を生み出す限りにおいて障害が評価されるという労働環境は、搾取的な文化を生み出しかねない。これはあからさまに条件付きの受容であって、目に見えて「高機能」であり、生産性によって自分の人生を定義しようとする人だけに与えられるものである。

一方で技術部門は、率直な物言いや人付き合いの不器用さが、多少なりとも許容される場であることが多い。まさにスーにはぴったりの職場である。スーは職場で素のままの無愛想な自分を出せることをありがたいと思っている。

「効率の悪さやだらしなさに対する耐性があまりないんです」とスーは語る。「時間をつぶすだけの無意味な仕事もね。だから私と一緒に仕事をすれば、仕事の水準が向上するって皆さんわかると思いますよ」

九時から五時の仕事に向いていない

ＡＳＤ者のスケジュールや仕事の習慣は、万人に通用する定型発達の一般的な時間の概念とは異なっている。スーのように、一回の超集中作業で大量の仕事をこなすＡＳＤ者も多いが、そのような作業を持続させるために、たいていは多くの休息と回復が必要になる。ＡＳＤ者の睡眠と覚醒のサイクルも、平均的に見れば定型発達者の概日リズムとは異なっている。[13] そして私たちの多くは、睡眠障害を経験している。[14]

人より多くの睡眠を必要とする理由の一つは、世間に身を置くだけのことで、ひどく疲れてしまうからである。感覚過負荷、人付き合いの負担、マスキングのプレッシャー。これらすべてが、私たちのエネルギーを著しく消耗させる。そのため、私たちの多くは九時から五時の仕事にはあまり向いておらず、代わりに他の時間を仕事に当てているのだ。

もちろん障害の有無にかかわらず、厳密な八時間の労働環境でうまくやれる人は、実際にはほとんどいないということは、産業組織研究でも示唆されているところである。ほとんどの労働者が真に集中して「生産的」になれるのは、一日当たり約四時間にすぎない。[15] 長時間労働や長時間通勤は、生活満足度[16]、仕事満足度[17]、心身の健康[18]を損なう。

さらに、定型発達の職場の特徴の多くは、ASD者だけでなく、ASDではない人にとっても気が散りやすく、不安を引き起こすものである。非ASD者は、明るい蛍光灯や同僚のコロンの刺激臭といった不快をやり過ごす能力が比較的高いというだけのことである。そういう意味で、ASD者のニーズは、探鉱のカナリアのようなものだ。私たちの感受性やニーズに耳を傾ければ、定型発達者にとっても、仕事で求められることの多くがいかに不当なものであるかがあらわになる。

本書でインタビューしたASD者の多くは、自営業や独立請負業者、あるいはフレックスが可能な分野で働いている。ASDの作家でありストリッパーであるリース・パイパーは、自分のエネルギーレベルに合わせてクラブでの仕事のスケジュールを変えていると語る。一〇時間のシフトを三回こなせる週もあれば、一回しかこなせない週もある。仕事が順調なときは、リースは二、三日踊るだけで、その月の生活費に足るお金を稼ぐことができる。そういうときは急な休みを数日あるいは数週間取ることだってできる。ＡＳＤのセックスワーカーを個人的に何人か知っているが、就業理由は時間の柔軟性である。さらに、感情労働や、友好的で相手に関心があるように見せかけることは、セックスワークの仕事の一部として認識されている。客が高い代償を支払って望むのは、たいていは人間と感情を交わし、つながる体験である。人生でずっと仮面をつけてきたＡＳＤ者にとって、そのスキルに見合った報酬を得ること、そして仮面をつけざるを得ない人生から回復するための十分な休憩時間を確保できることは、本当に力になることだろう。

特別な興味に没頭して回復する

定型発達的な時間の使い方をひっくり返すことが、好きなことに注ぐエネルギーを減らすのではなく、むしろ増やすことを意味する場合もある。ＡＳＤの性教育者であり研究者でもあるスティービー・ラングは、特別な興味に集中すること自体が回復につながると述べる。[19]「何かに積極的に取り組んでいるとき、私は全神経を集中させる」とスティービーは書く。「集中の後は休息が必要だ。リラックスした入浴や昼寝のようなものだけが休息になるとは限らない。特別な興味の対象に没頭したり、スクリーンの前でボーっとしたりすることも休息になりうる」

ＡＳＤ者は、休息、仕事、遊びが均等に配分されたバランスの取れた日々で、必ずしもうまくやれるわけではない。集中と休養を繰り返す波のあるサイクルが一番はかどるという人もいる。私にも、本業の合間に週に三〇時間以上も執筆やブログに費やす時期がある。そのペースがとてつもなくエキサイティングなのだ。そうかと思えば、暇さえあれば目がとろけて頭から流れ出そうになるくらいネット掲示板やブログを読みあさっていたこともあった。私はそういう時間のすべてが大好きで、またやりたいと思わずにはいられなかった。

特別な興味に夢中になっているとき、私は生きていると感じる。「ワークライフバランス」や「バーンアウト」という概念は、定型発達者のような形でＡＳＤ者のスケジュールに現れるとは限らない。例えば私は強いバーンアウトを経験したことがあるが、それは仕事が比較的少なく、人付き合いの多かった時期だった。

特別な興味にかかわることは、ＡＳＤ者の精神的健康を維持する上で重要な要素である。臨床心理学者メリス・アダイの研究によると、成人ＡＳＤ者の特別な興味への関与は、ストレス管理、および抑うつレベルの低さと関連していることがわかった。[20]このデータの解釈の一つは、ＡＳＤ者が特別な興味を楽しむエネルギーがある場合は、それが有益な不安軽減テクニックになるということだ。反復的な自己刺激行動の時間を作ることも、同様に重要である、それが精神的健康とストレス対処を向上させることは、研究によって繰り返し示されている。[21]

定型発達の基準では、ＡＳＤ者がエネルギーを充電したり、何かをいじったり、好きな活動に過集中したりする時間が必要なことの説明がつかない。だから私たちは、健常者のペースで他の仕事をこなすエネルギーや時間がないのかもしれない。

時間は直線ではなくスパイラル

ＡＳＤ者の意欲レベル、興味、社会的・感覚的な要求は変化するため、ＡＳＤ者は時間を直線ではなく、スパイラルとして考えている可能性があるとマルタ・ローズは示唆する。[22] あらかじめ決められた目的（ランチタイム、労働時間、睡眠時間）に基づいて時間を独立した塊に小分けするのではなく、私たちは時間を流れるもの、折り重ねるものと見ている。時間は重なり合う一連のサイクルであり、休眠期と成長期が交差している。マルタは書く。

「現在の私たちが当たり前のように使っている標準的な時間の尺度、つまり私たちの時間や日や週のスケジュールのあり方は、ほぼ工場の労働モデルに基づいている。私はこれを産業的時間と呼んでいる。……時間について考える方法はほかにもある。季節によるとらえ方。周期的なとらえ方。古代におけるとらえ方」

人類の歴史の大半において、時間は比較的直感でとらえられる概念だった。季節や日照サイクルが、人々の活動や予想に影響を与えていたのだ。しかし電気が発明されると、この状況は一変する。仕事は工業化され、電球に照らされた倉庫やオフィスで行われるようになった。仕事用のデジタルツールが発展するにつれ、終わりなき労働の可能性が私たちの生活を支配するようになる。休眠期間も、暗い夜も、雪の日もない。家にいるときでさえ、仕事（そして生産性向上ツールやアプリ）から逃れることはできない。

資本主義社会における産業的な時間の枠組みのもとでは、放棄されたプロジェクトも、未完成のプロジェクトも、すべて「失敗」とみなされる。明確な最終成果物に結びつかなければ、時間の無駄なのだ。しかし、時間をゴールが常に変化するサイクルやスパイラルとしてとらえれば、中断したプロジェクト（あるいはマスキング）に費やした学習や省察は、報われることが少なくないとわかる。期待したような報われ方ではないというだけだ。あらゆる失望や失敗は、私たちが何を望んでいるのか、私たちにとって何がベストなのかを教えてくれる。

「失敗をデータとしてとらえ直せば、すべてが変わる」とマルタは書いている。

マルタはニューロダイバースな人々に、進歩とは前方にある定点に近づくことではなく、状況に応じて速度を落としたり速めたりする運動や適応だと考えるよう勧めている。細部を理解し、複雑な情報システムを分析するのが、ASD的な知性である。そのため、私たちの人生をフラクタル［訳注・部分をどれだけ拡大しても自己相似性を示す複雑な図形。リアス式海岸線、雪の結晶など自然界にも多く見られる］として考えるのは、理にかなっている。私たちはフラクタルのようにいつも新しいテーマへと好奇心を広げ、同時に焦点を正確に絞り込む。

私たちはピーチ姫を救出するために横スクロールの平地を駆け抜ける、ひたむきなマリオではない。私たちはむしろ、ゲーム「塊魂」の主人公である奇妙でカラフルな王子のようなものだ。モノを巻き込んでどんどん大きくなるボールを転がす王子は、一歩進むごとにランダムなアイテムを引き寄せる。そして宇宙を飲み込むまで、ボールの重力フィールドを拡大していく。私たちは個別のプロジェクトを完成させるのではない。世界を構築しているのだ。

ペースを落とそう

実際的な面で、ＡＳＤ者はどのようにしてスパイラル状の時間を受け入れることを学びうるのだろうか？　マルタ・ローズは、それは二つのポイントに集約されると言う。

①生産性と成功を測るために使う時間枠を広げる。自分の人生を「長い目で」見る。昔のプロジェクトに立ち返ることを恐れない。また、自分のためにならない情熱は手放す。

②ペースを落とす。静止することは、取り込んだ膨大な量のデータを処理するのに役立つ。

定型発達のように振る舞うべしという期待から自己イメージを解き放ち、ペースを落とし、なりたい自分を本当に反映した人生を築くことは、私たちにとってとても難しいことだ。私が話したＡＳＤ者はほぼ全員、自分に合った人生を築くためには、ある種の不当な期待を手放し、自分にとってさして重要ではない活動から身を引けるようにならなければならないと気づいている。他人を失望させるのをよしとするのは恐ろしいことだが、それは過激で解放的なことでもある。

自分に何ができないかを認めることは、障害がある、すなわち社会から疎外された立場にいるという事実と向き合うことである。しかしそれはまた、必要な支援は何か、どの生き方が自分にとってベストなのかを最終的に見極めるために不可欠でもある。関心のあることに純粋に「イエス」と言うためには、ある種の理不尽な期待に「ノー」と言えるようにならなければならない。

自分の好きなことを、自分なりの形で

ニュージーランド在住のローリーは、ＡＤＨＤとＡＳＤの権利向上のために声を上げている研究者だ。私たちの多くがやるように、ローリーはＡＳＤ用の「ライフハック」を開発し、日常生活を管理しやすくしている。これらはある意味で補償戦略といえるが、その目的はローリーの障害を隠すことではない。人生をより楽に、より耐えられるものにするためだ。

かつてのローリーは、家事の最中に集中力を保つのに苦労していた。気が散って、つい他のことがしたくなってふらふらしてしまうのだ。そこで今は皿洗いの時間になると、ピンクとクリーム色のかわいいエプロンとノイズキャンセリングヘッドホンをつけ、出入り口の前に鏡を置くようにしている。心（または体）がシンクから離れても、鏡に映った自分の姿を見て、洗い物の途中であったことを思い出すためだ。

「『皿洗いコスプレ』のおかげで皿洗いに集中できるようになった」とローリーは言う。「鏡は自分が何をすべきかを思い出させてくれる」[23]

なぜ家事が難しくなるのか

ＡＳＤとＡＤＨＤがあると、多くの家事は地獄のようになる。汚れた食器は臭くてぬるぬるしている。ベタベタした調理台や汚れたトイレを何度もこするのは、不快なだけでなく、刺激が少

なすぎる。私たちの多くは一度に一つのことだけに集中したいので、掃除のタスクを切り替えるのは面倒だ。私たちは複雑な作業を小さなステップに切り分けたり、そのステップを合理的な順序に並べたりするのが、往々にして苦手である。そのため、「皿洗いをする」という単純に見える家事が、たちまち厄介な作業が連なる長いリストになりかねない。家中の汚れたグラスやボウルを集める。汚れた鍋やフライパンを水に浸す。水きりかごに空きを確保する。すべてを洗って乾かす。すべてをしまう。この間ずっと吐き気をもよおす悪臭と、腕に不快にまとわりつく濡れたシャツの袖に耐える。

ＡＳＤ由来の無気力に苦しむ人は多い。[24] 特別な興味の対象を何時間も勉強できる集中力の高さは、同時にソファから立ち上がってあふれたゴミ箱を捨てにいくのも難しくしてしまう。定型発達者の視点からは、私たちは苦労しているようには見えない。ただ「怠けている」ように見えるばかりだ。私が話したことのある発達障害者はほぼすべて、業を煮やした両親や教師、友人から何度も「怠け者」とみなされた経験がある。私たちが座ったまま固まり、行動を起こせないのを見た人々は、気が利かないとか意志の力がないとか決めつける。[25] それから無気力で頼りにならないと戒められ、私たちは不安でさらに体が固まってしまう。

さらに定型発達者は、家事やタスクに伴う作業を正確に指示しなくても、ちゃんとやる方法ぐらいわかるだろうと思い込む傾向がある。言わなくてもわかるはずだというやり方を、私たちは直感でとらえられないことを理解していない。例えば、「バスルームを掃除して」という指示にはシャワー、床、洗面台、鏡を磨くことが含まれており、単に片付けるだけではないことに気づかないかもしれない。あるいは、許される清潔さのレベルがわからず、タイルの目地に付着したどんな細かな汚れも丹念にこすりとることに終始してしまうかもしれない。

私たちは定型発達者がしてほしいことをがんばって推察する。しかしその推察が正しくないとわかると、ゆっくりやりすぎるとか、いいかげんすぎるとか、相手の立場に立っていないなどと言われて叱責されることになる。その結果、私たちの多くは学習性無力感、混乱、恥、凍りつきのフィードバック・ループに陥ってしまう。

生活をうまく回すライフハック

ローリーの「皿洗いコスプレ」と鏡を使ったやり方は、ASD者の家事を困難にする多くの問題を解決する見事なライフハックだ。思わずつけたくなるようなかわいいエプロンは、退屈な家事にちょっとした楽しみを与えてくれる。作業に特化した服を着ることで、ローリーは精神的に「洗い物モード」に移行できる。ヘッドホンと鏡は、その精神状態を維持するのに役立つ。これらのツールを使うことで、ローリーは人の指導や促しに頼ることなく、自力で皿洗いを完了できる(残念ながら、いつでも忍耐強い人や理解のある人に頼れるわけではないのだ)。

ASD者は常に、物事をやり遂げる独自の方法を編み出さなければならない。定型発達者にとってはなんでもないような作業を力ずくで乗り切るために、幅広くリサーチし、デジタルツールを利用し、多様な裏技やごまかしを駆使する。

イギリス在住のブロガーであるASDのライは、新しい場所を訪れるときは前もって計画を立てるために、必ずネットでリサーチすると説明する。

「玄関の場所を知っておく必要がある。後は駐車場がどことか、交流しなければならない人は誰か、とか」とライは書く。[26] グーグルストリートビューやＹｅｌｐのような口コミサイトを使えるようになって、生活は以前よりずっと楽になったとライは語る。

溶け込むための努力を隠さない

摂食障害からの回復過程にあるＡＳＤのケイトリンも、友人との外食に対する心の準備をするために、ネットでリサーチすると言う。

「ネットでメニューを全部見て、拒食症が発動せず、感覚過敏でも食べられるものを見極めるの。口に出して注文する練習もする。発音がわからない外国語の料理名の場合は特にね」

レストランで「変な人」と思われないように、ブイヤベースやインジェラ〔訳注・エチオピアの平たいパン〕といった単語の発音を家でググっている定型発達者を私は知らない。しかしＡＳＤ者にとっては、この程度の会話の練習や事前準備はありふれたことなのだ。[27] もっとも、定型発達者は、自分たちにとっては「簡単な」活動に私たちがこれだけの時間と思考を費やしていることを知ると、非常に不快に感じる傾向がある。そのため、ＡＳＤ者が溶け込むということは、単に正しいハックを見つけるだけにとどまらず、そもそものようなハックに頼っているという事実を隠せるようになることも含まれる。

ケイトリンいわく、レストランであらかじめ暗記した会話の台本の通りにしゃべっていると、友人に「気づかれる」ことがあると言う。過去の摂食障害を知られているために、努力と事前準備が周到すぎて疑念を抱かれてしまうのだ。

「友人のエイミーは、私がメニューを知りすぎていたせいで、前もってレストランのメニューを調べていたと気づいたみたい。カロリー計算しているなんて、摂食障害がまだ治っていないのね、と思われてしまった。こういう綱渡りをずっと続けなくちゃいけない。知識は必要だけど、あまりに知りすぎていてもぎくしゃくしてしまう」

ケイトリンは摂食障害に関する不安をどうにか軽減しようとメニューを研究していたのだが、エイミーにはそれは理解できなかった。それどころか、友人がまた食事制限をしているせいでメニューのことを「気にしすぎ」ているのだと思い込んだ。仮面ASD者が「知りすぎ」たり、何かを深く考えすぎたりすると怪しまれてしまう。自分たちが一顧だにしないようなことに私たちが力を入れていると、人はそれを打算的で不気味だと感じる。

ASD者の「ライフハック」とマスキングへのプレッシャーは、このような点で深いつながりがある。しかし、必ずしもマスキングをする必要はない。社会に溶け込むための努力はなるべく見せないでほしいと定型発達者に思われていたとしても、私たちが努力の跡を隠さないことは、革命的な行為となりうる。あることが自分には難しいとき、簡単にできるふりをしたり、疲れやストレスを隠したりする必要はない。不慣れな空間を快適に過ごすために多くの情報が必要だとしても、その事実は隠すようなことではないはずだ。

ケイトリンはASDを公表していないが、エイミーにメニューを下調べしている「後ろめたい」

理由を説明することにした。

「私がもっと若くて不安定な頃だったら、『そうなの、実は前もってメニューを読んでたんだ』なんて恥ずかしくて明かせなかった。でもエイミーは私にＡＳＤの弟がいることを知っていて、どんな症状なのかもわかってる。だからエイミーにこう伝えた。『ねえ、私にも弟みたいなところがあってさ。これが私たちなんだよね』。初めての場所や食べ物は調べておくと何かと助かるでしょ」

エイミーがケイトリンのＡＳＤライフハックを理解してから、二人の絆はいっそう深まった。食事に出かけると、エイミーはケイトリンに料理の材料やレストランのトイレの場所を尋ねる。ケイトリンは事前準備を隠すことなく、前もって調べた情報を共有できる。

ＡＳＤ者の〝ライフハック〟の多くは、障害者であることを目立たせない、さりげない支援ツールを使うことにある。私たちは、さりげなく見える耳栓、スタイリッシュなノイズキャンセリングヘッドホン、編み物などの趣味を用いて社交不安を処理して教室で目を合わせないようにする方法について、情報を交換する。これらは本当にうまくいくので、人気のある補償の手段だ。しかし、必ずしも定型発達の感性に訴えるさりげない手段に頼る必要はない。誇らかに堂々と、自分なりのやり方で自分の好きなことをして、生活を可能にするコツや手順を共有してもいいはずだ。大きく激しい身ぶりで自己刺激行動をし、大きく目立つイヤーマフをつけ、必要なときには助けを求めたってよいのだ。私たちが直面する課題を率直に伝えることで、定型発達の人が私たちの声を無視しづらくなり、ほとんどの公共スペースがいまだにひどく利用しにくいという事実も可視化される。目に見える存在になることは、自分を恥じる気持ちを捨て去る訓練でもある。

過激に可視化する

スカイ・クバークブは、クィアや障害者の身体に合わせた衣料品とアクセサリーの会社「リバース・ガーメンツ（Rebirth Garments）」の創設者である。スカイのショップには、性別やサイズを問わず、カラフルで着心地のよいアイテムが豊富にそろっている。網タイツやネオン生地の素材で仕立てたボディスーツ、ジェンダーに合わせて胸を締め付けすぎずに平らにするチェストバインダー、そして鮮やかな柄のTシャツ、バンダナ、ピンバッジの数々が並ぶ。

新型コロナのパンデミックが始まった当初、リバース・ガーメンツは唇を読めるように口元に透明なビニール窓を付けたマスクを最初に展開したショップの一つだった。ＡＳＤ者を含む多くの障害者にとって、相手の唇を読めると、会話についていくのがずっと楽になる。全員がマスクを着けるようになったとき、私は話しかけられたタイミングに気づくのに苦労した。唇が動くという視覚的な手がかりを頼りに、話者への注意を向けていたからだ。

透明ウィンドウ付きマスクの需要は非常に高く、スカイはそのデザインを無料で提供することにした。スカイはファッションの先見性だけでなく、政治的な先見性も持ち合わせている。そのことは、スカイが運営するビジネスのどの面を見ても明らかだ。スカイの仕事はすべて、ラディカル・ビジビリティ（過激な可視化）という哲学に貫かれている。その哲学は、ワークショップやＴＥＤｘでの講演、スカイの作るＺＩＮＥ『ラディカル・ビジビリティ――クィアクリップ服装改革運動宣言』で語られている。

ラディカル・ビジビリティ＝過激に可視化させる

ラディカル・ビジビリティとは何か？　それは、いつも覆い隠されているものを目立たせ、祝福することで、ＬＧＢＴＱや障害を受け入れるアプローチである。クィア、クリップル［訳注・crippleには手足の不自由な人という意味のほか、欠陥品、廃人という意味もある］、マッド（狂人）。私たちを非人間的に扱うために使われてきた言葉を、誇りの源泉として挑戦的に身につける。ラディカル・ビジビリティは、つえや義足といった道具を、憧れのファッション・アクセサリーのように提示する。それは私たちが人と違っていることをクールに表現する。

「文化的規範は、トランスジェンダーや障害者がスタイリッシュで派手な服装をすることを奨励しない」とスカイは書く。[28]「社会は私たちが『溶け込み』、注目を浴びないことを望んでいる。しかし、私たちを見えない存在にしたい社会に抵抗したらどうなるだろう？　服装改革を通じて、私たちが同化することを集団で拒否したらどうなるだろう？」

つまりラディカル・ビジビリティとは、マスキングとは対極にある価値観である。マスキングが隠すのであれば、ラディカル・ビジビリティは表舞台に飛び出す。マスキングが社会的脅威の兆候がないか絶えず環境をスキャンし、手に負えない刺激やチックを制御するのに対し、ラディカル・ビジビリティはＡＳＤ者の身体がありのままであってもよいという自信を与える。仮面着用者はその場しのぎの手段とそれとない対処法で、申し訳なさそうに自分の要求をこっそり満たす。ラディカル・ビジビリティを表現する人は、自分が何者で、何を要求しているのかをオープンに宣言する。なぜなら自分はそうするに値する人間だと思っているからだ。

車いすは目立ってはいけない？

私はASDだとわかるずっと前から、身体障害者が人との違いを目立たせないよう奨励されていることに気づいていた。高校時代、親友がアトミックグリーンのフレームの車いすを買おうとしていたことがある。当時の彼女はエモ・インディーロック系のセンスを愛していて、鮮やかなグリーンの車いすは彼女のセンスにぴったりだった。しかし母親に、「ほかの人があなたを見るとき、車いすが最初に目につくようでは困るでしょ」と言われて止められたそうだ。

何の変哲もない黒い車いすに乗っていても、人々が私の友人を見るとき、障害が最初に目に入るという事実は変わらなかった。私たちはあまりにも、健常者中心の世界に生きていたのだった。見知らぬ人たちは公然と、まるで彼女が子どもであるかのように見下した話し方をした。あるいは、彼女が自分の意見を言えないかのように振る舞った。健常者中心主義は、その人の普通でない部分に注目するように仕向ける。障害者が社会から広範囲に排除されていることも、このことを助長する。車いすの人を目にする機会が少なくなればなるほど、車いすはいっそう注目される。そして車いすユーザーをジロジロ眺める見知らぬ人たちが多くなれば、身体障害者は社会に出ることに居心地の悪さを感じるようになる。これが、いつまでも続く排除のサイクルである。

鮮やかな緑色の車いすに乗っていれば、長期的には友人の障害が特殊視されることがなくなり、人々にとってありふれたものとなる効果があったかもしれない。車いすは隠すべきものではなく、障害は無視したり謙遜や婉曲表現でごまかしたりするようなものではないというメッセージを伝えられたはずだ。そして、前述したセルフスティグマに関する研究が示唆するように、誇りを持って自分のアイデンティティをまとえば、コンプレックスや疎外感を軽減することができる。

ちょっとしたズレで「気持ち悪い」と思われる

ＡＳＤは、車いすに乗るような目に見えるわかりやすさが必ずしもあるわけではないものの、定型発達者が意識せずとも気づくような微妙な差異がたくさんあることが研究でわかっている。

例えばサッソンら（二〇一七）の研究によれば、定型発達者は初対面の相手がＡＳＤであることを、無意識のうちに素早く見抜くことがわかっている。それも、だいたいは出会ってから数ミリ秒以内にわかると言う。[29]もっとも、彼らは相手がＡＳＤだと認識したわけではなく、ただ変な人だと思うだけである。研究の参加者はＡＳＤ者と会話をすることにあまり興味を示さず、ＡＳＤでない人への好感度と比べるとＡＳＤ者への好感度は低かった。これらの判断はすべて、ほんのつかの間のやりとりで得た情報に基づいてなされる。なお、ＡＳＤの参加者は何かを「間違えた」わけではないことも指摘しておきたい。ＡＳＤ者の行動は、話す内容も含めてまったく社会的に適切なものだった。彼らは定型発達のように見せようと最善の努力をしたが、いくつかの重要なポイントで、パフォーマンスがほんの少し「ズレて」いた。そのために嫌われたのだ。

仮面着用者は障害を隠そうと努力しているにもかかわらず、その努力が台無しになってしまうことが多い。ニセモノっぽさ、無理して見せかけの社会性を取りつくろうパフォーマンスは、定型発達者の神経を逆なでする。心理学者のマカンドリューとケーンケは、「気持ち悪さ」を感じる心理について画期的な研究（二〇一六）を行っている。彼らは千三四一人の調査対象者から「気持ち悪い人」を連想する個人の資質や行動についての回答を得て、統計的因子分析を用いて測定可能な「気持ち悪さ」因子を作成した。彼らが開発した「気持ち悪さ」因子には、次のような特性が含まれている。ぎこちなくて予測不可能な行動をとる人、不自然に見える笑顔、「不自然な」タイミングで起こる笑い、一つの話題についての話が長すぎること、会話を終わらせるタイミングを理解していないこと。[30]これらは、一生懸命愛想よく人とかかわって仲良くなろうとする際にＡＳＤ者が体現してしまいがちな特性そのものである。私たちは笑顔を絶やさず、会話を続け、その場に居続けることで、周囲の定型発達者を安心させようとする。それでも不気味さや落ち着かなさを感じさせてしまう。

社会心理学者のリエンダー、チャートランド、バーグによる一連の実験（二〇一二）によると、人が少しでも不適切な方法で社会的ミラーリング（同調）を行うと、人を不快にさせ、身体的な寒ささえ感じさせることがあると言う。[31]ちょっとした模倣をするのは、友人同士の間ではよくあることだ。人は慣れ親しむにつれて相手に同期するようになり、態度や癖が似てくる。しかし誰かを模倣しすぎる、もしくは間違ったタイミングで真似するのは、文字通り他人に寒気を与える可能性があることが、これらの研究で示されている。ＡＳＤ者は他人の模倣をしようと懸命に努力するが、定型発達者のように苦もなくなめらかにできるわけではないので、知らず知らずのうちに定型発達者の「気持ち悪さ」レーダーにひっかかってしまうのだ。

ASDだと知らせたほうが好意を得られる

それなら、ASD者はどうすればいいのか。解決策は、自分を隠して他の人間になりきるのをやめることである。定型発達者の模倣に力を入れる（そして失敗する）のではなく、思い切って可視化するのだ。サッソンの研究では、交流の相手がASD者だと告げられると、参加者のASD者に対する偏見が消えたと言う。突然、参加者は少々ぎこちない会話の相手を好きになり、相手を知ることに興味を示した。ASD者の奇妙さについて説明を受けることで、気持ち悪いという感情が去ったのだ。サッソンとモリスン（二〇一九）による追跡調査でも、顔を合わせている相手がASD者だと知った定型発達者は、相手に対する第一印象がはるかに好意的になり、交流後はASDについて学びたいと興味を示すことが確認されている。[32] ラディカル・ビジビリティには、やるだけの価値があるのだ。

スカイの仕事において、ラディカル・ビジビリティの実践とは、自己表現を抗議の一形態として利用することである。スカイは書く。「ラディカル・ビジビリティは、行動への呼びかけである。無視されないために着飾ること、『パッシング』［訳注・マイノリティがマジョリティのふりをすることで周囲から受け入れられること］と『同化』を拒否すること」

じかに見るスカイは、人目を引くクールな姿をしていて、広告写真そのものだ。ウロコ状の金属片でできた銀と黒のヘッドピースをかぶり、鮮やかな模様のレギンスと短い丈のシャツを着て、幾何学的なクリスタル柄のフェイスペイントをしている。無視されることはないし、健常者の視線を恐れて自然な動きや身体のニーズを隠すこともない。

数年前に胃を患ったスカイは、(ジーンズのような)かたくてかっちりした形のズボンをやめ、ストレッチ素材のボトムスを好んで履くようになった。スカイがレギンスや快適なサイクルショーツ以外のものを履いているところを目にするのはまれだ。このあたりのスカイの話は、仮面を取ろうとするASD者にとって示唆に富んでいる。社会に溶け込むために、着心地が悪くてあたりさわりのない「プロフェッショナル」な衣装に自分の体を押し込んでいるASD者は多い。そのことで個性が死んだように思えたり、感覚への攻撃のように感じられたとしても。

ラディカル・ビジビリティの取り入れ方

自分のファッションスタイルにラディカル・ビジビリティを取り入れたい仮面ASD者のために、ここでいくつかのアイデアを紹介しよう。

ASD者のラディカル・ビジビリティ：仮面を取るための服装

・どの服が体に圧力をかけすぎているか、あるいは「間違った」場所に圧力をかけているかを確認する。例えば、きつすぎるズボンをストレッチ素材の似たようなデザインのズボンに変えたり、ワイヤー入りのブラジャーをノンワイヤータイプのものに交換したりする。柔らか

くてしなやかな素材のネクタイもある

・どのタイプの服なら落ち着くか、心地よさをもたらしてくれるかを確認する。例えばＡＳＤ者の中には、手首の圧迫感を好み、きつい時計やブレスレットを身につけたがる人がいる。重いコートやベストを好む人もいる

・手持ちの衣類から感覚的ストレスの原因を探し、取り除く。服のタグをすべて切り取ったり、履き心地の悪い靴に中敷きを入れたりしてみる。つま先歩きをするＡＳＤ者は多いので、つま先に特別なサポートが必要な場合もある

・どの柄の服やスタイルが着ていて本当に楽しいと感じるかを見極める。黒で統一しているときが一番「自分らしい」と感じるか。それとも大胆なレインボーカラーが好きか

・趣味を普段の服装に取り入れる。好きなアニメキャラクターのＴシャツを着る。フォーマルな場では、ゲームをモチーフにしたカフスボタンや襟用の飾りピンを付ける。手持ちの服で、さりげなく好きなキャラクターの服装に似せた「なんちゃってコスプレ」をする

・自己刺激用のアイテムをスタイルに取り入れる。フィジェットジュエリー（手遊びアクセサリー）やチューージュエリー（噛めるアクセサリー）を身につけたり、ポケットにフィジェットトイ（手遊び玩具）を入れたり、携帯ケースにカラフルなステッカーを貼ったり、遊べるポップアップスタンドをつけたりする

自分の身体から切り離されていると感じ、自己表現とは無縁な仮面ＡＳＤ者は多い。そういう

人は、自らの身体を真に自分のものにする感覚を想像するのは難しいだろう。自分の服装が定型発達になりきる衣装でしかなかったとしたら、本当の自分らしいスタイルがどのようなものなのか、見当もつかないかもしれない。その場合は、簡単なことから始めよう。不快感を和らげることに集中するのだ。苦痛や不快を引き起こす衣類を一掃する。着心地の悪いアイテムをもっと気楽なものに取り換え、世間体という価値観で自分を縛っているのではないかと疑ってみる。かつて上司や親から社会人の義務だと教えられた化粧、ストッキング、堅苦しいスーツは、必ずしも必要ではないかもしれない。大胆な短髪にして、ストレートパーマをやめるのもいい。[33] あるいは、母国の伝統的なジュエリーや織物を身につけるのもいいだろう。

社会人だと、服装や身だしなみに厳しい制約がある場合が多い。しかし会社以外の環境で働いているＡＳＤ者であれば、自分が思っているよりは融通が利くかもしれない。

支援ツールをかっこよく

ウェアラブルな自己刺激用玩具や支援ツールを作るＡＳＤのクリエイターも増えている。ビジュアルアーティストでありジュエリーデザイナーでもあるカーリー・ニューマンは、ＡＳＤ者用にイヤリングタイプの耳栓を作って販売している。[34] 私もときどきこの耳栓を使っている。この耳栓は、人前で耳栓が必要である事実を隠そうとするものではない。かっこいい支援ツールとして見せてくれるものだ。自己刺激用アクセサリーに特化した企業もある。スティムタスティック（Stimtastic）やＡＲＫセラピューティック（ARK Therapeutic）は、回転させられる指環や指圧ブレスレットなどを販売している。

ＡＳＤ者の中には、自作のボタンや帽子、アクセサリーを使って意思疎通を図る人もいる。例えば、「声をかけてね！」と書いた緑色の大きなバッジと、「場所を空けてください」と書いた黄色のバッジを見せて人とやりとりするのだ。ＡＳＤ者が多数参加するコンベンション【訳注・大規模なポップカルチャーのイベント。日本のコミケと違い、同人誌即売会がメインではなく、パネルディスカッションなどに力を入れている。コミコンやＳＦ大会などが有名】では、こういったツールはすこぶる有益である。当事者の限界を明示すると同時に、社交を助けてくれる。

これらはまだ広まってはいないが、ピンバッジやメールの署名に自分の代名詞を提示する【訳注・she/her、he/him、They/themといった形で、自分をどのような性の人間として扱ってほしいかを示すもの】のと同じように、多くの人に採用されれば、こうした考えが一般化されていくだろう。

日常生活でラディカル・ビジビリティを実践する

もちろん、ありのままの自分を肯定する服やアクセサリーを身につけることは、ラディカル・ビジビリティを受け入れる手段の一つにすぎない。仮面を取る行為にしても、ラディカル・ビジビリティにしても、その核心にあるのは、定型発達に迎合したうわべを捨て、正々堂々と自分に正直に生きられるようになることである。それにはまず、自己表現のあり方、自分の要求の伝え方を変えなくてはいけない。そのために、日常生活でラディカル・ビジビリティを実践するためのヒントを次ページにいくつか紹介しよう。

ラディカル・ビジビリティを実践するための日々の取り組み

人の期待に背いてみる。何の説明も謝罪もなしに、「それはできない」「気が進まない」「もう行かなければならない」と言う練習をする

いつもなら平和を保つためにただうなずいているような状況でも、反対意見を表明する

やりたくないことをしなくてはいけないと、プレッシャーをかけられているタイミングに気づく。「私はもうノーと言ったのに、あなたが押し付ける理由がわからない」と声に出す練習をする

まる一日、誰かの感情を推しはかったり予測したりすることなく過ごす

まる一日、自分の表情や身振り手振りが発するメッセージをコントロールせずに過ごす

いつもは罪悪感で要求できないことを頼む

リアクションや感情を偽らずに最後まで会話を続ける

道を歩きながら、好きな音楽に合わせて歌う

社交や公共の場に自己刺激用の玩具を持参し、恥ずかしがらずに使う

イベントや「口実」がなくてもおしゃれな服や死ぬほど好きな衣装を着る

友人に「調子はどう？」と聞かれたら、正直に答える

行動を起こすときに、誰かに相談して承認を得ようとしない

激しい感情を安心できる人と分かち合う。一緒に泣ける人を見つける。腹が立ったエピソードを友人に愚痴る

信頼できる人に自分の障害と、それが自分にとって何を意味するかを話す

ラディカル・ビジビリティは自己主張であり、自己表現でもある。しかしほとんどの仮面ASD者にとって、毅然とした態度をとるのはとんでもなく恐ろしいことだ。私たちは人付き合いが苦手なあまり、言いなりになったり、むやみにニコニコしたり、気まずそうに笑ったりすることがデフォルトになりがちだ。反射的にそう振る舞ってしまうため、他人がそばにいると、自分の本当の気持ちや好みが消えてしまったかのようになる。こうした反射的行動は、自分を守るためのものであり、恥じることはない。とはいえ、もっと自由に生きたいのであれば、本音で語らい、耳を傾けてもらえる、尊重されていると感じられる人間関係を築く必要がある。

次章では、ASD者が生き生きと過ごせる人間関係の構築について述べる。これには、ASD仲間と有意義な人間関係や連帯感を形成することはもちろん、ASDではない人との既存の人間関係を、よりASD者の特性に合ったものにすることも含まれる。

第七章

ＡＳＤらしい人間関係を育む

誤解された自己主張

ジェイムズ・フィンはアクト・アップでの活動を休止し、ニューヨークを離れて数年経った今も、ＬＧＢＴＱの活動家として精力的に活動している。近年世界中で起きているＬＧＢＴＱの権利への法的・政治的な攻撃についての記事を、現在住んでいるミシガン州の小さな村から定期的に発表し、活動家と定期的に会合を開いている。フェイスブックで最大級のＬＧＢＴＱグループの運営にも携わっている。時折、ジェイムズの率直でＡＳＤ的なコミュニケーション・スタイルが活動家仲間の神経を逆なですることがある。あるときは、オーガナイザー仲間に、「ゆっくり話して、自分の計画をもっとはっきりと説明してほしい」と頼んで、ひどく怒らせてしまった。「実ははっきり言わなくちゃいけないことがある。正直言って、僕は君の言ってることがよくわからない。ここにいるほかの人たちは理解しているんだろうけど、僕はＡＳＤだから、言外の意味を読み取るのに苦労することがあるんだ。もう少しゆっくり話してもらえますか」

理屈の上では、ジェイムズの振る舞いはすべて正しい。ジェイムズは自分の知りたい権利を守るため、彼が必要とする比較的単純な調整をお願いし、自分が話についていくのが難しい理由まで説明した。彼はそつなく仮面を外していた。残念ながら、それはうまくいかなかった。少なくとも最初は。

「彼女が言うには、僕が彼女にやったことはガスライティング［訳注・被害者に責任を押し付けるなどして被害者の認識を疑うように仕向ける心理的虐待の一種］で、マンスプレイニング［訳注・男性が女性を無知だと決めつけて説明する振る舞い］なんだって」とジェイムズはため息をつく。「僕はただ自分の弱さをさらけ出しただけなのに、敵意をむき出しにされてしまった」
ＡＳＤ者はインフォダンピング（絆を深める手段として他の人と知識を共有すること）を好む傾向があり、他の人にとっては明白な表情や身振りが示す合図を見落とし、抑揚のない声で話しがちである。そのため、冷淡だと思われたり、皮肉を言っているように受け止められやすい。私たちの多くは自然な流れで会話に参加するのが難しく、「間違った」タイミングで人の話をさえぎったり、テンポの速いやりとりの中に入れなかったり、会話にまったくついていけなかったりする。

こういうことを含むさまざまな理由から、ＡＳＤ女性（特に有色人種の女性）は「冷たい」「不機嫌そう」と思われやすく、ＡＳＤ男性は上から目線で「マンスプレイニング」をしていると勘違いされやすい。言ってみれば人付き合いの地雷原を歩くような難しさがあるのだ。

もちろんほとんどの女性はマンスプレイニングやガスライティングをされた経験があるのだから、それに似た言動に出くわしたらピリピリしてしまうのは当然のことである。ジェンダーのような単一の属性で抑圧されている健常者は、自分より社会的強者に見える障害者に対して自分もある種の権力をふるいかねないことを、必ずしも理解しているわけではない。

そのオーガナイザーの女性は、ジェイムズにバカにされている、もしくは自分を邪魔するために主張をもう一度説明するよう求めているのだと思い込んでいた。きっと活動家の集会で、過去に男性たちからそのような戦術を使われたことがあるのだろう。幸いなことに、他の出席者の中にジェイムズの人柄を保証してくれる人がいた。

「ありがたいことに、その場にいた数人が『そうじゃない』と声を上げてくれた。『彼はからかってるんじゃないんだ。とにかくすっごいＡＳＤなんだよ』ってね」とジェイムズは語る。

その女性は、障害を告白するジェイムズの言葉を信用しようとしなかった（私たちが自分の要求を伝えたときに信用され、話を聞いてもらえるのは非常にまれだ）ものの、ジェイムズを擁護する健常者の意見は尊重した。会合の緊張はすぐに解けた。知人の助け舟がなければ、ジェイムズは正直さと自己主張のせいで、不当な扱いを受けていたかもしれない。

ジェイムズの行動は、ＡＳＤ者としてどう自己主張すべきかの完璧な見本であり、彼の知人たちの反応もまた、ＡＳＤ者への寄り添い方として理想的なものだった。にもかかわらず、やりとりは緊迫したものになった。

他人からの否定的な反応にひるまない

ほぼ全員が正しい、少なくとも理解できる行動をとり、やや不満足な結果に終わった例を示すことは重要だろう。仮面を取ることが、万人にとってポジティブな経験になるとは限らない。時には自分を優先するあまり、他人をイラつかせることも、失望されることもある。感情的な態度をとられたり、激高されたりすることさえある。衝突を伴うやりとりを切り抜けることを学び、他者からの否定的な反応に直面してもひるまない練習をすることが、私たちには不可欠だ。

誰かを虐げたり、他人の権利を侵害したりするのでない限り、自分の行動が誰かを満足させるものでなくても大丈夫だと思おう。なにしろ定型発達の人たちだって、しょっちゅう会話で地雷を踏んでいるし、それでも問題なく話を続けている。ニューロダイバースな人たちも、同じ人間として、少なくとも多少の欠点は許容されてしかるべきだ。

多くの点で、マスキングは共依存と心理学的に近しいところがある。いずれも他人の反応や感情を操り、コントロールしようとする関係のあり方で、通常は虐待に起因する。[1] 仮面を外すには、定型発達者に受け入れられるかどうかに自分の行動指針をゆだねるのをやめる必要がある。それはつまり、時には人の神経を逆なでするとわかっていても、「正しい」行動をするということだ。

仮面ＡＳＤ者の多くに必要なのは、優れた判断力を養う訓練を重ねることである。その場の他人の反応や印象ではなく、原則的に自分の信念や認知に従って自身の行動を判断できるようにならなくてはいけない。仮面ＡＳＤ者は、他者から不評を買うとひどく心を痛める傾向がある。受け入れられないことで危険な思いをし、苦痛を被った過去の記憶があるからだ。私たちの多くは、他人を満足させるためならほとんど何でもする。誰かを怒らせてしまうつらさに耐えられるようになることは、しっかりした自己主張スキルを身につける上で、きわめて重要である。

仮面をつけている人は、他人の意見や感情に強く依存している。定型発達者や大切な人たちが過ごしやすいようにと身をかがめ、注意力散漫、風変わり、迷惑といったあらゆる自分の特性を隠す。そして過剰に用心深く他人を観察して、不満を抱いている兆候を探そうとする。他人を思いやるのは正常で健全な行為だが、仮面ＡＳＤ者は人の機嫌をとることに多くのエネルギーを費やす傾向があり、自分について考える（あるいは自分の感情に耳を傾ける）心の余裕がほとんどなくなってしまう。また、人と本音でつながることもできなくなる。絆を築くためには、本当の意味で相手の感情（よい感情も悪い感情も）を認識し、それに対して誠実に対応する必要がある。うわべだけの笑顔や擬態は、人を総合的に判断して理解することを難しくする。

人と一緒にいると自分の考えや感情がないように思えるときは、人前で仮面を外すのはほぼ不可能だと感じてしまう。かつての私も、そういう状態だった。強く自分を抑制しすぎて自分の本当の気持ちがわからず、誰かに境界線を越えられたり、不快な思いをさせられても、その場では認識できない。数時間後に一人で振り返る余裕ができて、ようやく自分の気持ちに気づくのだ。

仮面を外すリスクを超えて

仮面を外せば、不安から解き放たれ、自分を受け入れてくれる先進的な世界に飛び込める。そんな素晴らしくポジティブな経験であると紹介できればよかったのだが、実際はそうではないことを、私は知っている。たいていは非常に神経を使って、ぎこちなくなる。私たちが仮面を外すのは、仮面着用が自分を傷つける行為だと認識しているからである。そしてそのわなから死に物狂いで抜け出すためなら、定型発達者の不評にさらされたとしても、やるだけの価値はある。

人によっては、仮面を外すというのは、バスの中で奇異に見られることがあっても、自己刺激行動をやめないということかもしれない。友人との口論から数日後に、メールを送って友人の言葉で傷ついたと説明することかもしれない。黒人や褐色のＡＳＤ者の場合は、仮面を取るのは特に緊張をはらむ行為である。人前で障害をさらけ出すことが命取りになりかねないからだ。こういうことがあるから、どこなら私たちが安心して受け入れられるのか、いつ、どうやって仮面を外すのが効果的なのかの判断は難しい。本当の自分の姿で社交の場に出ると、たくさんのチャンスや利点に恵まれる一方で、少なからぬリスクも伴う。多くの競合する力がそこにはある。

仮面を外す行為が持続可能で健全なものであるためには、新しい対処法を武器にして、本当に支えてくれる大切な人たちを味方につける必要がある。人間関係における衝突をうまく処理できるようになり、本当に理解してくれる人たちとの絆を育まなければならない。仮面を外すということが、定型発達の友人や家族に自分の扱い方を教えることになる場合もあるかもしれないし、無理してまでかかわる価値のない人との縁を切ることになる場合もあるかもしれない。

この章では、ASD者としての感情的・心理的ニーズを満たす人間関係を構築するためのエクササイズや研究をたっぷり紹介しよう。さらに、サポートがなく受け入れ態勢のない公共空間や人付き合いを乗り切る方法を学ぼう。

自己開示が合理的なのはどのような場合か

ジェイムズが自分はASDだから話の内容についていけないと説明した行為は、障害者であるという自己開示である。ASD者の自己開示が有益かどうかについては、研究によってさまざまな見方がある。前述したように、定型発達者が会話の相手がASD者だと気づくと偏見が少なくなり、ASDだと知らない場合よりもその人に好意を抱くという実験結果もある。ある人のぎこちなさが実は単なる神経学的な差異《ニューロダイバージェンス》に基づいたものだと理解することで、ぎこちなさが説明可能なものとなり、「不気味」に見えなくなるのだ。一方で心理学者たちは、この（一対一の会話で観察される）短期的な利点が、大人数のグループや職場に当てはまることまでは確認していない。

　ロムアルデスらによる最近の研究は、成人ＡＳＤ者に職場で自己開示した経験について尋ねたものだ。[2]研究では、ＡＳＤ者のほとんどが職場での調整や寛大な扱いを期待して「カムアウト」したものの、四五％がその決断は自分にとってプラスにならなかったと答えていることがわかった。ＡＳＤだと公表した後に不当な扱いを受けたと報告した人は比較的少なかったが、多くの人がＡＳＤだと公表しても扱いは何も変わらず、より攻撃されやすくなったと感じただけだったと告白している。その一方で、四〇・四％の回答者が上司が調整を快諾してくれたり、同僚の理解が得られたりしたため、公表はトータルでプラスになったと答えている。

　追加調査では、ＡＳＤ者の自己開示が与える影響は、開示した相手のＡＳＤについての知識量に左右されることが示された。[3]ＡＳＤについての知識が浅く、固定観念に縛られている人は、自己開示をした人の人間性を否定し、レッテルを貼るような反応を示す傾向がある。例えば、ＡＳＤが成人でも発症しうると知って驚き、励まそうとして「でも、ＡＳＤには見えない！」と口をすべらせるかもしれない。

　ＡＳＤ者が自己開示すると、赤ちゃん扱いされることもある（まさに赤ちゃん用の声で話しかけられるのだ）。賢くて普通であるように見せるのがうまいと、上から目線で元気づけられることも山ほどある。学校や職場で公表した場合は、間違ったことを言ったり怒らせたりすることを恐れて、周囲に突然距離を置かれてしまうかもしれない。一方で、成人ＡＳＤ者に会って積極的に交流することで、心を開いてＡＳＤを受け入れて学ぼうとしてくれる定型発達者も多い。

ソーシャルメディアで自己開示する

現実社会で拒絶されるリスクを冒さずに自己開示する手段の一つが、ソーシャルメディアである。ＴｉｋＴｏｋやインスタグラムといったソーシャルメディアでは、ＡＳＤの若者が「仮面」を外して新しい音楽に反応する動画がバズっている。十九歳のＡＳＤ女性がヘッドホンをしながら自己刺激している動画は、二〇二〇年七月に大流行して一千万人以上が視聴し、広くシェアされた。[4]この動画に対するコメントは、ほぼすべて支持を表明する好奇心に満ちたものである。動画作成者であるジェイは、ＡＳＤの受け入れ方を伝えるたくさんのショート動画を投稿してフォローアップしている。

作家でツイッター［訳注・現Ｘ］のヘビーユーザーであるニコル・クリフは、二〇二〇年にＡＳＤ者であることを公表した。[5]ニコルはその何年も前から、愛のある書きぶりで自分の子どもたちのＡＳＤについてツイッターに書き込み、マスキングと補償について説明してきた。フォロワーからは絶大な支持があり、多くのフォロワーが自分の発達障害の話をしに訪れる。

何十年もの間、誤った情報、恐怖をあおるような言葉、ステレオタイプ的な表現が蔓延してきたが、世間はようやくＡＳＤの当事者の体験談に関心を持ってくれるようになった。私たちもやっと、吐き出した言葉に耳を傾けてもらえる場所が得られたのだ。

もちろん、ネット上でASDと公言することが、必ずしもポジティブな体験につながるとは限らない。知り合いの黒人ASD者が音楽に合わせて自己刺激する動画をツイッターに投稿したところ、嫌がらせを受け、注目を集めるために障害を「偽装」していると非難された。彼女は嫌がらせの嵐に耐えかねてアカウントを削除してしまったので、もう彼女のツイートを引用することすらできない。白人ASD者のジェイが称賛を受けた行為とまったく同じことをした黒人女性が不審がられたことは、注目に値する。彼女もジェイと同じように、ASDについてわかってもらいたいと思い、ネット上で楽しそうにASDらしさを全開にしただけなのだ。

自己開示に伴う反応

いつ、どのように自己開示するかという決断は、ASD者をジレンマに陥れる。わかってもらうためには公表しなければならないが、たいていは理解してくれそうもない人々に囲まれた厳しい文化状況の中で公表することになる。公表すれば知識不足によるASD像に対抗できるとはいえ、ステレオタイプは長年にわたって広く浸透しているため、たった一つの反例でこれまでの悪いイメージを払拭することは不可能だ。被差別集団のステレオタイプに反する情報に接したマジョリティの人は、その情報を疑うような反応をすることが多い（例「あなたは本物のASDっぽくないよ！」）。あるいは、ステレオタイプから逸脱している人を特別扱いする（例「あなたは他のASDとは違う。賢いタイプのASDなんだね！」[6]）。

多くの場合、自己開示によって、無効化と無知の洪水に身をさらすことになる。ポジティブな影響を与えられるとしても、当人が直接恩恵を受けられるとはかぎらない。クリスタルは診断されたその日から、このことに苦しんできた。母と祖父は、子どもの頃に検査を受けさせなかったにもかかわらず、診断がつくなんてまったく不可解でショッキングだと言わんばかりの反応を示した。ＡＳＤの特性なんか無視していい、誰だって社会になじんでついていくのに必死なんだから、とまで口にした。残念ながら、これは家族の中で初めてＡＳＤだと打ち明けた人がよく経験することだ。ＡＳＤの特性を共有する未診断の親族は、自分を守るために「そんな苦労は人生につきものだろう」など言って診断をはねつけることがある。もちろんこういう態度は、彼ら自身がこれまでの人生で何も言わず苦しんできた経験に由来する。家族の抵抗や辛辣な反応は、しかるべき支援や評価を与えられてこなかった彼ら自身の不満の表れなのかもしれない。

ＡＳＤ者が自己開示によって本当の意味で相手に影響を与えるには、お互いに尊重し、信頼し合える関係が必要である。また相手側には、ＡＳＤとは何かについて学び続け、その過程で認識を改めようとする姿勢が求められる。最近、クリスタルは成人のＡＳＤについてほとんど知らないという小学校教師のアーキブと付き合い始めた。当初、アーキブはＡＳＤであることを告白された門外漢がよく口にする典型的な反応を示した。クリスタルはかわいいし落ち着いているからＡＳＤとは思えないな。それとＡＳＤはデートの約束を忘れる「言い訳」にはならないよ。クリスタルはアーキブに、ＡＳＤについて学んでもっと知ってほしいと告げた。彼は言われた通りに、ＡＳＤ者による動画を視聴するようになり、クリスタルが勧めた本を何冊か買った。

「彼の家のトイレに入ったら、私があげた本の一冊が読み古してボロボロになった状態で置いてあったの」とクリスタルは語る。「実際に読んでくれたみたい。それってそんなに高いハードルじゃないはずなんだけど、家族は私が送ったＡＳＤについての資料を一切読んでくれなかった」アーキブは、自らが自己開示と自己主張の努力に値することを証明してみせたのである。クリスタルの家族はそうではなかったが。

ＡＳＤ者全員に、生活のあらゆる場面で障害があることを隠さず堂々と伝えなさいと勧められたらいいのに、と思う。そんな言いぐさが、いかに非現実的で単純化しすぎたものであるかは承知している。私たちの多くは、自己開示を最初はためらう。不安と自信のなさに打ち勝たなければならないこともある。とはいえ、自分の状況を一番よくわかっているのも自分である。障害を開示するもっともな理由はたくさんあるし、開示を避ける同じように正当な理由もたくさんある。

次に挙げるのは、あなたが自己開示の問題を乗り切りたいかを考えるための質問である。

①ＡＳＤ者であることを「カミングアウト」したい相手は誰か
②なぜカミングアウトしたいのか。どうなることを望んでいるのか
③自分についてもっと理解してほしいと思うところはどこか
④「本当の」ＡＳＤについて、相手にわかってもらうのに費やしてもよいエネルギーはどれくらいか
⑤調整や異なる扱いの要求など、具体的に「お願い」したいことがあるか
⑥自分のことを「理解」し、「擁護」してくれる人は誰か

これらの質問が明らかにするのは、仮面を外すという行為イコールＡＳＤの公表ではないということ、そしてどちらの決断も二者択一ではないということだ。例えば、友人や信頼できる家族にはＡＳＤであると打ち明けられるが、親族の集まりや職場では公言できないということもあるだろう。いつも通っている教会で時間を割いてＡＳＤについて人々に伝えるのが、それだけの努力に見合う効果が得られると思えるなら、そうするのもいいだろう。あるいは、理由を詳しく告げずに必要な調整を伝えるだけでもいい。どんなときも助けになるのは、そばにいて一緒に主張してくれる信頼できる支援者だ。

全員に共通の認識を持たせる責任をあなたが負うことはない。不必要な批判や差別にさらされる義務もない。例えば照明に調光スイッチが必要だと人事に伝える際に、片頭痛という理由のほうが言いやすいならそう伝えればよい。ＡＳＤによるバーンアウトだと友人に伝えるより、病気で外出できないと言うほうが簡単なら、それを「言い訳」にして予定をキャンセルしてもいい。

少しずつ公表するのもいいだろう。まずは自分一人のときに仮面を取って自分の本当の姿を知り、それから一番安心できる人たちと仮面を外した関係を築くのだ。ジェイムズの活動家の友人がそうしてくれたように、支えてくれる人たちという安全基地があれば、他の人に障害を疑われたときに擁護してくれるだろう。彼らは感覚過敏への対処の手助けをしてくれたり、苦痛の兆候がないか身体を確認するように促してくれたりするかもしれない。ＡＳＤであることを疑わずに振る舞ってくれる人々に囲まれていれば、自分が調整を受けるにふさわしい人間であると思うのがずっと簡単になる。

次に挙げるのは、自己開示のプロセスを進めるにあたって心に留めておきたいことである。

・ASDは謝る必要のあることではない
・敬意を持って接してもらうために、他の人に自分やASDのすべてを理解してもらう必要はない
・自分のために公表している／調整を求めているのであって、他の誰のためでもない

仮面を外し、自分のニーズが満たされるよう求める個人レベルの作業に加え、その作業をもっと簡単にしてくれる人たちを見つけ、協力関係を育んでいくこともきわめて重要だ。次のエクササイズは、それを目的としたものである。人の言いなりになるくせを克服し、サミュエル・ディラン・フィンチが「ストロベリー・ピープル」と呼ぶような人たちと、深い関係を築いていこう。

仮面を外した友情を育む——「ストロベリー・ピープル」を探そう

サミュエル・ディラン・フィンチは、ASD者の媚びへつらいや人の言いなりになる傾向について書いた本の中で、自分は本物の友情を遠ざけていたと述べている。サミュエルは、人を愛す

ることとは、その人を幸せにするために努力することだと考えていた。反対に、一貫して温かく寛大な人がいても、サミュエルは信頼しなかった。自分は本物の愛情に報いることなんてできないと思っていたのだ。

「すごく寛大で温かくて、気持ちを伝えてくれる友だちやパートナー、知人から逃げてしまうことがよくあった」と彼は書いている。[7]「自己肯定感の低い人間は、人間関係の中で際限なく人に尽くすことに慣れている。だから頼み事をされないと混乱する」

サミュエルは、コロコロ変わる不安定な人間関係のほうが気楽だと感じていた。ひどい扱いをする人々と付き合い、仕事関係の人たちから搾取されていたサミュエルは、もっといい関係性を築けそうな新しい知人を無視した。このような状態が何年も続いた後、サミュエルは社会性をつかさどる脳の神経回路を配線し直す必要があると認めざるを得なかった。これまでの人付き合いのやり方は、明らかに彼にとってよいものとはいえなかった。そこでサミュエルはじっくりと、彼の友情に値する人たちのリストを作成した。

「自分に〝優しすぎる〟人たちの名前をグーグルドキュメントにまとめた」とサミュエルは書く。「それからスマホのアドレス帳を開いて、その人たちの名前の横に絵文字をつけた。すごく優しい人たちの隣にはストロベリー、思考や成長を促してくれる人たちには苗木の絵文字を」

サミュエルは「ストロベリー・ピープル」に連絡をとってあなたとの友情を優先したいと伝え、今までの自分はあなたをがっかりさせたくなくて愛情を拒んでいたのだと告白した。それからは、スマートフォンの通知でストロベリーや苗木のマークが表示されるたびに、必ず心を込めて即レスするようにした。今の彼はもう友人との予定をキャンセルしないし、無理に距離を置くこともしない。友人を生活の中心に据えたのだ。

概してＡＳＤ者は、定型発達者のように直感頼みの人付き合いをしていない。親しさや相手への感情に関係なく、あらゆる通知を同等に重視する傾向がある。これは特に仮面ＡＳＤ者に当てはまる。誰かを怒らせることを恐れるあまり、誰に対しても平等に友好的に返そうとするのだ。

現代のテクノロジーには、ＡＳＤではない普通の人なら自然に備わっているであろう人付き合いの能力をアウトソースできる便利な機能がある。特定の個人を優先度が高いとラベル付けしたり、特定のグループチャットやアプリからの通知以外をすべてオフにしたりすることができる。「ストロベリー・ピープル」システムは、誰にどの順番で返信するかの決定をマニュアル化しているのではなく、特定の人間関係を他の関係より重視したいという価値観を強化し、確固たる自己意識を培うのに役立つ。

サミュエルがこのような変化を遂げてから一年も経たないうちに、「ストロベリー・ピープル」の多くが仲間になってくれた。彼らはＰＴＳＤと摂食障害のセラピーに取り組むサミュエルの背中を押してくれた。ストロベリー・ピープル間で友情も芽生えた。サミュエルによると、みんなで一つのグループチャットで話しているそうだ。

他者への愛着が不安定

発達心理学の研究によると、ＡＳＤ者は幼少期から他者への愛着が不安定であることが多い。[8] 人間の愛着パターンは、初期の人間関係、特に主たる養育者との絆の安定性によって形成される。また、幼少期に育んだ愛着の質から、恋愛を含めたその後の人間関係の質や、他者からの慰めや精神的支援を受け入れる能力が予測できる傾向も見られる。

発達心理学によれば、安定した愛着を育んだ子どもは養育者を安全基地、すなわち自分を守ってくれるよりどころとして使い、そこから世界を探索する。例えば、安定した愛着を育んだ幼児は、慣れない遊び場でも思い切って遊具をいじり、新しい友だちを作ろうとしながらも、定期的に愛着者のもとに戻り、姿を確認して安心する。一人にされると悲しみや苦痛を感じるが、養育者が戻ってくればすぐにリラックスして落ち着く。安定した愛着を育んだ子どもは成長するにつれて、比較的容易に他の人と仲良くなることができ、深い信頼感と安定性をもって人間関係における葛藤や困難に対処できる大人になる。

発達心理学者が機能不全とみなす愛着パターンにはいくつかある。例えば不安型愛着スタイルの子どもは、見捨てられることを恐れて養育者から離れようとせず、一人にされると極度の苦痛を感じ、なかなか立ち直れないことがある。これとは対照的に、回避型愛着スタイルの子どもは養育者とかかわるのを避ける傾向がある。ＡＳＤ者は、不安・アンビバレント型と呼ばれる愛着スタイルを、定型発達の集団に比べて高い割合で示すことが観察されている。不安・アンビバレント型愛着スタイルの人は、落ち着かせたり安心させたりするのが難しい。親しい人のことを、困ったり脅かされたりしたときに落ち着かせてくれる安全な「安心基地」とは見なさない。不安・アンビバレント型の人は大人になると、不安感とあいまって激しい感情依存のパターンに陥る傾向がある。受け入れてもらうことを切望しながらも、どうせ無理だと思い込む。自分とつながろうとする人がいても、無意識のうちに拒絶してしまう。

ここで特筆しておきたいのは、発達心理学者が定義する「安定した愛着」とは、「安定した愛着」が定型発達者にどのように現れるかに基づいたものであるということだ。安定した愛着を育んだ定型発達の子どもは、アイコンタクトや発声を用いて非常にわかりやすく親に自分をアピールする。だがそのやり方は、ASD児にとっては不自然に感じられるかもしれない。

さらに、不安定な愛着スタイルを示す兆候の多くは、発達障害（および定型発達の世界で過ごしたことによるトラウマ）と区別するのが難しい。例えば回避型愛着スタイルは、子どもが養育者に背を向け、悲しいときに養育者に慰めを求めようとしないことが特徴とされる。このような行動は、子どもが養育者に支えられていないと感じていることの現れかもしれないが、ASD者が触れ合いやアイコンタクト、言葉によるコミュニケーションを嫌っているサインである場合もあるのだ。

ASD者の多くは、幼い頃から養育者から拒絶され、理解されなかった経験を持つ。定型発達的なやり方で慰めてもらおうとしなかったために、罰を受けたり、無視されたりすることもある。人とつながろうとして、目も合わせずに他人の隣で遊ぶ（パラレルプレイと呼ばれることもある）態度が、社会的関心の欠如と誤解されることもある。ASD者の激しいメルトダウンは自分を落ち着かせることができないと誤解され、不安型愛着スタイルの兆候と受け取られるかもしれない。

その他さまざまな理由から、ASD者は他人への愛着に強い不安を感じやすい。また、心からつながりたいという気持ちを拒絶、または曲解されることが多い。定型発達の愛着の「ルール」によって、本質的に私たちは正常で健全な絆を築くのにふさわしくないとみなされてしまう。

本当に優しい人を遠ざけない

成人ＡＳＤ者における不安定な愛着スタイルの現れ方の一つに、称賛や注目を不快に感じるというものがある。ポジティブな形で注目されていても、それが社会的に妥当なものであることにさえ気づかないかもしれない。バカにされる、仲間外れにされる、あるいは激しい愛憎関係や虐待的な関係に巻き込まれるといった扱いに慣れているせいだ。サミュエルが言うように、誰かが本当に自分に対して「優しすぎる」のか、それとも不当な扱いに慣れすぎて優しさが疑わしく感じられるだけなのかを見極めるには、第三者の視点で見ることが有益である。

次に挙げる質問は、安定した愛着を遠ざけていないかどうかを振り返るのに役立つだろう。

「ストロベリー・ピープル」を遠ざけていないかチェック

①誰かに褒められたとき、言葉通り受け取ってはいけないと感じる？
②これまでの人生で「優しすぎる」ように見える人はいる？　それはどんな人？
③見捨てられるかもしれないという理由で、人を信じることを恐れている？
④誰かに好意的な関心を向けられたら、気味が悪いと感じる？
⑤親切で愛情深い人は、自分よりも「もっとふさわしい」人と友だちになるべきだと思う？

⑥誰かが心を開いてさらけ出してくれたとき、大したことではないと思おうとする？

⑦人に好意を伝えるのが苦手？

これらの質問は、多くのＡＳＤ者が他人から距離を置きたがる原因である自己防衛と自信のなさの核心に迫るものだ。私たちの多くは、人を恐れる正当な理由を少なからず持っている。私が若かった頃、関心を寄せてくれた人の多くは、どうすればより女性らしくなれるかを「教えたがる」女性だった。同級生や同僚がすり寄ってくることもあったが、それは勉強や作文を手伝ってほしかったからだ。それで私は、自分に興味を持つのは面白がって自分を修正しようとする人か、自分を利用したい人だと思うようになった。褒められるたびに、私は「ネグられている」と思った。ネグ（ｎｅｇ）とは、相手を不安定な気持ちにさせるために、相手と自分との違いを強調する、あるいは褒め殺す手口だ。

ＡＳＤ者にとって、純粋に自分を好いてくれている友人と、自分がつけた仮面に好意を抱いている表面的な知人との違いを見分けるのは難しい。違いを見極める方法の一つが、自分が完璧ではなくてもそばにいてくれる人を見ることだ。条件付きの承認しか与えてくれない人のそばでは、決してリラックスできないだろう。

次に挙げる質問は、ストロベリーの絵文字にふさわしい人と、愛想よく媚びへつらう自分にしか興味を持ってくれない人を見分けるのに役立つ。

①意見が合わなくても気軽に反論できると感じられる人は誰か？
②自分の意見や選択について、意見を押し付けることなく考えることを促してくれる人は誰か？
③自分が相手を傷つけたときに率直に教えてくれ、改善する機会を与えてくれるのは誰か？
④何があっても敬意をもって接してくれる人は誰か？
⑤元気にしてくれたり、刺激を与えてくれる人は誰か？
⑥野性的で遊び心のある一面を引き出してくれるのは誰か？
⑦もっと心を開いて自己規制せずに接してみたい人はいる？

これらの問いについてじっくり考えてみると、とても思いやりがあって自分の意見を押し付けない、信頼できる一握りの友人たちの顔が思い浮かぶ。彼らの揺るぎない愛情は、私が伝えた話の詳細を覚えているような、ちょっとしたところにも表れている。意見が食い違っているときでも、友人たちは私の視点に理解を示そうとし、私がなぜそのように物事をとらえるのかを思慮深く考えてくれる。私が軽はずみなことを言って傷つけたときは傷ついたと伝えてくれるが、それは友情を維持するためで、私を辱めて楽しんだりはしない。私にしてほしいことがあれば教えてくれるし、必要なときには助けを求めてくる。私が彼らの助けになろうとしてしくじったとしても、恨んだりしない。

こういう友人たちは概して、混乱した感情やまとまっていない意見を打ち明けられる人たちである。そして変人でも、心が狭くても、バカをやっていても、気兼ねなく過ごせる人たちでもある。彼らがサポートしてくれるおかげで、怒ったり悲しんだり、意味のわからない同僚の発言に思い悩んだりしているときでも、私には安全な居場所があると思える。

表面的な友人の見分け方

反対に、次の問いをじっくり考えることで、自分にとっての「ストロベリー・ピープル」にはなり得ない人を見極めることができる。

①義務感や罪悪感から、無理して一緒に過ごさなくてはいけないと感じている人は誰か？
②承認を得なければならないと感じている人は誰か？
③不安や物足りなさを感じさせるのは誰か？
④一緒にいると疲れるのは誰か？
⑤一緒にいると自分を取りつくろってしまう、あるいは自主検閲してしまう人は誰か？

この問いに当てはまる人はたいてい外向的で、大いに注目してくれるものの、その注目はうわべだけのものでしかない。私に関心を示したとしても、問いかけがとげとげしかったり、テストをしているみたいに感じられたりする。そういう人がそばにいると不安になってしまい、リラックスして仮面を外すことができない。

心から面白いと思える人や興味深い人もいるが、たった一回人付き合いのミスを犯したとか、自分が同意できない選択を一つしたというだけで他人を仲間外れにしたりいじめたりするのを目にしたら、もう親しくなれない。該当する人物の一人はすごく魅力的な友人なのだが、私がその人を失望させたということをあいまいな言い方でほのめかすばかりで、私が何をしたのか、なぜ失望したのか説明を求めても答えてくれない。

もう一人の友人は、かつて尊敬していた年上の作家だが、会うたびに私が冷たすぎる、理知的すぎる、「傲慢」すぎるとしつこく説教してきた。その説教にいくらか正当性があったとしても、受け入れられているとも、好かれているとも思えなかった。彼女は私を成長させたいという純粋な気持ちから苦言を呈したわけではなく、ほとんど私をやりこめたいだけに見えた。

ストロベリー・ピープルと過ごして社交スキルを磨く

「ストロベリー・ピープル」と過ごす時間を増やせば自然にやりとりできるようになり、人と接するのはとってつけたような演技でストレスを溜めることではないと思えるようになる。脅威を感じない人々との上質な時間は、他の人間関係にも通じる社交スキルを身につけるのにも役立つ。

神経科学者の観察によれば、ＡＳＤ者の社交スキルに関連する脳の領域は、定型発達者の脳よりもはるかに長い間、発達を続けていると言う。[9] バスティアーンセンらによって行われたある研究（二〇一一）では、若いＡＳＤ者は下前頭回（表情の解釈にかかわる前頭葉の領域）の活動が非ＡＳＤ者よりはるかに少ないにもかかわらず、三〇歳になる頃には非ＡＳＤ者とＡＳＤ者との間に差が見られなくなることが観察された。言い換えれば、人付き合いの情報として表情を処理・

解釈する領域では、ASD者の脳は最終的に定型発達の脳に「追いついた」のである。他の研究でも、五十歳以上のASD者は、他者の動機や感情を理解する能力が非ASD者と同等であることがわかっている。[10]

なぜこのような結果になるのかはまだ確かめられていないが、少なくともASDを発達の障害や遅れと考えることを正当化するものではある。個人的に、ASD者が時が経つにつれて表情を読み取ったり人間の行動を理解したりできるようになるのは、最終的に世界を読み解く独自のシステムやコツを開発した結果ではないかと思う。もし早くから支援ツールが与えられていれば、定型発達者と同じペースで発達していたかもしれない。定型発達者には有効な人付き合いの作法やテクニックは、私たちには通用しない。そのため私たちは、社交を独習するしかないのだ。

ASD者は年齢を重ねるにつれて、また社会的接触が増えるにつれて、人の表情を読み取ることが上手になる。しかし私たちだって、定型発達の人々が私たちを理解しようとしてくれる世界で生きる資格があるのではないかと思う。私たちを脅かさない人、社会的脅威を感じずに済む人たちと一緒に過ごすと、アイコンタクトや会話を始めること、自己主張することに慣れてくる。[11]

ASD者であるあなたは、社交不安から完全に逃れることはできないかもしれないし、見捨てられるという恐れにいつでも少し敏感かもしれない。それでも、定型発達者に承認される方法で自分を表現したり、他人とつながったりできるようになる必要はない。アイコンタクトが苦痛で情報に圧倒されるのであれば、アイコンタクトに慣れることよりも、仮面を外してアイコンタクトが苦手だと伝えるほうが重要である。支えになってくれる健全な人々にかかわって打ち解けられるようになれば、自分に合ったやり方で効果的に自分を表現できるようになる。ありのままの姿で心地よくいられるようになれば、他人が脅威でなくなり、混乱しなくなるという利点もある。

明確かつ誠実に伝える

ＡＳＤ者は一般的に、口調や表情・身ぶり手ぶりに頼らない、率直で明確なメッセージを好む。何をしてほしいかが具体的に示され、意味をはっきりさせるために質問をする機会がたくさんあるとありがたいと思う。このようなニーズを周囲の非ＡＳＤ者に伝えることで、人間関係が広がり、より深く幅広いつながりができるようになる。自分のコミュニケーション・スタイルのユニークな特徴や強みを受け入れると、人付き合いに不向きで無力であると感じることも少なくなる。

次の表は、ＡＳＤ者によくあるコミュニケーションのニーズをまとめたものだ。この表を周囲の定型発達者や、アクセシビリティを高めたい組織に伝えてもいいだろう。もしくは、自分のためにここにある調整を具体的に求めるだけでもいいだろう。

一般的なＡＳＤ者のコミュニケーションのニーズ

全体的なニーズ	要求可能な調整
・何をしてほしいかを具体的に示してほしい	・時間、場所、起きる可能性のあることについての具体的な計画 ・「イエス」「ノー」が明確で、「考えておく」といった婉曲的な表現をしない ・会議の議題は事前に配られ、議題の通りに会議が行われる ・パネルディスカッション、面接、その他ストレスの大きい公的なイベントの前に資料、質問、討論のテーマを用意する ・作業を終わらせる方法について、段階的かつ詳細な指示がある ・具体的で測定可能な成果や目標
・伝達内容をはっきりしてほしい	・表情、声のトーン、立ち居振る舞い、息づかい、涙を感情の指標として使えると思わない ・「私は今、失望している。なぜなら……」というように、感情を直接的に説明する ・「シェリーは今、そのことについて話したくないようだ」というように、境界線を認識し、尊重する ・行間を読めなかったからといって、罰したり批判したりしない ・「この件に関して、私にどうしてほしいですか？」というように、明確な質問をする
・感覚的／社会的負荷の軽減	・集中している会話の最中は、アイコンタクトを期待しない ・運転中や散歩中、あるいは手を使って何かをしながら難しい話題について話すことに干渉しない ・感情や意見を、テキストメッセージ、電子メール、手書きのメモで表現することを許可する ・自分の感情や思い込みを振り返るために、一人になる時間を与える ・媚びへつらいと、メルトダウンが起きそうな兆候を認識できるようにする ・人付き合いからたびたび離れられる、休憩所や一人になれるスペースを用意する

率直なコミュニケーションを長所に変える

私たちは直接的なコミュニケーションを切望しているくらいなのだから、その希望を直接伝えるのだって得意だ。むしろ得意すぎるくらいである。仮面ＡＳＤ者は生涯を通じて、明瞭さを求めたり、率直にものを言ったり、他人がぼかして言いたがることをそのまま伝えたりして罰を受ける。そのうち私たちは、自己表現にフィルターをかけるようになる。しかし人生経験を積み、自己主張のスキルを身につけた大人になれば、自分のコミュニケーション・スタイルを分析して、会話の癖を長所に変えることができる。

私は仕事の会議中、数えきれないくらい何度も声を上げ、会議の本当の目的は何なのかを尋ねてきた。アカデミアも政治組織も、「何かをしなければならない」という大まかな感覚で会議が招集される。しかし、その「何か」とは何なのか、どうすればそれを達成できるのか、正確にはわからない。分析的すぎる私のＡＳＤ脳は構造化を求め、社交不安と感覚的な問題から、たいていの会議をできるだけ早く終わらせたいと思っている。そのため、会話が方向を見失って堂々巡りに見えるとき、非公式な進行役を買って出ることが多い。誰かが難色を示すのを避けて通ろうとしたら、私は彼らの視点を理解し、自分自身の懸念を明確に表明しようとする。誰かが不適切な振る舞いをしたり、自覚せずにケンカ腰になったりしている場合は、できる限り方向転換をする。

仮面ＡＳＤ者の多くは、このような状況で観察力や「仮面」本能を巧みに活用する。かつて自分の怒りを静めたり和らげたりするために使っていた手法を、もっと周囲の役に立つ目的のために使うことができる。

昨年の冬、私は大学のダイバーシティ（多様性）&インクルージョン（包摂性）委員会に出席していた。手っ取り早く打ち解けるためのアイスブレイクとして、会議の主催者は自己紹介のついでにパンデミック以前の生活の中で一番恋しく感じているものを挙げるように求めた。

これは非常に無神経なアイスブレイクの質問だ。当時、私たちの多くは一年近く孤立しており、社会的接触や身体的接触、楽しみなイベントを切実に求めていた。無惨で荒涼とした孤独な冬であり、死で埋め尽くされたこのうえなく恐ろしい年の締めくくりだった。

会議参加者の中には、愛する人を新型コロナで亡くした人もいるはずだ。もちろん仕事の会議中に、コロナ以前の人生で最も恋しいのは亡くなった愛する身内だ、などと言うわけにはいかない。代わりに、お気に入りのペルー料理店で食事をするのが恋しいというような、無難で仕事に適した答えを選ばなければならない。こうした認識のズレのせいで、私は気分が悪くなった。だから自己紹介でこう答えることにした。

「こんにちは、皆さん。私はデヴォンです。アイスブレイクはパスします。コロナ以前の生活で恋しいことを全部話したら泣いちゃいそうだから！」

人々は私の発言に共感して笑った。そうなるように軽快な口調で話すようにしたのだ。司会者に批判されたと感じさせたいわけではなかったが、彼の質問が気まずいものであると強調することは大切だと思った。このとき、仮面と正直さは対立するものではなかった。軽快な仮面を使ったおかげで正直さがうまくいったのだ。

私が発言した後、他の会議参加者も同様にアイスブレイクに答えないことを選んだ。ある人は個人的に、発言してくれてありがとうとメッセージをくれた。会議の後半では、警察をキャンパスから追い出してほしいというロヨラ大学の黒人学生たちの提案を委員会が検討しなかったことに自分はがっかりしていると伝えた。このほか、ダイバーシティ＆インクルージョン委員会の目標（多様なコースのシラバスに有色人種の教員の数を明記することなど）の多くがやや不十分だと思うこと、キャンパスにおける警察の暴力に対して、さらなる取り組みが必要だと考えていることを明かした。ＡＳＤで男性寄りの白人である私は、率直であることが評価される。だからほかの人が言いたくても言えないような懸念を提起しても、許されるとわかっていた。

このように自己主張を始めた最初の数回は、非常に無礼だと思われるのではないかと心配していたが、ふたを開けてみれば、ほぼいつも感謝された。私はＡＳＤではなくとも、明快なコミュニケーションをありがたい救いだと感じている人が少なくないことを学んだ。

職場では、慎重に調整されたＡＳＤ者の率直さが重宝される。「いえ、それをする時間はありません」「これは不安ですね」「予算はいくらですか」といったフレーズは、ややこしい社交辞令を省略し、あやふやな物事を明確にしてくれる。私はぶっきらぼうになりすぎたり、最悪のタイミングで間違ったことを言ってしまったりすることがあるものの、何年も隠そうとしてきたＡＳＤらしい率直さを自分の仕事に活かすやり方が、だいたいわかってきたところだ。

ＡＳＤ者はコミュニケーションが苦手ではない？

ＡＳＤ者はコミュニケーションが「苦手」だと言われているが、実際はそうではないことを示すデータがある。二〇一九年に発表されたクロンプトンらの研究によると、ASD者二人がペアを組んで課題に取り組んだ場合、彼らは非常に効率的に意思伝達をした。彼らは短時間で多くの情報を交換し、課題を素早く完了させ、難なく気持ちを通じ合わせた[12]。一方で、ASDではない相手とペアになると、ASD者はしょっちゅう誤解され、話を聞いてもらえなかった。この研究は、研究者がASDの「社会性の欠如」と考えるものの多くは、実際には欠如ではなく、定型発達者が適応できないコミュニケーション・スタイルの違いにすぎないことを示唆している。

ニューロダイバースな人々がもっとメッセージを明確にしてほしいと強く求めれば、誰もが恩恵を受ける。あいまいで記号的なコミュニケーションは、ろう者や難聴者、慣用句の異なる異文化からの移民、英語を母国語としない人、社交不安を抱える人などにとっては、解析するのが困難だ。文化が複雑で記号的であればあるほど、外から来た人たちが適応するのは難しくなる。

時には意図的な閉め出しや排除の手法としてこれが行われることがある。例えば学者は知性と真面目さの証しとして、きわめてドライで受動的な、専門用語ばかりの書き方をするよう訓練されている。アカデミックな文章を理解するのは難しく、アカデミアの中でしか教えられないため、その書き方にならうことが「所属している」証となる。しかし理解しにくい文章は当然、影響力が低くなる。同様に、ビジネスの世界では業界用語やスポーツの比喩が多用されるため、マッチョな文化になじみのない人が排除されてしまう。このような障壁を取り払うことは、多様性のある流動的なコミュニティを構築し、進化と成長を促す上で不可欠である。

以前の私は、定型発達者の会話から言外の意味を読み取れない自分はひどく無能だと信じていた。今では、ほとんどの定型発達者だって得意なわけではないのだと理解している。ＡＳＤでない人は、複雑な状況を直感的かつ効率的に処理するが、多くのミスを犯す。明らかに自信満々で外向的な人が、状況を読み違えたり、人の話をさえぎったり、気づく様子も気にする様子もなく侮辱的なことを言ったりするのを、何度目にしたことだろう。

そのような行動には否定的な結果がつきものだが、たいていの場合、間違いを犯した非ＡＳＤ者がその矢面に立つことはない。周囲にいる全員が事態を修復しようと奔走し、誤解を解き、傷ついた感情をなだめることになる。ＡＳＤ者として一番解放的な気分になった気づきは、質問したり、必要な時に口をはさんだり、自分の気持ちを正直に伝えたりしたからといって、害になることはないということだ。自分が望んでいること、必要としていることを人に伝えれば、実際にそれを得られる機会が増える。また、他の人も自分のニーズを堂々と表明できるようになる。

定型発達みたいになりたいという期待を手放す

「新しいルームメイトには、私がいつも皿洗いできるわけではないことを伝えることにしている」とリースは語る。「皿洗いをしてあげるつもりはないし、私にそれを期待しないでね、これが問題なら、一緒に暮らせないって言う」

ＡＳＤでストリッパーのリース・パイパーは、二十代半ばでＡＳＤだと発覚するまで、生活を維持するのにとても苦労していた。外向的で人付き合いがよく、学校の成績も上々だったが、身の回りを清潔に保つことも、時間通りに場所に到着することもできなかったと言う。服にはしょっちゅうシミをつけ、食事をすると口の周りに食べかすがついた。人のメールに返事をするのを忘れ、一度に親しい関係を維持できる友人は二、三人しかいなかった。ASDであることがわかっても、根本的には何も変わらなかったが、リースは人生がこれほどまでに大変だった理由を知ることができた。

リースは語る。「私には障害があり、ずっと障害を抱えて生きてきた。障害者である以上、私は何らかの支援を受ける権利がある。その事実を認めると気が楽ね」

ASDである自分を受け入れる前、リースは障害があることを示すわかりやすい「痕跡」をすべて隠そうとした。働いていたストリップ・クラブでは、愛想がよく華やかな印象を与え、客を魅了してダンスにたっぷりお金を使わせた。彼女は社交辞令を覚えるのが得意だった。

しかし、友人や恋愛相手になりそうな人とは距離を置いた。車がゴミだらけであることや、食器がシンクに山積みになっているところを見られたくなかったのだ。世間を寄せ付けないことが、リースにとってマスキングの最も疲れる部分だった。たくさん隠し事をして、あわてふためきながら弁解をして、ようやく機能的な「大人」のように見せかけることができた。

リースが仮面を外す過程で欠かせなかったのは、自分に何ができ、何ができないかを率直に認め、周囲に折り合いをつけてもらうことだった。

「今、私の車に誰かを乗せるのは本当に恥ずかしい。ゴミ容器みたいだから」とリースは語る。

「でも、誰かが車を必要としているなら、知るか！　って感じでゴミはその人に対処させるかな。世界が終わるわけじゃないし。ただ散らかってるだけだし」

定型発達の基準を内面化しない

リースを含む多くのＡＳＤ者にとって、自己受容は傷一つない穏やかな自己愛というよりは、隠したい気持ちを振り払うための「知るか！　そっちで対処して」という態度のように見える。リースは自分がどんな人間であるかを正直に話すことをいとわない。たとえその言葉で、相性が悪そうなルームメイト候補を怖がらせてしまったとしても。少しずつリースは、定型発達の基準で自分の人生を測ることを手放せるようになってきた。

一部のＡＳＤ者は、仮面を外す最終目的は内面化したスティグマをすべて克服し、羞恥心から完全に自由になることだと考えている節がある。それは私たちにとって現実的な基準とはいえない。健常者至上主義は社会全体に広く蔓延しており、完全に逃れることはできない。私たちにできることは、それは私たちの外側に存在するもので、私たちの個人的な価値観に反している文化的価値体系であるとして観察するスタンスを身につけることだ。

料理をしないなんて情けないと言う頭の中の声は、私の声ではない。社会からの刷り込みが、私の内側から語りかけているだけなのだから、耳を傾ける必要はない。その代わりに、読書や執筆、ダンスパーティー、ゲームを愛する自分の一面を呼び起こせばいい。そしてスナック菓子やファストフードをたくさん食べることで、相手を尊重する時間が増えるなら、それは意義のある妥協だと受け入れればいい。

あるいは、私たちは孤立と言っていいレベルで過度な自立を称揚する世界に生きていることを思い起こす時間を取ってみてもいい。歴史を通じて、またさまざまな文化において、ほとんどの個人は自炊をしなかった。[13] 食事は共同で、あるいは専門の労働者によって調理されるものだった。料理はたくさんの人手を要する、時間のかかる作業だったのである。ファストフードや屋台は古代から存在していたのだ。伝統的に、ほとんどの民家には専用のキッチンさえなかった。なぜなら人々は互いに助け合い、食事の準備の責任はコミュニティ全体が負うものだったからだ。

それを思えば、私が食事にありつくのに人の助けを必要とするのは、まったく問題のないことである。個人が自分の食事の準備に責任を負わない時代や場所に住んでいたら、そのようなことができないくらいで障害扱いされることはなかったはずだ。

私たちは個人主義的な世界に生きている。そのため、多くのＡＳＤ者は取引の仕方を学び、助けを求めることに慣れてきた。私たちのほとんどは（定型発達者もニューロダイバースな人も）、自分一人ですべてをこなせるようにはできていない。充実した人生を送るためには、必要な助けを借りるか、いくつかの義務を放棄する必要がある。

自分の価値観と日々の生活を照らし合わせる

このことは、ＡＳＤのコーチであるヘザー・モーガンの仕事でも強調されている。ヘザーはクライアント（そして自分自身）に対して、自分の個人的価値観と実際の日々の過ごし方を比較対照するよう呼びかける。

「私は結婚していて、子どもが二人いる。家族四人で暮らしていると、私のエネルギーを制限し、仕事を増やす障害や例外処理が山ほど発生する」とヘザーはブログに書く。[14]「しつこく私を呼ぶ声、いやになるほどたくさんの優先事項。私の時間と注意を奪い合うこれらと日々向かい合っている」

ヘザー・モーガンは人を教え、執筆し、クライアントをコーチするかたわら、神学の大学院を修了している。ヘザーはとても忙しく、身体に障害があるため、ベッドで休みながら多くのことをこなさなければならない。すべてに対応するには、時間もエネルギーも足りない。しかしヘザーは自分がどういう人間で、人生で何を重視すべきかを感性を研ぎ澄ませて考え抜いている。それがどの仕事に優先順位をつけ、何を受け入れて何を手放すかを決める指針となっている。

ヘザーは、クライアントに対して行っている「自分の価値観に基づく人格統合」エクササイズを、自身でも実践してきた。そこでヘザーは自身の核となる、最も生き生きしていると感じた過去の瞬間を思い起こし、徹底的に掘り下げ、これらの記憶を重要なものとする自身の価値観を突き止めた。その価値観を三つの言葉に集約させると、正直さ、つながり、変化である。この三つの要素こそが、ヘザーが何よりも優先する価値基準なのだ。そしてヘザーは定期的に、それらの価値観と普段の生活のリズムを対比させている。現在の生活が自分の価値観に沿っているかどうかを確認するため、ヘザーは自身に四つの問いかけをすると言う。

次に挙げるエクササイズは、ヘザーの質問を私がアレンジしたものである。このエクササイズを完成させるために、第五章の「自分の価値観に基づく人格統合」エクササイズで作成した自分の価値観リストを手元に用意しておくとよいだろう。

自分の価値観に基づく人格統合[*15]
今の生活は自分の価値観に合っている？

1．今、何をしている？

【考える】毎日、どのように過ごしているか。少なくとも一週間、日々の過ごし方の詳細な記録をつけてみよう。

2．何が自分の価値観に合っていて、何に喜びを感じる？

【振り返る】一週間の自分の行動を詳細に記録したら、自分の価値観に合った行動とそうでない行動を振り返り、メモしておこう。価値観ごとに色分けした蛍光ペンでどの活動が価値観と一致しているかをマークしてもよい。

3．繰り返し出てくるテーマは何？

【気づく】やり遂げるのが一番楽しいと感じる活動や、いつも楽しみにしていることにはパターンがあるか。価値観が一致している活動と、そうでない活動を結びつけるものは何か。

4．自分の仕事ではないものは手放そう

【助けを借りる】ヘザーはこう問いかける。「あなたがしていることで、他の人ができることは何だろう。自分にしかできないことだとしても、定期的にする必要のないことをやっていないだろうか」

暗黙の要求を手放す

このエクササイズで浮き彫りになるのは、いかに私たちが生活の中で定型発達者の期待に応えるために時間を「浪費」しているか、「社会に求められている」と思い込んで漠然とした規範に順応しようとしているかということである。こうした暗黙の要求と、実際の自分との間に少し距離を置くことができれば、「ノー」と言うのはずっと簡単になる。

ヘザーは自身のブログで、このエクササイズを終えたあるクライアントの体験談を紹介している。彼が毎晩二時間も掃除機をかけたり、ストーブを掃除したりしていたのは、それが楽しかったから(あるいは結果を評価されたから)ではなく、母親にそうするように育てられたからだった。それに気づいた彼は、ただちにその習慣をやめた。

私の友人であるASDのコディは、トラウマを抱えている。彼の人生を大きく進展させたのは、社会が健常者に「すべき」としているような運動は決してできないと悟ったことだった。心拍数を上げるようなことはなんであれ、虐待を思い出してしまう。子ども時代、息遣いが荒くなるのはただ一つ、危険な状況から逃れようとしているときだけだったのだ。コディの身体は自己防衛のために細かく調整されているが、過酷な運動には向いていない。だからコディはその事実に折り合いをつけ、軽いウォームアップや立ち泳ぎ、マッサージなど、気持ちのいい身体活動だけを追求することにした。

心の健康を保つために苦手なことをいさぎよく手放そうと決心したASD者を、私は数えきれないほど知っている。例えばASD者には私を含め、料理をあきらめた人が多い。料理は時間と計画を要する作業だからだ。献立を決め、買い出しに行き、下ごしらえをし、家にどの食材があるかを覚えておき、食べ残しを腐らないうちに処分し、どんな味や食感なら耐えられるかを何日も前から把握しておく。これだけの労力に見合う価値があるとは思えないのだ。

私たちは料理の負担を完全に手放し、出来合いの軽食やファストフードに頼る。あるいは、親しい人に協力を求め、献立作りや買い物を任せる。食事に困らず、人生で最も重要なことに時間を使えればそれでいいのだ。

仮面ＡＳＤ者の多くにとって、大人になってから自分がずっと障害を抱えてきたと知ることは、世界が揺らぐような経験である。自己像の調節には長いプロセスが必要だ。悲嘆、怒り、恥ずかしさ、そして「あれってＡＳＤのせいだったの？」という発見。この過程でＡＳＤであることがトータルでは人生にプラスに働くと考えるようになる人も多いが、自分の限界を受け入れることも同じくらい重要である。自分の優れているところと助けが必要なところが明確になれば、持ちつ持たれつの豊かな関係を築き、どうにか持続可能で意義ある生活を実現できる可能性が高まる。

このパズルの最後の（そして不可欠だと思う）ピースは、普通とは何か、あるいは健全なＡＳＤ者の生活というものについての期待をリセットすることである。自分の脳タイプを「普通」にする最善の方法は、ＡＳＤ者を含む多様な障害者に囲まれ、自分のコミュニティの豊かな多様性を受け入れ、たくさんのユニークな生き方のよさがわかるようになることだ。

自分のコミュニティを見つける(作る)

「ごく普通の、ありふれた性欲しかない人たちにはわからないことだけど」とティサは語る。「性倒錯の世界はASD者であふれてる。みんなは性倒錯の世界をおっかなくてハードで不気味なものだと思ってるけど、なんて言うか……ただいろんな種類の縄について学んで、むち打ちや罵倒で刺激を得たいオタクの集団ってだけ」

ティサは中西部の郊外で、毎年BDSM【訳注・ボンデージやSMなど嗜虐的な性的行動をまとめた用語】の大会を主催している。ティサのいでたちは、その業界の人としての期待を裏切らない。紫色のブレイズを腰まで伸ばし、黒ずくめの衣装に身を包み、ピアスを束のようにつけている。彼女は根っからのASD的なオタクでもある。ホテルの会議場で開催するBDSMパーティーの手配で忙しくないときは、友人とボードゲームをしたり、フィギュアにペイントしたりして過ごす。ティサによれば、オタク趣味サークルと性倒錯のサークルは重なる部分が大きいと言う。どちらの集団も、神経学的な多様性に満ちている。

「ASD者はゲーム『ダンジョンズ&ドラゴンズ』のキャンペーンモードに五時間だって没頭できるし、よく知られるとおり拘束される感覚を好む人もいる。どちらのコミュニティもアウトサイダーに向いているの」

オタクコミュニティとASD

ASD者は必要に迫られ、多くのニッチなコミュニティを一から作り上げてきた。興味の対象や没入の仕方が、言ってしまえば特殊なせいでもある。擬人化された動物キャラクターの愛好者が集うファーリー・コンベンション、アニメクラブ、BDSMパーティー、アナキストによる空き家占拠、ゲーム大会などに足を運べば、何十人ものASD者を目にするはずだ。その多くが、重要なリーダーやオーガナイザーのポジションに就いている。

ASD者は熱狂的なファンが集う世界である「ファンダム」という概念を生み出した。スティーブ・シルバーマンは著書の中で、二〇世紀初頭のASDのオタクたちが、車や徒歩、さらには列車を乗り継いで、ニッチな趣味を共有する人々に会いに行っていたと記している。[16] SF小説の黎明期には、成人ASD者が初期のファン雑誌を運営し、郵便やラジオで二次創作小説を交換し合っていた。[17] ASD者は最初のSF大会の企画に協力し、初期のスタートレック・マニアや二次創作小説家になった。

インターネットが存在するずっと以前から、ASD者は雑誌の文通コーナーを通じてお互いを見つけていた。インターネットが普及すると、ASD者はフォーラムやチャットルーム、多人数同時参加型オンラインゲームを通じてインターネットを埋め尽くした。ソーシャルネットワークは、ASD者がコミュニティを見つけて組織化するのに役立った。[18]

ASD者は、特殊すぎる趣味に夢中になったり、ネットワークを構築するのに必要なITスキルを持っているだけではない。[19] 実のところ、オンラインや対面でのつながりの社会的・実用的側面を重視している仮面ＡＳＤ者も多い。テーブルトークＲＰＧのセッションのスケジュールを立てたり、サイトが目に優しいものになるまでフォーラムの設定を微調整したり、メンバーがケンカしないようにオフ会のルールを設定するのは、しばしば彼らである。

「私はＡＳＤの中では数学に強いタイプじゃない」とティサは言う。「私はひたすら人のことを考えるタイプ。みんなが一番快適なのはどういう会場なんだろう。太った人にはどんな椅子が合うのかな。どうしたらこの人が嫌いなあの人と接触させずに済むだろう。そういうようなことを頭の中に図を描いて考えてる」

ＡＳＤ者がイベント企画の主導権を握れば、私たちの感覚や人付き合いの特性に合わせた環境を作り上げることができる。仮面ＡＳＤ者たちが作り上げてきた、仮面を外せる小さなサブカルチャーの世界に入れば、本当の意味でニューロダイバーシティを受け入れる社会がどのようなものかがわかるだろう。ＡＳＤ者を受け入れる世界は、ＡＳＤ者だけでなく、多様な人々にとってアクセスしやすい世界である。それは万人にとって、はるかに快適な場所であるはずだ。

自己嫌悪が私たちを分断する

以前の私は、オタクのコミュニティを避け、自分のようにうまくぎこちなさを隠せない人と付き合わないようにしていた。できるだけ普通の定型発達者のように見せようと必死だったのだ。社会のルールに反している人の近くにいるだけで、自分が変人であることがバレてしまうのではないかと恐れていた。

強烈な自己嫌悪に陥っているトランスジェンダーの人たちに会ったことがあるが、彼らも自分の属性の印象を悪くしそうだと感じる人と親しくなることに対して、同じ態度を示していた。例えば、シスジェンダーとして「パス」することに何の努力も払わない、見た目がわかりやすくトランスジェンダーな人に憤慨する。あるいは、性別違和に苦しんだことがない人は、注目されるためにトランスと偽っているだけだと断言する。それは私たちを分断し、互いを遠ざけ、憎しみ合わせる恐ろしく自己破滅的な態度だ。自己嫌悪は、私たちが切実に必要としている支援ネットワークや組織力を増大させるどころか、私たちの間の溝を深めてしまう。

このような態度がトランスの人々にとっていかに破壊的であるかを認識している私も、かつてはASD仲間と力を合わせることについて同じように感じていた。元同級生クリスのようなわかりやすいASD者に対して、私がとった態度がまさにそれだった。仲間内ではみんなと一緒に彼をバカにしつつも、内心では彼のしぐさや動きが気になっていた。今あらためて考えると、私はクリスが好きで、惹かれていたのだと気づく。彼は賢くて面白く、体が求めるがままにのびのびと動いた。彼の姿に魅了されたものの、私はその感情を不快に思い、恐れた。内面化されたスティグマが私の中で腐って感情を毒し、私を自己嫌悪の偏屈者にしてしまっていたのだ。

ジェンダークィアのグループで仲間に出会う

二十代後半から三十代前半にかけて、私はようやくASDであることを受け入れ始めた。他のASD者たちと顔を合わせていくうちに、見当外れの嫌悪感は徐々に消えていった。最初の一歩は、地元のジェンダークィアのディスカッショングループに参加することだった。ＡＳＤ者に会うつもりでそこにいたわけではなかったが、自分の障害を知ったばかりの私は、すぐに自分と同じような特性を持った人たちがいると気づいた。グループの人たちは少し内気でよそよそしい感じだったが、好きなマンガや哲学書の話になると興味を示した。ユニークなスタイルやジェンダー表現に挑戦していて、そんな服装は「ふさわしくない」とかジェンダー規範に合っていないという理由で批判する人はいなかった。

ジェンダークィアのグループのルールや会の進行も、ＡＳＤ者やそのコミュニケーションの流儀に合わせてくれているように思えた。司会者は毎週特定の話題を提供し、具体的なルールを明示する。いつ話すか、他人の境界線をどう尊重するか、うっかり攻撃的なことを言った人がいたら、何をして、どう言うべきか。

私と同年代の大人たちがぬいぐるみなどの癒やしグッズ持参でやってきて、顔も上げずアイコンタクトもせずミーティングに参加した。無言でやってきて、床の上でどさりと倒れて自分を抱きかかえるように丸くなり、ほとんど何も言わない人もいた。数週間ごとに「毛布で秘密基地を作る日」が開催された。いつも蛍光灯で照らされているミーティングスペースを、みんなで協力して枕や布団を並べ、豆電球で飾られた居心地のいい隠れ家に変えるのだ。数年前の自分でも、こういうベタベタした空間に身を置くのは恥ずかしいと感じたはずだが、私は切実にトランスの友人がもっとほしいと思っていたし、ジェンダークィアグループは安心して過ごせる場所だった。

このグループに参加して数カ月経った頃、ＡＳＤの話題が出た。私は皆に自分のことを打ち明け、参加者の中にも神経学的に多様な人《ニューロダイバース》が多いことを知った。主催者から、同グループの方針と体制は、ニューロダイバースな人々のニーズを念頭に置いて作られていると聞かされた。同グループの長い運営の歴史の中で、リーダーの多くはASD者か、後にASDだと判明した人だったと言う。そこが大人になって初めて心から安らげるパブリックスペースだったのも、不思議ではなかったのだ。私はグループの集い以外でもメンバーとつるむようになり、もう「奇妙な」集団の一員だと見られることを恥ずかしいと思わなくなった。むしろ、受け入れられていると感じた。

このような経験を経た私は、さらに活動範囲を広げようと考えた。堂々と自分らしく生き、私を見下すことのない、風変わりで神経学的に多様な大人たちに会いたくなったのだ。そこで私は、シカゴ公共図書館で開催されるASDの当事者団体の集会に参加し始めた。そこでも私は、たちまち居心地のよさを感じた。人々は向かい合わせにならないように座り、靴に目を落としたりスマホをのぞき込んだりしながらおしゃべりをしていた。会話を続けるために、背筋を伸ばし、足を床につけ、作り笑顔をしてうなずく必要はないと感じた。それは至福の時だった。

私が参加したASDの当事者団体を企画・運営していたのは、第一章で紹介したASDの研究者・活動家で、フットボールとポケモンを愛するティモテウスである。ティモテウスが仮面を外していくことができたのは、自分が自分のままでいられるコミュニティスペースを作り上げる才能によるところが大きい。そうした場を作っていくことによって、他のASD者の自分らしさも解放してきたのだ。ティモテウスはフットボールを愛するクールな男子として幼少期と思春期を過ごした後、ミネソタ大学に進学するために引っ越した。男子学生の社交クラブに入った彼はポエトリーリーディングの大会にも参加し、オタクな人たちとも知り合うようになった。少しずつ自分のさまざまな面を知り、気の合う仲間も見つかった。

「シカゴでの自分は仮面をつけていた。中高時代の僕は、いつも場の中心にいる花形選手として振る舞う必要があった。社会が提供するものすべてに夢中になれる奴。クールな男でいなくちゃと思っていた。でもミネソタでは、自分らしくいても十分に注目を集められるってわかった」

数年後にシカゴに戻ったとき（アトランタに少し住み、そこでＡＳＤの当事者団体とつながった後）、ティモテウスは既存の友人関係を深めるだけでなく、新しい友人関係も広げられると気づいた。ＡＳＤをオープンにしても愛され、評価されると知ったおかげで、ありのままでいられる絆を築くことができるようになっていたのだった。ティモテウスは才能ある書き手であり、パフォーマーだった。親しみやすい笑顔で場を明るくできる、クールな男。ＡＳＤコミュニティの組織化にも、このおおらかだがラディカルにすべてを受け入れる精神を持ち込んだ。彼は黒人や褐色のＡＳＤ者を活動の中心に据え、ＬＧＢＴＱの人々を積極的かつ温かく迎え入れるスペースを作った。また、他のオーガナイザーたちの協力を得て、ＣＥＳＳＡ（コミュニティ緊急事態支援法案）の推進に尽力した。このイリノイ州の法案は、メンタルヘルス関連の９１１通報に対し、警察や法執行機関を派遣する代わりに、精神医療サービスの紹介を義務付けるものである。[20]

ファンダムを作り上げるＡＳＤ者たち

ティモテウスが主催するＡＳＤの権利擁護活動を知った頃、私は自分自身を否定してきた子ども時代や思春期を取り戻そうと決心し、アニメやコミックのコンベンションに参加し始めた。そこはＡＳＤ者にとって天国のような場所だった。参加者は皆、着心地のよさそうな人目を引く服を着ていた。見知らぬ人が身につけているコスチュームや、ゲームをモチーフにしたピンバッジをきっかけに、会話を始めたっていいのだ。パネルディスカッションには、手元を見ながらほとんど誰も読んだことのないような何十年も前の本の筋書きを深読みしている興味深い人たちがたくさんいた。恥じらうことなくむき出しにされた情熱が、私自身の自己愛の炎を燃え上がらせた。

コンベンションは、私みたいな変わり者がたくさんいるイベントというだけではない。私たちにとって居心地がいいようにセッティングされている場所だった。ハラスメント防止に関する方針は、他の人々とどのようにかかわるべきか、暴力やセクハラ、偏見を目撃したらどうすべきかを明確にしていた。多くのコンベンションでは、問題やハラスメントを報告できるアプリが用意されていて、ＡＳＤ者がシャットダウンして動けなくなっても、助けを求めることができる。あらゆる場所に配置されたボランティアが来場者の移動を助け、どこに立って何をすべきかを説明してくれる。大きな音や明るい照明が苦手な人に向けて感覚に配慮した部屋もあり、場の雰囲気に圧倒されそうな人は薄暗い照明と静かな音楽の中で軽食を取りつつリラックスすることができた。

私はコンベンションに飽き足らず、さらに多くのイベントに参加するようになった。ミッドウエスト・ファー・フェスト〔訳注・動物の着ぐるみの愛好家が集うイベント〕、アニメ・セントラル、インターナショナル・ミスター・レザー〔訳注・ゲイ雑誌が主催するレザーファッションで競うコンテスト〕。ＢＤＳＭオーガナイザーであるＡＳＤのティサと出会い、ニューロダイバースなオーガナイザーがこういったイベントの中心にいることを知ったのもこのときだった。

「インターネットは、ＡＳＤ者によって作られたＡＳＤ者のための世界だって言われる」とティサは語る。「だけど、現実社会のオタクカルチャーや性倒錯カルチャーの多くもそう。こういう場をまとめるには、ＡＳＤレベルの情熱が必要なんだから。それと、自分が変わり者だって《フリーク・フラッグ》いう旗を掲げる決意がね」

　こうしたコミュニティの多くで、ＡＳＤ者が原動力となっているのは事実だ。ミッドウエスト・ファー・フェストでは毎年、着ぐるみコミュニティにおけるＡＳＤについてのパネルディスカッションが複数開かれる。この二つの属性は非常に重なり合っているためだ。ブローニー（アニメ『マイリトルポニー』のファン）のコミュニティは、ＡＳＤの子どもや成人が多いことで有名だ。『マイリトルポニー』のファン文化を扱ったネットフリックスのドキュメンタリー映画は、この事実を強調している。[21] オタク系のファンダムは、ＡＳＤの成人・子どもに治療効果があるという研究論文もある。[22] アニメ、マンガ、コミックの世界にも、あらゆる年齢層のニューロダイバースな人たちがたくさんいる。

　障害のある大人たちは、パネルディスカッションの監修を手伝い、感覚過敏に対応する空間を作り上げている。彼らはプログラムの多くを提供し、ブースのスタッフを務め、物販コーナーの商品を愛情を込めて手作りしている。ＡＳＤ者がこうしたサブカルチャーの中にどれほどいるのか、適切に見積もるのは難しいが、私たちがこのようなサブカルチャーを一から構築する手助けをしてきたことは明らかだ。それは、私たちが切実に居場所を求めていたからであり、ギークなサブカルチャーが過集中のよきはけ口となり、攻撃されることなく人と違っている自分を表現する手段を提供してくれるからでもある。[23]

研究によると、ＡＳＤ者はニューロダイバースな人たちと一緒にいると、はるかに気楽に社会生活を送ることができる。[24] また、非ＡＳＤ者と同じくらい友情や居場所を求めていることもわかっている。[25] ＡＳＤ者でない人からすると、ＡＳＤ者は人付き合いに興味がないという誤った印象があるかもしれないが、私たちのほとんどは日々受け入れてもらうために戦っている。ＡＳＤ者同士で過ごせば、人とかかわりたいという欲求を、純粋な形で手軽に満たせるのだ。

リース・パイパーが「ＡＳＤを社会性の障害と分類したのは定型発達の人たちだ」と言うように、本当はＡＳＤ者にコミュニケーション能力がないわけでも、人とつながりたいという意欲がないわけでもない。私たちは永遠に孤独を感じて打ちひしがれていることを運命づけられているわけではない。私たちは、定型発達者からの受容を求め、最善を尽くしても拒絶されるという、心が壊れそうなサイクルから抜け出すことができる。私たちは互いに支え合い、高め合い、定型発達者を含む誰もが歓迎されるニューロダイバースな私たち自身の世界を創造できる。

本書の最終章では、そういう世界がどのようなものになるかを論じる。なお、世界を私たちにとって寛容なものに作り変えることを議論する前に、ＡＳＤ仲間や他の神経学的に多様な人々のいるコミュニティに参加するときのアドバイスをいくつか紹介しよう。

一般的なアドバイスと注意点

・初対面の人と会ったり、イベントに初めて参加したりするときに、気まずさや自分は場違いかもしれないという感覚を覚えるのはよくあることだ。よっぽどのことがない限り、合わないと判断する前に、新しい場所に三回ほど足を運んでみることをお勧めする

・イベントへの参加やスペースの利用を推奨されるのはどんな人で、参加できないことを見落とされている、もしくは参加を推奨されない人がどんな人なのかに注意を払う。会合の場所は裕福な白人がアクセスしやすい地域だろうか。車いすの人がアクセスしやすい場所にあるだろうか

・障害者対応が完璧な団体は存在しないが（各人のニーズが両立し得ない場合、ニーズが競合する場合もあるため）、団体は現在の参加者と潜在的な参加者の両方に対応できるよう最善を尽くすべきである。言葉に頼らず、非同期的な（つまりライブではない）参加方法はあるか。参加者に感覚過敏があることを想定しているか（例えば、強い香りを禁止する方針など）

・集団での親交が深まったら、意見の対立や批評がどのように扱われるかに注意する。リーダーは批評を歓迎し、真剣に受け止めているか。メンバーは健全な対立に向き合い、それを成長の糧とすることができるか、それとも、できるだけ早く「物事を円滑に進める」べきであるというプレッシャーのほうが大きいか。自由に物事についての考えを変えることも、間違え

ることがあっても問題ない空間だと感じられるか

・ずっと仮面をつけて生きてきた人なら、おそらくＡＳＤ者中心の空間に不安を感じるだろう。他人の行動にダメ出ししてしまう自分に気づくかもしれない。これはまったく普通のことだと覚えておいてほしい。社会はあなたの頭に、非常に特殊で、しばしば残酷であるルールを叩き込んできた。そのルールに違反している人々を初めて見れば、気に障ることもあるだろう。時間が経つにつれて、目に見えてニューロダイバージェントな振る舞いに慣れてくる。そうなれば、あなたも心を開きやすくなるだろう

第八章

ニューロダイバーシティを世界に広げるには

障害の医学モデル

ほとんどの国の法制度、医療制度、教育機関は、「障害の医学モデル」と呼ばれるものを用いて障害にアプローチしている。医学モデルとは、障害は個人の心身機能が原因であるとする考え方である。ある人に障害がある場合、問題は個人にあり、その問題を特定し、診断し、治療または矯正しなくてはいけない。医学の目的は、その人のどこが悪いのかを特定し、その悪い部位の症状を取り除く何らかの治療処置を施すことにある。

障害の医学モデルは、私たちの多く（そして医師やセラピストの大半）に、心身の苦しみは個人の変化によって解決される問題として扱うのが望ましいという考えをもたらした。そして大半の病気や障害に対しては、医学に基づく治療と診断が適しているのは否定できない。神経の損傷によって耐えがたい痛みを日々感じているのであれば、医学的な治療や投薬が助けになる。多発性硬化症などの徐々に悪化する変性疾患を患っている人であれば、治療法を追求する医学研究を支援するのはもっともなことである。

障害の医学モデルに欠けているのは、障害は社会的排除や抑圧から生まれるというとらえ方である。社会（および精神医学の権威）が個人の欠陥とみなすものが、実際は完全に無害な差異にすぎず、必要なのは調整と受容であることは少なくない。かつて同性愛は精神疾患に分類されていたが、それは事実ではなかった。同性愛を「治療」しようとする試みはうまくいかず、精神的なダメージを与えるばかりだったのだ。それどころか、同性愛を病気と分類することで、彼らが実際に心を病んでいるという錯覚が生まれた。というのも、排斥や羞恥心が、うつ病、不安症、薬物使用、自傷行為などの心理的問題を引き起こすことが多いからだ。

障害の社会モデル――障害は社会の側にある

ここで登場するのが、「障害の社会モデル」である。これは自身も障害を抱えている学者マイク・オリバーが、一九八〇年代に提唱した概念だ。[1] オリバーは著書の中で、障害は政治的な地位であり、私たちの心身ではなく、私たちを取り巻くシステムが作り出すものであると述べている。わかりやすい例として、ほとんどの教育機関がろう者を排除していることが挙げられる。ろう者のための学校制度やコミュニティは、まるごとろう者によって運営されており、そこでは誰もが手話を使い、音声テキスト変換などのサービスを当然のように利用できる。こういう場においては、耳が聞こえないことは障害にならない。むしろ手話を知らない聴者(聴覚に障害がない人)のほうが、ろう者中心の世界では疎外される存在となる。

とはいえほとんどの人は、耳が聞こえないことも手話の利用も望ましくないことであり、その人の欠陥の表れとみなす世界に住んでいる。話せないことを意味する「dumb」という単語は、はっきりと「のろま」「バカ」といった意味を持つ侮蔑語としても用いられてきた。言葉を話さないろう者は、能力が低くて不完全な人間だとみなされたためだ。こうした姿勢ゆえに、ほとんどの公共空間は、ろう者に必要なサービスを提供していない。[2] ほとんどの学校(や施設)はこういう形で、ろう者を障害のある状態にしているのだ。同じことが盲人にも言える。盲人は点字教材や画面読み上げソフトの利用を拒否され、公教育から排除されることが多い。太った人も同じく、公共交通機関や教室、医療機器に体が適合せず、医学研究からも排除されやすい。[3]

障害の社会モデルは、ASD者が経験する困難の多くに当てはまる。私たちが再三にわたり見落とされ、排除されてきたのは、社会が私たちの違いを人間として受け入れるべき基本的現実ではなく、恥ずべき欠陥とみなしているからである。ろう者がそうであるように、私たちもまったく恣意的な理由から障害のある状態になりやすい。誰もが手話を使う世界は実現可能だが、聴者はろう者よりも数が多く、社会的権力もあるため、話し言葉が優先される。同様に、アイコンタクトを必要としない世界だって問題なく実現可能である（実際、アイコンタクトを避けることが礼儀とされる文化も多く存在する）。[4] しかし、アイコンタクトが求められる文化では、それをできないことが社交面でも職業面でも障害となる。そして、この規範によって不利になるのはASD者だけではない。社交不安やトラウマのため、あるいは母国の文化で推奨されていないためにアイコンタクトを苦手とする人々もまた、この社会規範によって傷つけられているのである。

社会的障害を持つことと、仮面をつけざるを得ないことは密接に関連している。人前で自己刺激行動をとると暴行を受けたり逮捕されたりするのであれば、あなたは社会的障害者であると同時に、仮面を強いられている。明文化されていない複雑な社会のルールに従えないために職場で苦労した結果、失業に追い込まれれば、あなたは社会的障害者であり、適切に仮面をつけられなかったために厳しく罰せられたことになる。これこそが、個人レベルでの仮面解除には限界がある理由である。個人的な対策では、広範囲に及ぶ抑圧のシステムを解決することはできない。私たちASD者を常に障害のある状態にする文化や政治のシステムの中にいる限り、私たちは仮面を外して本当の自分のままで安心して生きられる自由を、完全に得られることはないのである。

現状、仮面をつけない自由が最も許されているＡＳＤ者（あるいはニューロダイバースな人）は、高い社会的地位を持つ人たちである。私は博士号を取得し、教授という自由度の高い仕事に就いている。つまり、スケジュールを前もって自分で決められ、性別違和や感覚過敏に配慮した快適で風変わりな装いが許され、メルトダウンが起きそうなときは一人の時間を取ることができる。食料品店、レストラン、バー、デイケアセンターで働くＡＳＤの友人たちには、そのような選択肢はない。毎日のスケジュール、服装、感情の表出まで、仕事中はすべて厳しく管理されている。雇用を維持するために、たびたびぎこちない笑顔を作り、苦痛を飲み込み、精神的に大きなダメージを負わなければならない。小柄で「脅威を感じさせない」白人である私は、人前で手をバタバタさせようが、顔をしかめて不機嫌な表情を作ろうがさしたる影響はない。だが対照的に黒人のＡＳＤ者や背の高いＡＳＤのトランス女性は、人前で完璧に落ち着いた振る舞いができなければ、嫌がらせを受けたり、警察に通報されたり、もっとひどい目に遭う可能性がある。

搾取され、疎外されたＡＳＤ者の多くは、私より医学的に「健康」には見えないかもしれない。抑うつ状態、不安発作、片頭痛、腹痛などに苦しんでいるかもしれない。生活の極度のストレスをやり過ごすために、彼らは私よりも喫煙、飲酒、薬物に頼る可能性が高い。彼らは私ほど睡眠時間を取れず、自分の体ではくつろげない。しかし、彼らの障害が医学的に私より重いわけではない。彼らは私よりも社会的権力や自由に乏しく、そのことが大きな負担となって、社会的に障害のある状況に置かれているだけなのだ。

必要なのは社会の変化

ＡＳＤ者全員が仮面を取れるようになる唯一の道は、社会が劇的に変化することである。規範が緩やかで偏見が少ない世界は、誰もがアクセスしやすく、障害となるものが減って苦しむ人が少なくなる世界である。それはまた、精神疾患のある人、移民や海外居住者、そして模範的な企業戦士になれずに苦しんでいる人にも優しい世界である。心理人類学者のロイ・リチャード・グリンカーが自著『誰も正常ではない　スティグマは作られ、作り変えられる』（みすず書房、高橋洋訳、２０２２）で書いているように、現状の精神的健康の定義は、生産的で無害な従順さを求める国家や雇用者の欲望に結びついたものだ。[5]激しすぎる感情、幼稚で役に立たない情熱、反復しすぎる習慣、日常的な支援を必要とする身体と心はすべて、この信じられないほど狭い健康の定義からはみ出してしまう。人間として許容される行動の定義を広げ、他の人々の多面的なニーズに応えようと働きかけることによってのみ、私たちは前進することができるだろう。

現在、障害者や精神障害と分類されている人々の多くは、工業化された資本主義経済の外側にいれば、問題なく機能していた可能性がある。相互依存的な社会なら猟師、助産師、語り部、裁縫師として成功できたかもしれない人も、オフィスに閉じ込められれば、機能不全に陥ったように見えるかもしれない。実際、人類が狩猟採集型社会から農耕型社会（のちに工業型社会）へと移行したとき、神経学的な多様性を予測する対立遺伝子が不利になったことを示唆するゲノム的証拠もある。[6]例えば、狩猟採集生活よりも日常に刺激や目新しさが少ない社会では、ＡＤＨＤの特性は不利になる。ＡＳＤにもこれが当てはまるという説を唱える研究者もいるが、このテーマに関する研究の多くは、ＡＳＤは常に病的状態であるとし、繁殖に支障をきたしていたに違いないと仮定するもので、かなりお粗末だ。[7]実際には、すべての社会、すべての時代においてそうだったと信じるだけの根拠はない。私たちの生活や相互ケアのやり方はきわめて多様であり、今日のように常にバラバラに切り離されていたわけではない。

多くの脳タイプは、長時間労働、長距離通勤、核家族、孤立した「自立」には向いていない。おそらく私たちは誰一人として、そのようなことには向いていない。九時から五時の労働はエビデンスに基づくものではないが、私たちの中には目に見えて苦しんでいる人が他の集団よりも多くいる。現在の狭苦しい精神的健康の定義を解体し、さまざまな考え方、感じ方、振る舞い方を称賛することで、私たちは数えきれないほどの人々の生活を改善できる。社会をより柔軟で、違いを受け入れるものに作り変えることで、すべての人の心身の健康を向上させられる。そういう意味で、マスキングの解除は政治目標である。これを達成するためには、能力や支援の必要性を問わずあらゆる人間の生命に価値を置き、社会はすべての人をケアするために存在するシステムであって、すべての人をできるだけ生産的にする装置ではないと考える必要がある。

では、ニューロダイバーシティが受け入れられ、人と違うことが病理とされず、誰もが本当の自分でいられる自由な世界を作るにはどうすればいいのだろうか。それは非常に高い目標ではあるが、ＡＳＤの当事者団体の多くが提唱し、社会学的にも支持されている具体的な政策をいくつか紹介しよう。次に挙げるのは、私が本当に効果があると信じているものである。

障害者に対する法的保護の拡大

アメリカでは、障害を持つアメリカ人法（ＡＤＡ）が障害者の生活を劇的に改善し、生活の場を拡大した。この法律は、二つの主要な政策分野を対象とする。第一に、建物や公共交通機関を物理的に利用しやすくすること（障害者が利用可能な駐車場や車いす用スロープを義務付ける等）。第二に、住居、雇用、昇進、賠償金における障害者差別を禁止することである。[8] 世界各地で、同様の障害者権利法が制定されている。それらは障害者がシェルター、仕事、教育、公共の資源や公共空間を公平に利用できるようにすることで、障害者のアクセス向上を目指すものだ。[9]

残念なことに、ＡＤＡをはじめとするこうした法律は優れているにもかかわらず、まだ十分に成果を上げたとはいえない。この法律により、何千ものエレベーターや車いす用スロープが整備され、公衆トイレの外側に数えきれないほどの点字ブロックが設置されるようになったが、古い建物や歴史的建造物には多くの例外が設けられた。法律成立から三十年以上経った現在でも、多くの中小企業では車いすなどの補助器具が使えないままである。いくつかのケースでは、同法に抵抗する都市や企業がＡＤＡの規定の対象外である古い建造物やインフラを利用するなど、法律の抜け穴を悪用することもあった。

ＡＤＡの建築基準の施行は州によって大きく異なり、完全に準拠している建物でさえ、実際には一握りの障害にしか対応していない。ＡＤＡは、例えば公共のイベントに字幕や手話通訳を付けることや、自宅を離れられない人のためにオンライン参加の選択肢を用意することも義務付けていない。この法律には、明るい光、強烈な匂い、大音量の音楽、その他ＡＳＤ者にとって多くの公共空間を利用しにくいものにしている感覚的な苦痛についての規定もない。技術的にはＡＤＡに準拠している建物でも、実質的に利用しにくいことも多い。例えば、私の友人のエンジェルは車いすを使用しており、トイレを使用する際は介助が必要だが、ＡＤＡに準拠したトイレの個室の多くは、車いすと介助者がそろって入れる広さはない。

ＡＳＤ者が公共空間に十分に参画できるようにするには、ＡＳＤ者の感覚過敏に対応するためにアクセシビリティの要件を大幅に拡大し、建築物だけでなくイベントのアクセシビリティの規定も入れる必要がある。障害者の心身に適さないのは建築物だけではない。本書が繰り返し示してきたように、障害者排除の大半は、スロープや点字標識の欠如というわかりやすい形よりも、はるかに気づきにくく、社会的な方法でなされる。現在、一部の食料品店や小売店では、ＡＳＤ者やその家族のために、毎週「感覚に優しい（センサリー・フレンドリー）」時間帯を設けている。そこでは、店内の照明が落とされ、混雑が緩和され、音楽やスピーカーがオフにされている。[10] 今のところこれは、世界各地のごく少数の店舗が完全に自由意志で行っているものにすぎないが、感覚のアクセシビリティの指針作りの参考となる取り組みだ。次ページの表は、自閉症セルフアドボカシー・ネットワーク（ＡＳＡＮ）がまとめた、感覚に優しい空間作りに関する知見である。[11]

感覚に優しい公共空間の構築
自閉症セルフアドボカシー・ネットワーク（ASAN）からのアドバイス

◆視覚

・照明を調光可能にする
・天井照明や蛍光灯ではなく、拡散照明を使用する
・フラッシュ撮影を制限する
・プレゼンテーションのスライドには、鮮やかでコントラストのはっきりした色を使う
・看板や配布資料は見やすくシンプルにする
・「視覚的ノイズ」を制限する。気が散る絵やポスターなどを取り除く

◆聴覚

・スマホの通知音を消すよう呼びかける
・拍手を指をきらめくように（sparkle fingers）動かす動作、または他の静かな動作に置き換える
・話し手は常にマイクを使用するようにする。マイクを使わずに怒鳴りつけるような語りは、マイクを使った落ち着いた語りよりもはるかに理解されにくい
・可能であれば、反響を吸収し、減少させる素材を空間に装備する。大きなカーペットを敷くだけでも大きく違う！

◆触覚

・握手やハグではなく、肘タッチや手を振ることをデフォルトの挨拶にする
・服装規定を緩め、人々が快適な服装でいられるようにする
・スクイーズボール［訳注・ギュッと握ったり伸ばしたりする玩具］やハンドスピナーの使用、落書きなどを常に許可する
・職業人であるためには化粧、着心地の悪いフォーマルウェア、ハイヒール、ブラジャーを身につけなければならないという価値観と戦う
・椅子の間隔を空け、部屋の隅や仕切り板で半分個室のような席を設ける

◆嗅覚と味覚

・イベントでの強い香水やコロンの使用を禁止する
・キッチンやバスルームの匂いが他の部屋にもれないよう、物理的な距離を空け、間仕切りや扇風機を使用する
・感覚にも環境にも優しい掃除用具を使用する
・ケータリングのあるイベントでは、前もって参加者に正確なメニューを伝えておく
・予備として「口当たりがよく刺激が強くない」食べ物を用意する

ＡＤＡ（および世界中の同種の法律）は公共空間を感覚過敏の人でも利用できるようにすることに加え、公共イベントのアクセシビリティを拡大すべきである。字幕、手話通訳、バーチャル参加オプションは、（現在のような）事前申請制ではなく、大規模な公共イベントであれば当然のこととして提供されなくてはいけない。多くの場合、公共イベントのアクセシビリティを拡大するためには、十分な財政支援が必要になる。あわせて、アクセシビリティの本質やその重要性についての教育を含めたリソースの提供も必要だ。こういうアプローチは、少なくとも公共イベントに関して言えば、罰則や罰金で取り締まる方法よりも変化を促進する（そして障害に対する市民の考えを塗り替えられる）だろう。

建物のアクセシビリティ要件の実施や、住宅・雇用差別の防止に関しては、障害者に自己主張できる権限を与えるようにＡＤＡを改訂するのもよいだろう。カリフォルニア州はアメリカで最もＡＤＡを遵守している州の一つであるが、それはアクセシビリティのない企業に遭遇した障害者が、最低四千ドルの損害賠償と弁護士費用を求めて自由に訴えることができるからである。[12]

社会規範の拡大

公共の場のアクセシビリティや労働者の保護を拡大することは、障害やニューロダイバージェンスに対する社会のとらえ方に大きな影響を与える。より多くのASD者を社会が受け入れるというシンプルな行動は、支援の意思を強力に表すだけでなく、ニューロダイバースの特徴、行動、意思疎通スタイルが特別視されない未来に向けて大きな前進となるだろう。もしエンジェルが公衆トイレを難なく利用でき、感覚過敏によるメルトダウンを経験することなく図書館や食料品店に出入りできるようになれば、今よりもずっと多くの地域社会の人々がエンジェルと交流し、自己刺激行動をとっている様子やiPadで意思疎通する姿を目にすることになる。最初はたくさんの視線と質問を浴びることになるだろう。しかし時間が経てば、エンジェルの差異がありふれたものと感じられるようになる。そして介護者のサポートを要する発話がない人にも複雑で豊かな内面があり、その言葉に耳を傾けて包摂すべきであると認識されるようになるだろう。

歴史的に見れば、精神疾患や障害を持つ人々は目障りで社会秩序を脅かす存在とみなされ、施設に収容されて隠されてきた。ヨーロッパ史において精神科病院とは、労働を拒否した債務者、当時の倫理に反した犯罪者、完全に無害だが外見や行動が普通でない人など、社会の規範に背いた人のための場所であった。単に身体が醜いというだけで、害もないのに社会から排除する根拠となり得たのである。[13] 私たちは今でも、こうした価値観の名残とともに生きている。二〇世紀でさえ、一九八〇年代に脱施設化運動が進められるまでは、知的障害があったり見た目にわかりやすいASDの親族を、社会のみならず家族からも隠しておくことが正常であり、適切なことであると考えられていた。障害者やニューロダイバージェントな人々を施設に閉じ込めることは、スティグマと社会的抑圧のフィードバック・ループを生み出す。規範からわずかでも逸脱した個人を見ることも想定することもできなくなると、社会における存在領域がますます狭まり、結果として次世代の逸脱した人々がいっそう生きづらくなる。あらゆる人を受け入れる制度やコミュニティを構築するには、こうした排除と非人間化の負の連鎖に抵抗し、社会を再び開放しなければならない。

社会心理学の研究によれば、社会から疎外された集団との接触は、その集団に対する世間の偏見を減らす効果がある。障害者をアウトサイダーや哀れな好奇の対象として観察するだけでは、定型発達者の偏見を減らすことはできない。実際に態度を変化させるには、対等な関係性で協力し合いながら[14]長時間[15]接触するのが必要だということを、研究は示唆している。[16]ASD者が店やレストランにいることを容認されるだけでは十分ではない。職場や公民館などで、定型発達者と同等の立場を与えられる必要がある。そういった市民生活の中心となる場は、すべての人のニーズ、労働形態、意思疎通の方法に合わせて、根本的に再編成されなければならない。定型発達の人たちが仲間として私たちと一緒に働き、私たちから協力を求められて初めて、仮面をつけるプレッシャーが受け入れる義務に取って代わる。ここに到達するために必要なのは、社会から疎外されたすべての人々にとっての公正を達成することだ。白人のASD者だけでなく、黒人、女性、トランスジェンダー、移民などの抑圧された集団も、対等に扱われなければならない。

神経多様性に関する公教育・専門教育の拡大

協力的なかかわりは偏見を減らす強い力になるが、変化を主導するＡＳＤ者に重い負担を強いることにもなる。トランスジェンダーであることを公表している人が言うように、社会から疎外された存在としてみられるのはもろ刃の剣である。世間に認知されるのは解放ではあるが、同時に自分の背中を標的としてさらすことになる。真に公正な世界であれば、私がどのように考え、情報を処理するかについて定型発達者を教育する必要はないだろう。また、定型発達者の想定をあまりに裏切るような振る舞いをしたら嘲笑や攻撃にさらされるのではないかとずっと心配し続けながら、人々が私を受け入れられるようにムード作りをする必要もないだろう。

つまり、世界をよりアクセスしやすくすることはＡＳＤ者にとって有益ではあるが、それだけでは不十分なのである。私がここまで勧めてきた政策変更に付随して、一般市民に向けたニューロダイバーシティに関するしっかりとした教育プログラムが必要だ。公立学校では、低年齢から保健や社会科学の授業で、メンタルヘルス問題への偏見やニューロダイバーシティに関する単元を取り入れるべきである。私が本書で説明したように、私たちは非常に幼い頃に障害者差別を受けてマスキングに至るため、介入も早い時期から始める必要がある。歴史上の人種差別、性差別、帝国主義について子どもたちに教える際は、抑圧された人々がしばしばヒステリー、被害妄想、狂気の烙印を押されたことを強調すべきである。健全さや「機能」の狭い定義が、いかに人を傷つけ、人間性を奪うために使われているか。このことを、定型発達者であるかどうかを問わず、すべての人が理解するのが大切だ。また、メンタルヘルスの問題はごく一般的に起こり得るものなので（年間、人口のおよそ二〇％が何らかの精神疾患を経験する）[17]、子どもの頃から精神に関するしっかりとした教育を受けることは、すべての人にとって有益であろう。

医師、教師、精神保健の専門家に対しても、ニューロダイバーシティに関する研修を行うべきである。教育者は、品行方正でありながら引っ込み思案な生徒の中には支援が必要な仮面ASD者である可能性があること、また「問題」行動を起こす子どもたちも同じくニューロダイバースの可能性があることを認識すべきである。セラピストやカウンセラーは、ASD者のニーズに応えるため、私たちにはほとんど効果のない治療法（認知行動療法など）をニーズに合ったものに修正・変更した、さらにしっかりした研修が必要だ。もちろんそのためには、摂食障害、うつ病、社交不安、物質使用などの扱いについて、より多くの研究がなされることが望ましい。

このような取り組みに対する資金提供は、ASDなどのニューロダイバースな科学者を優先すべきである。学術誌『オーティズム・イン・アダルトフッド』に掲載された研究の多くは、当事者が障害を研究することで、科学的文献がどれほど改善され、深みを増すかを示している。私が大学院に在籍していた二〇一〇年代初頭でさえ、専門家たちは当事者による研究を「私研究（me-search）」と呼んで見下し、個人的な利害関係があるものを対象とした研究は客観性を担保できないとほのめかした。こうした風潮は少しずつ変わりつつあるが、精神疾患や障害を持つ研究者に貼られるレッテルは依然として深刻だ。障害があったりニューロダイバースな研究者を積極的に奨励する助成金は、こうした偏見に立ち向かうのに大いに役立つだろう。

本書を通して述べてきたように、専門家の大半はＡＳＤ、特に成人や仮面をつけたＡＳＤについてあまり知らず、ほぼすべての人が医学的障害の見地からＡＳＤにアプローチしている。私は医療関係者にニューロダイバーシティに関するワークショップを開いたり、臨床心理士に教えたりしたことがあるが、ほとんどの人が障害の社会モデルについて聞いたことすらないと知って、初めのうちはものすごく驚いた。多くの医療提供者にとって、障害は治すべき医学的欠陥であるという信念は絶対的であり、揺るぎのないものなのだ。彼らは医学的な見地から差異にアプローチするように訓練され、代替手段について学んだことがないため、まったく中立的で無害なＡＳＤ者の特性や行動を病気扱いするのが日常となっている。医療の専門家や教育者たちには、障害に対する別の見解が存在すること、そして自分の先入観が何もなかったところに障害を生み出すこともあるということを認識してもらわないといけない。

次ページに挙げるのは、教師、セラピスト、医師が機能障害の兆候として指摘しがちだが、まったく無害であり、正常なものとして受け入れられるべきＡＳＤによく見られる行動のリストだ。

専門家や一般の人々がＡＳＤについて深く知るようになれば、ＡＳＤ者が仮面をつける必要はなくなる。そうすれば私たちはもう、長年人目を忍び、受け入れられずに疎外感を感じながら、その理由を挙げられずに思いつめなくてもよくなるのだ。

ＡＳＤ者によく見られる健全な行動

そのときどきでお気に入りのテーマを、熱心に研究する

楽しい作業に没頭しているときは、周囲の音や状況に無頓着である

慣れない状況に足を踏み込む前に、何が起こるかを正確に知っておく必要がある

きわめて厳密にスケジュールを守り、スケジュールからの逸脱を拒絶する

複雑な質問に答えるときは、考えるのに長い時間がかかる

社交が必要なイベントやストレスの多いプロジェクトの後は、何時間、あるいは何日間もひたすら寝て過ごして充電する

決断を下す前に「すべての情報」を必要とする

自分がどう感じているのかわからない、あるいはあることについて自分がどう感じているのか把握するのに数日かかる

ルールや指示に従う前に、その内容に「納得する」必要がある

化粧や入念な身だしなみといった、不当または任意と思われる期待に応えるためにエネルギーを使わない

ベーシックインカム

ＡＳＤ者は、多くの障害者と同様、定型発達者の人口よりもはるかに高い確率で失業し、非正規雇用率も高い。仮面をつけて「職業人」を装うことができる人でさえ、一寸先は闇だ。職場での不器用な振る舞いや言葉遣いのミス一つで、クビになることもある。見た目に障害がわかりやすい場合や、障害をすでに公表している場合はなおさらだ。ＡＳＤ者が仕事を見つけるのに苦労するのは、就職面接があいまいで、ストレスが多い振る舞いが必要となる場だからである。面接での質問が事前に知らされることはまずない。求職者は「無理している」そぶりを一切見せることなく、社会的に受け入れられる応答をしなくてはいけない。

現状、ＡＳＤ者は職に就けなければ、障害年金の受給を申請するしかない。しかし障害年金は生計を立てられないほど乏しく、注意事項と制約まみれであり、申請手続きや調査には莫大なコストがかかる。このような理由から、人類学者のデイヴィッド・グレーバーは自著『ブルシット・ジョブ クソどうでもいい仕事の理論』（岩波書店、酒井隆史・芳賀達彦・森田和樹訳、２０２０）の中で、一定額の普遍的ベーシックインカムをすべての人に無条件で提供するほうが、はるかにコストがかからず、社会的に公正であると提言した。現状のデータ[18]を見る限りでは、すべての社会保障を普遍的ベーシックインカムに置き換えるのは賢明なやり方とは言えない。しかし障害年金の制限を緩和し、給付方法を寛大にすることで、障害者の生活の質は明らかに向上するだろう。

本当に働けないことを障害者に証明することを強いるくらいなら、普遍的ベーシックインカムをすべての人に分配するほうが望ましい。普遍的ベーシックインカムは、象徴的かつ実質的に、すべての人間はどんなことがあっても、生きていくのに十分なお金を得るに値するというメッセージになるだろう。

監獄システムの廃絶

障害差別を生み出した抑圧的で非人間的な社会構造の根絶なくして、障害差別を一掃することはできない。心理人類学者ロイ・リチャード・グリンカーの著書『誰も正常ではない　スティグマは作られ、作り変えられる』や、精神科医アンドルー・スカルの著書『狂気　文明の中の系譜』（東洋書林、三谷武司訳、2019）で述べられているように、ヨーロッパでは歴史上、かなりの期間を通じて精神病患者も障害者も法を犯した人々も、すべて同じ施設に収監されていた。奇妙な行動で逮捕されることと、暴行や窃盗で逮捕されることの間に、法律上の明確な区別はなかった。やがてヨーロッパの法制度は、病気であるがゆえに「悪い」振る舞いをする者と、犯罪的あるいは不道徳であるゆえに悪い振る舞いをする者とを区別するのが適切だと考えるようになった。精神科病院と刑務所は区別されるようになったが、いずれにしろ収監されている人々の法的権利は否定された。二〇世紀になると、法心理学者たちが違法行為の原因は反社会性パーソナリティ障害、統合失調症、自閉症などの精神疾患にあると説明し始めたため、「悪」と「病人」の区分はいくらか後退した。[19]悪はもはや道徳的な状態としてではなく、矯正できない本質的に壊れた心理状態として理解されるようになったのである。今日に至るまで、有色人種のASD児の多くは、入学早々「学校から刑務所へのパイプライン」に乗せられ、[20]ささいな不作法で厳しく罰せられる。教師の指示に従えなかったり、メルトダウンを起こしたりすると、警察に通報されることさえある。このような対応は、ある種の人々はただ「悪い」のだから社会から排除すればよく、同情する必要はないという信念に基づいている。

二〇二一年の夏、ブリトニー・スピアーズが成年後見人制度によって強制的に子宮内に避妊具IUDを挿入されていたことが報道され、世界中に衝撃が走った。[21]成年後見人である父親が、彼女の金銭面だけでなく、公演スケジュール、子どもたちとの面会、ボーイフレンドとの付き合いまでコントロールしていたのである。これらは、精神疾患や障害を持つ人々から日常的に剥奪されている権利のほんの一部にすぎない。そしてスピアーズのような世間的な知名度や特権を持たない人々の場合、権利を取り戻せることはほぼない。

文化の違いを理解した思いやりのある精神医療が、人生を変えることもある。だが精神医学と心理学は構造的に、計り知れない害も与えてきた。ハンス・アスペルガーによる「高機能」ASD者の研究、同性愛者や共産主義者に対するロボトミー手術の強制など、科学や「公衆を守る」という名目のもとに行われた暴力は数知れない。あらゆる背景を持つASD者が仮面を外すことができる世界を作るためには、順応できなかったり適合を拒んだりした人々を暴力的に罰するような権力システムを解体しなくてはいけない。

誰もが仮面を外せる世界に

八年ほど前、友人のウェンディが突然弁護士の仕事を辞めた。その業界にいる多くの人と同じように、彼女も燃え尽きたのだと私は思った。その後数年かけて、ウェンディは法律ライターという新しいキャリアに方向転換していった。そのキャリアは彼女に合っているように見えた。自宅で仕事ができ、子どもたちと過ごす時間が増え、何週間もスウェットパンツで過ごせる。

私がASDであることをカミングアウトした後、ウェンディはこっそりその時期のことについて私に連絡をくれた。

「私の娘は自閉症のスペクトラム上にいるみたいなの」と彼女は話した。「数年前、娘は本当につらい時期を過ごしていた。しょっちゅうメルトダウンを起こして、友だちもいなかった。それが私が前の仕事を辞めた本当の理由」。私はウェンディ自身がASDではないかと疑っていた。彼女は人前に出るのを嫌い、内向的で、ごまかしに対する耐性がなかった。飾り気がなく、長い髪は伸ばしたままで、化粧もしない。繊細で芸術的な彼女は、見た目がものを言うハードな法曹界には向いていないように思えた。しかし結局のところ、ASDでは説明がつかなかった。

「実際私も検査してみたんだけど、結果はASDじゃなかったの」と彼女は言う。「仕事もいやで、子どもも苦しんでいたあの時、落ち込んで不安だったかって？　そりゃもちろん。でも娘を育ててみて、自分はASDじゃないってわかった。たまたまASD的なライフスタイルが好きなだけ」

娘の診断後、ウェンディの人生は劇的に変化した。家族セラピーとホームスクーリングのために、彼女は仕事量を抑えた。ASD者とその家族のためのグループに参加し、娘は少しずつ友だちを作り始めた。一家は都会から地方の小さな家に引っ越し、外で過ごす時間を増やした。一家がASDに優しいペースでゆっくりと暮らすようになると、ウェンディは自身のうつが改善していくのを感じた。以前よりもリラックスできるようになり、充足感を覚えた。ウェンディは時間を見つけては詩作や作曲をして、年配の親戚が病気になれば世話をした。

ウェンディは言う。「娘の本当の姿を知り、娘中心に暮らしを築いていったのは、私たち家族にとって最高の出来事だった。だからインターネットで他の〝ASDママ〟たちがASDこそが不幸の元凶だなんて話しているのを聞くと、すごくムカつく。私たちにとっては救いだったから」

わが子がASDだと知って、ウェンディの人生は根本から好転した。「適合せよ、生産せよ、常に多くのことをせよ」というハムスターの回し車から諸事情でおりざるを得なくなったウェンディは、一歩引いて自分の人生で何が一番大切なのかを見直すことができた。ウェンディはASDではないが、仮面を取って本来の自分に戻ったのだ。自分には合わない仕事から解き放たれた彼女は、もう有能な成功者として見せなければいけないというプレッシャーを感じることなく、ガラクタが散らかった居心地のいい部屋で、どうにか生計を立てている。

もちろん、ウェンディの変化はすべて、経済的支援や周囲のサポートなくしてはありえなかった。ウェンディの配偶者は田舎への引っ越しを楽しみにしていたし、ウェンディがパートタイム労働に移行しても問題ないほど移住先の田舎は物価が安かった。夫の仕事を通じて、ウェンディも娘も健康保険を維持できた。子守や家庭教師を手配できたのも、地域社会の支援あってこそだ。

ＡＳＤ者や私の愛する人たちの中に、ここまで恵まれている人は少ない。シェルター、医療、そして共に成長しようとしてくれる愛情深い人々の支援ネットワークにつながれなければ、私たちは誰一人として仮面を取って本当の自分に戻ることはできない。だからこそ仮面を取るというプロジェクトを、個人の問題にとどめないことが重要となる。自己肯定やラディカル・ビジビリティ（過激な可視化）の実践だけでは、経済格差、人種差別、トランスフォビア、深刻な社会的疎外を克服することはできない。すべての人が自由に仮面を取れるようになることを望むのであれば、私たちはすべての人を受け入れて支える、より公正な世界を作るために戦わなければならない。

診断などでＡＳＤだとわかってもやが晴れたように感じ、自己肯定できるようになったというＡＳＤ者を、私はたくさん知っている。最初のショックや羞恥心が過ぎ去って、障害にアイデンティティを持ち始めると、自分の人生全体や古い価値観のすべてを見直したくなり、ゆったりとした穏やかで美しい人生を築けるようになる。こういう形でニューロダイバーシティを受け入れて恩恵を受けるのは、ＡＳＤ者だけではない。私たちは誰もが、人生が自分の価値観に合っているかどうか、今の仕事や人に見せる顔が本当の自分を反映しているかどうかを問いかけてもいいのだ。もしそうでないなら、何を変えればいいのかを自分に問いかけてみよう。

その人に特有のニーズや問題をなくすために努力するのではなく、ありのままの個人を受け入れることで、人生はもっとのんびりしたペースで進むようになる。ＡＳＤ者全員が安全に仮面を外せる世界とは、奇妙な興味、情熱的な感性、環境への敏感さ、人付き合いの癖の強さ、その他もろもろの違いを持つ誰もが、それでもなお価値があり、壊れていない存在として扱われる世界である。そのような世界を作り出すには、ＡＳＤ者の自己主張だけでなく、多くのたゆまぬ政治活動が必要である。ニューロダイバージェントにとっても、定型発達者にとっても、やるだけの価値はあるはずだ。

おわりに

ＡＳＤだと自覚する前、私はあらゆる意味で深く疎外されていた。自分自身と相いれず、なぜ普通の人生が自分にとってかくもややこしく、閉塞的なのか理解できなかった。自分が他者に理解してもらえる可能性があるとは思えないまま、私は世界から離脱していた。あまりに孤独だったため、私のアイデンティティも完全に漂流していた。自分自身をしっかり固定するコミュニティがなかったのだ。自分がトランスジェンダーであることも、障害者であることも知らなかった。自分が人生に何を求めているのかもはっきり話せなかった。人と距離を置くために、偽りの人格と防御の盾をいくつも持っていた。孤独の中にあってさえ、私は惨めに混乱していた。

仮面ＡＳＤ者がＡＳＤと自覚しておらず、社会に受け入れられていない場合、自身を一貫性のないバラバラのパーツの集まりのようにとらえてしまいがちだ。これは職場で演じるべき人間。これは家での自分。これは自分がこうしたいと空想しているけど誰にも言ってはいけないこと。これはパーティーで人を楽しませるためにつくうそ。私たちは、バラバラの自分を寄せ集めて、統一された一まとまりの自分になる機会が得られない。自分はこういう人間だと理解できる自分も、他の人が見て愛せるような自分も認識されないままになる。できるだけ無害で安全な自分でいたいという大きい目的の役には立たないからだ。

トランスジェンダー界隈には、自分の性自認を受け入れてカミングアウトを決意する前に多くの人が陥る、不安定で混乱した状態を表す「卵モード」というフレーズがある。卵とは、トランス・コミュニティとかかわりがなかったり、拒絶されすぎたりで自分が何者であるかを認めることができないトランスの人のことだ。卵モードのときは落ち着かないし、本来いるべき場所にいないという感覚があり、なぜそう感じるのか疑問を解く手がかりもない。自分の中に潜むある種の痛みを伴う欲望に直面すると、生き延びるために築き上げた偽のシスジェンダーとしてのアイデンティティが崩れてしまうから、欲望については考えまいとする。

卵モードだった頃の私は、流れるようなシルエットのワンピースや襟ぐりの深いトップスを着ていた。自分は「女らしすぎる」ので、実際に着たい中性的な服は絶対に似合わないと信じていたからだ。自分の体は、永遠に丸みを帯びた女性であることを運命づけられているのだと思っていた。家族、友人、そして見ず知らずの人たちでさえも、私が社会に対して女らしくある義務を負っているのだとしゃにむに説得しようとしていた。

自己嫌悪と社会からの拒絶は、自己認識を完全にゆがめてしまった。ようやく抵抗を打ち破り、自分の好きな格好をして低い声で話すようになってから、私は騙されていたことに気づいた。中性的なトランスパーソンとしての自分は、本当に見た目も気分も最高だった。見せかけを捨てたからといって、私は何も失ったわけではないのだ。私はひたすら自由だった。私の経験では、仮面ASD者でいることは、同性愛者やトランスであることを隠していることと不気味なくらい似ている。自己嫌悪と否定に苦しんで、内的体験をゆがめてしまう。

ASDであることを知る前、私は定型発達者として「パス」するために、多くのルールを自分に課していた。その一つが、自分で動かせない家具は買ってはいけないというものだった。自給自足とは、いつでも荷物をまとめて出て行くことができるということだった。助けを求めたり、持ちつ持たれつの生活を送ることは、自分の体に鮮やかな深紅の文字で「弱く哀れな者」とペイントするも同然だった。私は助けを必要としないように生活したのである。エアマットレスで寝て、近所の食料品店の裏から持ち去った牛乳ケースで自分用の「ドレッサー」を作った。小型テレビは床に置いた。これらの方策は、私が自分に課したもう一つのルール「できるだけお金を使わず、倹約の名の下に快適さを犠牲にする」というルールも満たすものだった。お金を貯めれば貯めるほど、自給自足ができるようになるし、社会不適応やバーンアウトでクビになったとしても、破滅まではせずに済む。この理屈は私の摂食障害や社会的孤立にも影響を与えた。飲食せず、家からあまり出ない生活は、安上がりでリスクが少なかった。私は自分をどんどん小さくすることで生き延びたのだった。なぜ自分はいつも不幸で不快なんだろう、なぜ何時間も家の中を泣きじゃくりながら歩き回っているのだろうと不思議に思ったが、強迫的な自己否定が悲惨な状況を招いていることには気づけなかった。

マスキングはまた、愛する人たちから私を遠ざけた。私は誰の前でも自分の弱さを見せることを許さず、自分の中に渦巻いている怒り、不満、性別違和、強迫的な切望を伝えることもなかった。安全な人たちからつながろうと呼びかけられても、私はそれを振り払い、無視した。友人たちから「最近どう?」と尋ねられれば、敵意を持って答えた。友人たちがスキンシップで愛情を示そうとすれば、私は固まった。心身ともに壊れそうなときは、石のように強く見せ続けることに全力を尽くした。一番受け入れてくれた人たちでさえ、私の半分を愛するしかなかった。自分でも、自分が何者なのかほとんどわからなくなっていた。自由な時間があると、私はただ一人部屋に座って壁を見つめたり、無心にネット画面をスクロールしたりして過ごした。

いとこからうちの一族はみんなASDだと力説された日から、こういうことのすべてが少しずつ変わり始めた。私は最初、その情報を受け入れる準備ができていなかった。しかし、その言葉が自分の親族に当てはまると聞いた瞬間、自分に当てはめることを止められなくなった。私はずっと、バラバラのパーツの寄せ集めのような存在だったが、ようやく自分自身のイメージと、経験してきたことへの名称が一つにまとまりつつあった。

自己を統合すれば強くなれる

疎外感の対極にあるのが統合であり、心理的な結合感、心理的な全体感である。[1] アイデンティティが統合されている人には、さまざまな時期や場所にいた多くの自分をつなぐ一本の線がある。もちろん、人は誰でも時間とともに変化し、置かれた状況や環境に応じて行動を変える。適応と変化を止める静的な「本当の自分」は存在しない。しかし統合されたアイデンティティを持つ人は、変化やばらつきに乱されることはない。なぜなら彼らは、過去のさまざまな自分をつなぐもの、つまり生涯持ち続ける核となる価値観や、過去の自分から現在の自分への変化を説明する自己成長の物語を知っているからだ。[2]

研究（特に心理学者のダン・マクアダムスとジョナサン・アドラーによる数十年にわたる研究）

救済的な自己の本質 *4

新しいものを生み出す力がある	世界をよりよくするため、あるいは将来の世代のために動く
思いやりがある	他人が何を求めているかを気にかけ、社会の不公正に関心を持つ
自分の価値観に忠実である	自分自身の核となる信念や価値観を持ち、それが生涯を通じて自分の行動の指針となる
自立とつながりのバランスをとる	自分の力と主体性を強く感じているが、他者とも意義のあるつながりをもち、誰もが相互に依存し合っていると認識している

により、統合された自己概念を持っている人は、一般的にかなり適応力があり、回復力があり、自分に寛容であることがわかっている。人生に行き詰まった時も、そういう人は新しいスキルを磨いて方向転換することができる。彼らは、自分の人生の主人公は自分だと思っている。心的外傷後成長［訳注・心的外傷をもたらすようなつらい出来事をきっかけとした心の成長］を経験する傾向も高い。過去のつらい経験を、人生を台無しにしたり、自分を弱くするひどい「汚染」とみなすのではなく、他者を助けられる回復力のある人間へと成長させてくれたものとして理解する。[3]特にマクアダムスらは、人が成熟していくにつれて、あるいはトラウマから回復するにつれて、自分自身について救済の物語を作り上げる傾向があることを観察している。

救済的な自己は、仮面を外すプロセスと驚くほど相性がいい。救済的な自己とは本質的に、仮面を外したASD者の自己である。自分の感受性を恥じず、自分の価値観にとことん忠実で、自分が大切にしている信念に情熱的に突き動かされ、自己主張できる強さを持ち、つながりや助けを求められる弱さを持つ。統合された救済的な自己像を持つ人は、自分が何者であるかを知っており、それを恥じていない。自分の感情と個人的倫理を尊重するやり方で、人生のストレスを解決することができる。

マクアダムスとアドラーの研究（および他の研究者による関連研究）においては、人が自分について統合的または救済的な感覚を身につけるためにとらなければならない道は一つではない。ナラティブ・セラピーは、自分の人生や過去について作り上げてきた物語を再検討し、新たな光を当てたい人にとって有益であることがわかっている。[5] また当初のエビデンスによると、ナラティブ・セラピーは社交不安やコミュニケーションの問題に悩むASD者にも有益であることが示唆されている。[6] 他方、救済的な自己は、自分自身を理解し、健全な支援の絆を築くようになるにつれて、有機的に生じることもある。私自身は、ASD者と出会い、ASDとは何かを理解することで、自然と自分の過去や自分自身について新たな「物語」を紡げるようになった。

「自分の価値観に基づく人格統合」エクササイズの最終段階

ヘザー・モーガンの「自分の価値観に基づく人格統合」エクササイズの最終段階は、自分の核となる価値観を三〜五語程度にまとめ、それぞれの価値観が互いにどのように結びついて、まとまりのある全体を作り出しているかを熟考することである。クライアントがこの目的を達成するためにヘザーがよく勧めるのは、自分の価値観が互いにどのように連動しているかを、その人に最も適した視覚的比喩を用いて描くことだ。[7]

ヘザーのクライアントの一人は、五つの価値観（寛容、受容、達成、レベルアップ、魅惑）を、それぞれギターの弦に見立てて描いた。弦一本だけでも「弾く」ことはできるが、それぞれの価値観が共鳴し合ってハーモニーを奏でたときに初めて、最高の音楽を生み出すことができるからだ。別の人は、自分の価値観（思いやり、コミュニティ、創造性、誠実さ、本質的な価値、正義）をはっきり色分けされた虹として描いた。これらの比喩は、ヘザーのクライアントが自分たちの行動指針を互いにどのように結びつけて見ているかを反映したものであり、その根底にある部分よりも大きな全体としての人生を考える助けとなる。

次に挙げるのは、あなた自身の価値観が互いにどのように関連しているかを探るためのエクササイズである。これを完成させるために、「はじめに」、第五章、第七章で取り組んだ「自分の価値観に基づく人格統合」エクササイズをもう一度見直してほしい。

自分の価値観に基づく人格統合
自分の価値観をまとめる

1．「はじめに」で書き出した人生における重要な瞬間（22ページ参照）と、第五章でその瞬間に不可欠なものとして特定した3～5つの核となる価値観（223ページ参照）を再確認する。それらの価値観をここにリストアップしよう。理想をいえば、明確な価値観を3～5つに特定することを目指してほしい

2．次の空欄に、それぞれの価値観の定義を書き出す。辞書的な定義ではなく、個人的な定義を書いてほしい。それぞれの価値観があなたにとって何を意味するのかも具体的に特定して記入しよう

・価値観の定義： ・その価値観の自分にとっての意味：	
・価値観の定義： ・その価値観の自分にとっての意味：	
・価値観の定義： ・その価値観の自分にとっての意味：	

・価値観の定義： ・その価値観の自分 　にとっての意味：	
・価値観の定義： ・その価値観の自分 　にとっての意味：	

3．最後に、あなたの価値観が互いにどのように結びついているかを表すイメージ図を描こう。このイメージ図は、あなたにとって重要な趣味や経験を表しているのかもしれないし、自分が特に生き生きしていると感じた重要な瞬間の一つを呼び起こすものかもしれない。目的は、あなたの価値観をすべて結びつけ、全体像を心に思い描き、記憶にとどめるのに役立つイメージを作ることだ

価値観すべてに同じ重みを持たせる必要はない。特に重要な価値観（例えば「愛」）を柱として他の価値観を支えたり、一つの価値観を他の価値観を覆う広い傘として描いたりすることもできる。ヘザーのあるクライアントは、三つの価値観を船の錨《いかり》として描き、その錨と人生という「ボート」をつなぐフックとして、四つ目の価値観を描いた。

私は本書の草稿作業中、ヘザー・モーガンの「自分の価値観に基づく人格統合」プロセスを通じて、数カ月かけて自分自身を導いた。他のASD者へのインタビューを通じて自分を振り返り、自分が本当に生きていると感じた瞬間、一人の人間として自覚した瞬間を思い出すことができた。一例としての価値があるかもしれないので、ここで私の重要な瞬間をお伝えしたいと思う。

価値観その一：率直さ

自分がどう感じているか、どう物事を見ているかを正直に伝えること。都合のよくない見解であるとしても、真実であり、耳を傾けるべき重要なものであるならば伝えること。自分が何者であるか、誰と過ごすのが楽しいか、人生に何を求めているかについて、自分自身に正直であること。誰かが不当な扱いを受けているのを見かけたら、声を上げること。

価値観その二：勇気

自分の直感を信じ、進んでリスクを取る。たとえ嫌われても、自分の信念を貫く。ほしいものは情熱的にほしいと口に出し、ほしいものをあきらめる言い訳を探さない。自分の感情を堂々と表に出す。自分の居場所は自分でつかむ。大きな口を開けて人生を貪欲に味わう。

価値観その三：インスピレーション

自分の周りの世界を観察し、自分自身をアイデアで満たし、自分の考えや情熱を世界に伝える。自分のクリエイティブな衝動やひらめきの爆発に耳を傾ける。人々が自分にとって最善のことをするように力を与え、他者を導く光となる。

価値観その四：情熱

物事を深く感じる余裕を自分に与えること。悲しんだり、怒ったり、憤ったり、喜んだりする時間を作る。他人がどう受け取るかに基づいて感情をフィルタリングしない。本当の自分を恥じないこと。心地よさを追求すること。自分を苦しめる状況から離れること。

自分が重視する価値基準をあらためて見ると、自分は行動的でパワフルで、常に成長し続ける冴えた人間であり、大切な人々や考えを守るために何度も立ち上がってきたと思える。私はずっと、無能で、無力で、トンチンカンで、要求ばかり多い人物だと健常者から見られるのではないかと心配していた。だけど私は、そのどれでもない。かつて仮面で装っていたような、冷淡で消極的なインテリでもない。このエクササイズをしたことで、以前の仮面生活がどれほど閉塞的で、不満の溜まるものだったかを痛感した。アパートで一人、誰とも付き合わず、他人にインスピレーションを与える余裕も自分を表現する余裕もなかった。他人の機嫌を損ねるのが怖くて、自分の信念のために立ち上がるリスクを冒せず、喜びを与えてくれるものに溺れることもできなかった。定型発達のペルソナを演じようとしたことで、私はだめになった。本当の私は、もっと価値のある素晴らしい人間だったのに。

理想はこのエクササイズによって、ＡＳＤ者が自分自身をもっと信頼できるようになることだ。振り返ってみると、率直さ、勇気、インスピレーション、情熱に導かれた決断を後悔したことは一度もない。無意味な礼儀正しさを切り捨て、やりがいのない仕事を辞め、突然の誘いにイエスと言い、声を上げ、衝動的にタトゥーを入れる。そのたびにとてつもなく素晴らしい気分になった。それはあたかも、水中生活から抜け出し、ようやく新鮮な空気を吸えるようになった感覚だ。反面、後悔せずにはいられない間違った決断をいくらでも思い出すことができる。そういう決断は、恐怖心や遠慮、礼儀正しくありたいという願望に突き動かされて下したものだ。感情の爆発を謝ったり、欲求を軽視したり、合わない仕事を引き受けたり、友人関係で敬意を払ってもらえないことを甘受したりするたびに、魂を病み、不安を感じてきた。こういうことが有意義なつながりを維持するのに役立ったことはない。時間を無駄にし、憤りでいっぱいになるだけだ。どんな代償を払っても、自分らしくいるほうがいいに決まっている。

自分の四つの価値観がどのような大きな全体に統合されているかを考えるとき、私は盾を思い浮かべる。私が性別移行したとき、デヴォンという名前を選んだのは、それが「防衛者」を意味するからでもある。トランスであることもＡＳＤであることも隠していたときの私は、縮こまって自己防衛的になっていた。私の存在全体が、本当の自分に対する弁解のようなものだった。今の私は、本当の自分から力を引き出し、他の人たちの盾となることを目指している。世界に真っ向から立ち向かい、盾が必要な人々を守ろうとする、揺るぎない勇敢な存在になりたいのだ。私の価値観は、自分と自分の大切な人たちを守ってくれる。以前は仮面が自分を守ってくれていると信じていたが、実際は私を抑えつけるだけだった。自分の価値観を尊重するとは、それとは正反対のことである。ＡＳＤ者としての特性の大半を隠すのではなく前面に出し、戦いも辞さない。私は今、自分という人間に感謝しているし、他の人たちも私という人間を知って感謝していると思う。そしてＡＳＤ者としてのアイデンティティを確立する過程で、私は自己受容と開示に向かって同じような道を歩んでいるたくさんの人たちに出会った。彼らは恐怖に支配された偽りのパフォーマンスを何年も続けた後、ようやく自由になり、自分の価値観に調和した自己を統合できるようになったのだ。私はあなたにも、同じことが起きてほしいと思っている。

ニューロダイバーシティを受け入れる世界へ

ＡＳＤと公表した人生が、苦労のないものだとうそをつくつもりはない。障害差別は強力な抑圧である。仮面を完全に外すわけにはいかないＡＳＤ者はたくさんいる。ＡＳＤだと公表することが危険を伴うような状況に置かれている人もいる。ホームレスになったり、警察から暴行を受けたり、いじめられたり、強制的に施設に収容されたりといったリスクを冒すよりも、受け入れられそうな小さな場所を見つけ、それ以外の場所では仮面をつけておくほうがいいと結論付ける人もいるだろう。そういう人たちにとっては、生活環境の大幅な改善と同様に、社会システム全体の変革が必要だ。

ＡＳＤ者の大多数は正社員の仕事に就けず、搾取、孤立、貧困に苦しんでいる。女性、トランスジェンダー、黒人、貧困などで複合的に社会から疎外されている仮面ＡＳＤ者にとって、仮面を取ろうと考えることは特に危険を伴う。自分をさらけ出せる自由のあるＡＳＤ者でさえ、社会からのジャッジや過去のトラウマの痛みと格闘しなければならない。一人の人間が自分の価値を主張するだけでは、こうした抑圧に打ち勝つことはできない。ニューロダイバーシティを受け入れる世界は定義上、あらゆる人や文化、存在のあり方に同レベルの尊厳と尊重が与えられ、自律が許される場所である。一方で、広く受け入れられたいと願い、公正さを実現しようとするＡＳＤ者にとって、仮面を取ることは必要不可欠な前進であると同時に、不公正なままの世界で正気を保つ方法でもある。ＡＳＤ者が安全でない状況から抜け出して受け入れてくれるコミュニティを見つけると、社会的・心理的にどれだけ大きく花開くことができるかを、私はこの目で見てきた。私自身もまさにそのプロセスを経験した。もし私たちが共通の苦悩に名前をつけ、当事者同士で絆を深め合い、私たちの機能は壊れていないし、間違っているわけでもないと声高に宣言しなければ、ニューロダイバーシティを実現する世界を築くことはできないだろう。定型発達の世界の大半は、いまだに私たちを「治療」しようと考えている。遺伝子治療やスクリーニング検査を使って私たちが生まれてくるのを防ごうとしたり、虐待的な療法で犬のように私たちを訓練して従わせようとしている。正式なＡＳＤ治療を強いられていない人でさえ、日々、自分自身を小さく、柔らかく、好かれるように操作され、圧力をかけられている。

仮面を取ることは、不服従の顔を誇らかにさらけ出すことであり、定型発達のようであれというう重圧に屈するのを拒絶することである。それは勇敢な権利擁護運動であると同時に、自分には価値があるという宣言でもある。仮面を取ることは、沈黙を拒否することであり、個人がバラバラに区分けされ、隠されるのをやめることであり、他の障害者や疎外された人々とともに、一つになって力強く立ち上がることである。

私たちは皆、強く自由な自分になれる。本当の自分に向き合い、隠すことなど何もないと認識してはじめて得られる根源的な自己受容が、私たちを力強く守ってくれるからだ。

■著者紹介

デヴォン・プライス（Devon Price）

社会心理学者、博士、作家、シカゴ・ロヨラ大学助教授。自閉スペクトラム症の当事者でもある。オハイオ州立大学で心理学と政治学の学士号を取得後、シカゴ・ロヨラ大学で応用社会心理学の修士号、博士号を取得。学術雑誌での論文発表と並行して一般メディアでも活躍。著書に『Laziness Does Not Exist』（「怠惰」なんて存在しない 終わりなき生産性競争から抜け出すための幸福論、ディスカヴァー・トゥエンティワン、佐々木寛子訳、2024）など。イリノイ州シカゴ在住。

■訳者紹介

堀越 英美（Hidemi Horikoshi）

文筆家。早稲田大学第一文学部卒業。著書に『親切で世界を救えるか ぼんやり者のケア・カルチャー入門』（太田出版、2023）、『紫式部は今日も憂鬱 令和言葉で読む『紫式部日記』』（扶桑社、2023）、『エモい古語辞典』（朝日出版社、2022）ほか、訳書に『自閉スペクトラム症の女の子が出会う世界 幼児期から老年期まで』（河出書房新社、2021）など多数。

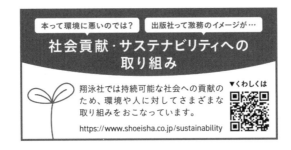

本書内容に関するお問い合わせについて

このたびは翔泳社の書籍をお買い上げいただき、誠にありがとうございます。弊社では、読者の皆様からのお問い合わせに適切に対応させていただくため、以下のガイドラインへのご協力をお願い致しております。下記項目をお読みいただき、手順に従ってお問い合わせください。

●ご質問される前に

弊社 Web サイトの「正誤表」をご参照ください。これまでに判明した正誤や追加情報を掲載しています。

正誤表　https://www.shoeisha.co.jp/book/errata/

●ご質問方法

弊社 Web サイトの「書籍に関するお問い合わせ」をご利用ください。

書籍に関するお問い合わせ　https://www.shoeisha.co.jp/book/qa/

インターネットをご利用でない場合は、FAX または郵便にて、下記“翔泳社 愛読者サービスセンター”までお問い合わせください。

電話でのご質問は、お受けしておりません。

●回答について

回答は、ご質問いただいた手段によってご返事申し上げます。ご質問の内容によっては、回答に数日ないしはそれ以上の期間を要する場合があります。

●ご質問に際してのご注意

本書の対象を超えるもの、記述個所を特定されないもの、また読者固有の環境に起因するご質問等にはお答えできませんので、予めご了承ください。

●郵便物送付先および FAX 番号

送付先住所	〒160-0006　東京都新宿区舟町 5
FAX 番号	03-5362-3818
宛先	（株）翔泳社 愛読者サービスセンター

※本書に記載された URL 等は予告なく変更される場合があります。

※本書の出版にあたっては正確な記述につとめましたが、著者や訳者、出版社などのいずれも、本書の内容に対してなんらかの保証をするものではなく、内容やサンプルに基づくいかなる運用結果に関してもいっさいの責任を負いません。

※本書に記載されている会社名、製品名はそれぞれ各社の商標および登録商標です。

カバーイラスト	millitsuka（vision track）
カバーデザイン	小口翔平＋神田つぐみ（tobufune）
本文デザイン /DTP	Isshiki

自閉スペクトラム症の人たちが生きる新しい世界 Unmasking《アンマスキング》 Autism《オーティズム》

2024年7月22日　初版第1刷発行

著者	デヴォン・プライス
訳者	堀越《ほりこし》 英美《ひでみ》
発行人	佐々木 幹夫
発行所	株式会社 翔泳社（https://www.shoeisha.co.jp）
印刷・製本	日経印刷 株式会社

ISBN978-4-7981-8458-6　　Printed in Japan